建筑工程施工成本与质量管理

林环周 著

吉林科学技术出版社

图书在版编目（ＣＩＰ）数据

建筑工程施工成本与质量管理 / 林环周著. -- 长春：吉林科学技术出版社，2022.8

ISBN 978-7-5578-9378-1

Ⅰ．①建… Ⅱ．①林… Ⅲ．①建筑工程－工程施工－成本管理－研究②建筑工程－工程施工－质量管理－研究 Ⅳ．①F407.967.2②TU712.3

中国版本图书馆CIP数据核字(2022)第113548号

建筑工程施工成本与质量管理

著	林环周
出 版 人	宛 霞
责任编辑	王 皓
封面设计	北京万瑞铭图文化传媒有限公司
制 版	北京万瑞铭图文化传媒有限公司
幅面尺寸	185mm×260mm
开 本	16
字 数	290千字
印 张	13.5
印 数	1-1500册
版 次	2022年8月第1版
印 次	2022年8月第1次印刷
出 版	吉林科学技术出版社
发 行	吉林科学技术出版社
地 址	长春市南关区福祉大路5788号出版大厦A座
邮 编	130118
发行部电话/传真	0431-81629529 81629530 81629531 81629532 81629533 81629534
储运部电话	0431-86059116
编辑部电话	0431-81629510
印 刷	廊坊市印艺阁数字科技有限公司

书 号	ISBN 978-7-5578-9378-1
定 价	58.00元

版权所有 翻印必究 举报电话：0431—81629508

《建筑工程施工成本与质量管理》编审会

林环周	晁 磊	牛俐文	宋春江
宗亚军	苗澍樾	夏云秋	周亚中
何 恺	张朝明	马伟杰	蔡田园
张学良	冯 晓	吴慧重	汪志丹
陈红梅	李学明	赵晓萌	赵晓萌
苏叶青	夏尊友	王 经	毕克俊
李二丽	杨祥群	刘晓阳	张栋栋
王有松	刘 翼	张润鹏	贺 温
毛云杰	锁鹏飞	李 雪	许瑞国
孙乔治	穆 俊	勾燕琳	郭伟海
高 昂	郑红霞	孙 勇	李昭培

前言

"质量第一"是我国工程建设的基本方针之一。随我国建设事业的迅猛发展，工程建设的质量在建筑事业发展中显得至关重要。由于工程建设项目具有投资大、建设周期长、整体性强及具有固定性等特点，并且与国民经济发展和人民生命财产安全休戚相关，因此，提高工程建设的质量与加强质量控制是工程建设活动中一项极其重要的工作。建筑工程成本管理作为建筑企业的总体目标和工程项目的具体要求，需要在工程项目实施过程中，完成对工程项目成本进行有效的组织、实施、控制、跟踪、分析和考核等管理活动，以达到强化经营管理，完善成本管理制度，提高成本核算水平，降低工程成本，实现目标利润，创造良好经济效益的目的。

本书紧跟时代发展，贴近工程实践，内容力求依据充分且简明扼要，以精练通俗的语言总结问题，尽量避免盲目堆砌理论性的条文和简单引用规范的条目。全书共分8章，从建筑工程成本管理基本知识的介绍入手，针对建筑工程成本核算、控制、成本预测以及成本决策进行了分析研究；另外对建筑工程施工质量管理、建筑工程质量检验与控制及建筑工程施工质量验收做了一定的介绍；还对工程安全技术管理做了详细的阐述；旨在摸索出一条适合建筑工程施工成本与质量管理的科学道路，帮助其工作者在应用中少走弯路，运用科学方法，提高效率。对建筑工程成本与质量管理有一定的借鉴意义。本书适用于所有从事建筑工程相关工作的职场人士，同时要适用于对建筑工程感兴趣的广大读者。

本书在编写过程中参考了有关文献和一些项目施工管理经验性文章，并且得到了许多专家和相关单位的关心与大力支持，在此表示衷心感谢。随着科技的发展，建筑技术也在不断进步，本书难免出现疏漏及不妥，恳请广大读者们给予指导指正。

目录 CONTENTS

第一章 建筑工程成本管理基本知识 ·· 1
    第一节 建筑工程项目管理概述 ·· 1
    第二节 建筑工程项目组织机构与管理 ·· 5
    第三节 工程成本会计 ·· 15

第二章 建筑工程成本核算 ··· 25
    第一节 成本核算的概念、分类与意义 ······································· 25
    第二节 成本核算的对象与组织形式 ·· 28
    第三节 成本核算的原则与要求 ·· 30
    第四节 成本核算的程序与方法 ·· 34
    第五节 建筑工程成本核算的实施 ·· 44

第三章 建筑工程成本控制 ··· 53
    第一节 成本控制的概念、目的与意义 ·· 53
    第二节 成本控制的对象、组织及其职责 ···································· 54
    第三节 成本控制的原则与依据 ·· 59
    第四节 成本控制的程序、步骤和方法 ·· 61

第四章 建筑施工项目成本预测与成本决策 ································· 72
    第一节 建筑工程施工项目成本预测概述 ···································· 72
    第二节 定性预测、定量预测及详细预测方法 ···························· 74
    第三节 量本利分析法 ·· 83
    第四节 不确定性分析在成本预测中的应用 ································ 86
    第五节 建筑工程施工项目成本决策 ·· 98

第五章 建筑工程施工质量管理 ··· 102
    第一节 施工阶段质量管理概述 ·· 102
    第二节 施工阶段质量管理因素 ·· 106
    第三节 施工准备阶段的质量管理 ·· 108

第四节　施工过程的质量管理 …………………………………… 118
第六章　建筑工程质量检验与控制 …………………………………… 125
　　　第一节　质量检验与抽样 …………………………………… 125
　　　第二节　工程质量统计分析 ………………………………… 128
　　　第三节　工程项目施工质量控制 …………………………… 138
　　　第四节　工程质量问题分析和处理 ………………………… 146
第七章　建筑工程施工质量验收 ……………………………………… 159
　　　第一节　建筑工程施工质量验收概述 ……………………… 159
　　　第二节　建筑工程施工质量验收的划分 …………………… 163
　　　第三节　建筑工程施工质量验收 …………………………… 172
　　　第四节　建筑工程施工质量验收的程序与组织 …………… 177
第八章　工程安全技术管理 …………………………………………… 179
　　　第一节　施工组织设计的安全技术措施 …………………… 179
　　　第二节　安全技术交底 ……………………………………… 184
　　　第三节　建筑施工安全检查 ………………………………… 201

参考文献 ………………………………………………………………… 206

第一章 建筑工程成本管理基本知识

第一节 建筑工程项目管理概述

一、建筑工程项目管理概念

项目是指在一定约束条件下，具有特定的目标一次性任务。项目通常有确定的目标和确定的约束条件（时间、费用和质量等），是一种非常规性、非重复性和一次性的任务。项目是指一个过程，而不是指过程终结后所形成的后果，如某个住宅小区的建设过程是一个项目，而建设完成后的住宅楼及其配套设施是这个项目完成后形成的产品。随着社会经济的发展，项目的概念已渗入社会的各个领域，在社会生活中，符合这一定义的事物是极为普遍的。一般来说，按最终成果或专业特征，项目通常可以分为工程项目、科学研究项目、开发项目、航天项目、产品研制项目、维修项目、咨询项目等。工程项目是项目中数量最大的一类，凡最终成果是"工程"的项目均可成为工程项目。它按不同管理者划分为建设项目、设计项目、工程咨询项目及施工项目等。

施工项目是由建筑业企业自施工承包投标开始到保修期满为止的全过程中完成的项目。也就是说，施工项目是由建筑业企业完成的项目，它可能以建设项目为过程产出物，也可能是产出其中的一个单项工程或单位工程。过程的起点是投标，终点是保修期满。施工项目除了具有一般项目的独特性、具有特定目标和一定的约束条件、独特的生命周期、作为管理对象的整体性及不可逆性等特征外，还具有自己特征：

（1）施工项目是建设项目或其中的单项工程和单位工程的施工活动过程。

（2）施工项目是以建筑业企业为管理主体的。

（3）施工项目的任务范围由施工单位与建设单位签署的合同界定。

（4）施工产品具有多样性、固定性、体积庞大、占用资金多的特点。

一般只有单位工程、单项工程和建设项目的施工活动过程才称得上施工项目，因为它们才是建筑业企业的最终产品。由于分部工程、分项工程不是建筑业企业的最终产品，故其活动过程不能称作施工项目，而是施工项目的组成部分。

二、建筑工程项目管理的类型

建设单位完成可行性研究、立项、设计任务和资金筹集以后，建筑工程项目即进入实施过程。由于在建筑工程项目的实施过程中，各阶段的任务和实施的主体不同，因此构成了建筑工程项目管理的几种不同类型。同时由于建筑工程项目承包合同的形式也不相同，建筑工程项目管理大致可分为以下几种类型：

（一）工程总承包方的项目管理

在设计施工连贯式总承包的情况下，业主在项目决策之后，要通过招标择优选定总承包单位来全面负责工程项目的实施过程，直至最终交付使用功能和质量标准符合合同文件规定的工程目的物。因此，总承包方的项目管理是贯穿于项目实施全过程的全面管理，它既包括了设计阶段也包括了施工安装阶段。其性质和目的是全面履行工程总承包合同，从而实现其企业承建工程的经营方针和目标，并取得以预期经营效益为动力而进行的工程项目自主管理。显然，它必须在合同条件的约束下，依靠自身的技术和管理优势或实力，通过优化设计及施工方案，在规定的时间内，按质按量地全面完成工程项目的承建工作。从交易的角度来看，项目业主是买方，总承包单位是卖方，所以二者的地位和利益追求并不相同。

（二）设计方项目管理

设计单位受业主委托承担工程项目的设计任务，来设计合同所界定的工作目标及其责任义务作为该项工程设计管理的对象、内容和条件，通常简称为设计项目管理。所谓设计项目管理，是指设计单位为履行工程设计合同和实现设计单位经营方针目标而进行的设计管理，虽然其地位、作用和利益追求与项目业主不同，但它也是建设工程设计阶段项目管理的重要方面。只有通过设计合同，依靠设计方的自主项目管理，才能够贯彻业主的建设意图和实施设计阶段的投资、质量及进度控制。

（三）施工方项目管理

施工单位通过工程施工投标取得工程施工承包合同，并以施工合同所界定的工程范围，组织项目管理，通常简称为施工项目管理。从完整的意义上来讲，这种施工项目应是指施工总承包的完整工程项目，包括其中的土建工程施工和建筑设备工程施工安装，最终成果能够形成独立使用功能的建筑产品。然而从工程项目系统分析的角度来看，分项工程、分部工程也是构成工程项目的子系统，按子系统定义项目，既有其特定的约束条件和目标要求，而且也是一次性的任务。因此，在工程项目按专业、部位分解发包的情况下，承包方仍可将承包合同所界定的局部施工任务作为项目管理的对象，这就是广义的施工企业的项目管理。

（四）业主方项目管理

业主方的工程项目管理是全过程的，包括项目实施阶段的各个环节，主要内容有：组织协调、合同管理、信息管理以及投资、质量及进度三大目标控制，通常将其通俗地概括为一协调二管理三控制或"三控二管一协调"。

由于工程项目的实施是一次性的任务，因此，业主方自行进行项目管理往往有很大的局限性，首先在技术和管理方面，缺乏配套的力量，即使配备了管理班子，没有连续的工程任务也是不经济的。在计划经济体制下，如果每个建设单位都建立一个筹建处或基建处来搞工程，便不符合市场经济条件下资源的优化配置和动态管理，而且也不利于建设经验的积累与应用。因此，在市场经济体制下，工程项目业主完全可以依靠发展的咨询服务业为其提供项目管理服务，这就是社会建设监理。监理单位接受工程业主的委托，提供全过程的监理服务。由于建设监理属于智力密集、高层次的咨询服务，所以它可以向前延伸到项目投资决策阶段，包括立项和可行性研究等，这是建设监理与项目管理在时间范围、实施主体和所处地位及任务目标等方面的不同之处。

（五）供货方的项目管理

从建设项目管理的系统分析角度来看，建设物资供应工作也是工程项目实施的一个子系统，它具有明确的任务和目标、明确的制约条件以及项目实施子系统的内在联系。因此，制造厂和供应商同样可以将加工生产制造和供应合同所界定的任务作为项目来进行目标的管理和控制工作，来适应建设项目总目标控制的要求。

三、建筑工程项目管理的任务

建筑工程项目管理的任务可以概括为最优地实现项目的总目标，即有效地利用有限的资源，用最少的费用、最快的速度和优良的工程质量，建成建筑工程项目，使其实现预定的功能。

建筑工程项目管理的类型有多种，不同项目管理的具体任务也不相同。但其任务的主要范围却一样。在建筑工程项目建设全过程的各个阶段，一般要进行以下几个方面的工作：

（一）组织工作

组织工作包括建立管理组织机构，制定工作制度，明确各方面的关系，选择设计施工单位，组织图纸、材料和劳务供应等。

（二）合同工作

合同工作包括签订工程项目总承包合同、委托设计合同、施工总承包合同和专业分包合同，以及合同文件的准备，合同谈判、修改、签订及合同执行过程中的管理等工作。

（三）进度控制

进度控制包括设计、施工进度、材料设备供应以及满足各种需要的进度计划的编制和检查，施工方案的制定和实施，以及设计、施工、总分包各方面计划的协调，经常性地对计划进度与实际进度进行比较，并及时调整计划等。

（四）质量控制

质量控制包括提出各项工作质量要求，对设计质量、施工质量、材料和设备的质量进行监督、验收的工作，以及处理质量问题等。

（五）费用控制及财务管理

费用控制及财务管理包括编制概算预算、费用计划、确定设计费和施工价款，对成本进行预测预控，进行成本核算，处理索赔事项及做出工程决算等。

四、建筑工程项目管理的发展历程

（一）工程项目管理的产生及在全世界的发展

工程项目管理的产生具备三个必要条件：项目管理作为一门科学，是从20世纪60年代以后在西方发展起来的。当时，大型建设项目、复杂的科研项目、军事项目和航天项目的出现，以及国际承包事业的飞速发展，使竞争非常激烈。这就对项目建设中的组织和管理提出了更高的要求，另外一旦项目失败，任何一方均难以承担损失。于是项目管理学科便作为一种客观需要被提了出来。

20世纪40年代以后，科学管理方法的大量出现，逐步形成了管理科学体系，广泛地被应用到生产和管理实践当中，产生了巨大的效益。网络计划技术的应用和推广在工程项目管理中有着大量极为成功的应用范例，从而引起了全球的轰动。此外，还有信息论、系统论、控制论、计算机技术、运筹学等理论的运用。人们在项目管理中引进了成功的管理方法，并以此作为动力，使项目管理越来越具有科学性，最终作为一门学科迅速发展起来了。

（二）项目管理在中国的发展

中国最开始引进项目管理的工程是位于云南罗平县与贵州兴义县交界处的鲁布革水电站工程。该工程是世界银行贷款项目，要求必须采取招标方式组织建设。1982年进行准备工作，1983年11月当众开标，1984年4月评标结束，结果为日本大成建设株式会社以其先进、合理的技术管理方案和8463万元的最低报价（比标底14958万元低43%）中标。大成公司指派了30多名管理人员和技术人员组成"鲁布革工程事务所"作为管理层，我国的水电十四局为该工程提供服务。鲁布革水电站工程于1984年7月开始动工，1986年10月完成了8.9 km的引水隧洞工程的开挖，比计划工期提前了5个月，全部工程于1988年7月竣工。在4年多的时间里创造了著名的"鲁布革效应"，国务院领导就此提出要总结学习推广鲁布革经验。至此建筑工程项目管理在中国开始试点并深入推广和发展。鲁布革工程的项目管理经验主要有以下几点：

（1）最核心的是把竞争机制引入到工程建设领域中，实行铁面无私的招标投标。
（2）工程建设实行全过程总承包方式和项目管理。
（3）施工现场的管理机构和作业队伍精干灵活且战斗能力强。
（4）科学组织施工，讲求综合经济效益。

工程项目管理从 20 世纪 80 年代起在中国的成功应用，取得了举世瞩目的成就。纵贯南北的京九铁路，南疆，南昆铁路、青藏铁路依次投入使用。葛洲坝水电站、龙羊峡水电站、大亚湾核电站、秦山核电站、二滩水电站、黄河小浪底水利枢纽工程、扬子石化、上海金茂大厦等工程对我国的经济发展，以及人民生活水平的提高均起到了一定的作用。随着举世瞩目的长江三峡、西电东送、西气东输、青藏铁路、南水北调等重大项目实施项目管理和相继竣工，可以看出，工程项目管理确实创造了一批技术先进、管理科学、已赶上世界先进水平的高、大、新工程项目，充分显示了建筑施工企业多年来通过工程项目管理改革所奠定的雄厚实力和取得的丰硕成果。总之我国推行项目管理是在政府的领导和推动下，有法则、有制度、有规划、有步骤进行的，这与国外进行项目管理的自发性和民间性是有差别的，所以取得了巨大的成就。

第二节　建筑工程项目组织机构与管理

一、工程项目管理组织机构

工程项目管理是对建设项目的设计项目、施工项目和咨询项目等实施管理的总称，由于施工项目管理具有典型性和复杂性，所以下面将从建筑施工企业的角度来重点介绍施工项目管理组织机构的相关内容。

施工项目管理组织机构与企业管理组织机构之间是局部与整体的关系。设置组织机构的目的是为了能够进一步充分发挥项目管理功能，提高项目整体的管理效率，从而达到项目管理的最终目标。因此，企业在推行项目管理时，合理地设置项目管理组织机构是一个至关重要的问题。高效率的组织体系和组织机构的建立是施工项目管理成功的组织保证。

（一）施工项目管理组织机构的作用

1. 组织机构是施工项目管理的组织保证

项目经理在启动项目实施之前，首先要进行组织准备，建立一个能够完成管理任务、项目经理指挥灵便、运转自如、效率很高的项目组织机构，即项目经理部，其目的是为了提供进行施工项目管理的组织保证。一个好的组织机构，能够有效地完成施工项目的管理目标，有效地应付环境的变化，有效供给组织成员生理、心理和社会需要，形成组织力，使组织系统正常运转，并且产生集体思想和集体意识，完成项目管理任务。

2. 形成一定的权力系统以便进行集中统一指挥

组织机构的建立，首先是以法定的形式产生权力。权力是工作的需要，是管理地位形成的前提，是组织活动的反映。没有组织机构，就没有权力，也没有权力的运用。权力的大小取决于组织机构的内部是否团结一致，越团结，组织就越有权力、越有组织力，所以施工项目组织机构的建立要伴随着授权一同进行，来便权力的使用能够实现施工项目管理的目标。此外，还要合理分层，层次多，权力分散；层次少，权力集中。所以要在规章制度中将施工项目管理组织的权力阐述明白，且固定下来。

3. 形成责任制和信息沟通体系

责任制是施工项目组织中的核心问题。没有责任就不能构成项目管理机构，也就不存在项目管理。一个项目组织能否有效地运转，主要取决于其是否具有健全的岗位责任制。施工项目组织的每个成员都应肩负一定的责任，责任是项目组织对每个成员规定的一部分管理活动和生产活动的具体内容。

信息沟通是组织力形成的重要因素。信息产生的根源在组织活动之中，下级（下层）以报告的形式或其他形式向上级（上层）领导传递信息；同级不同部门之间为了相互协作而横向传递信息。越是高层领导，越需要信息，就越要深入下层获得信息。这是因为领导离不开信息，有了充分的信息才能进行有效决策。

综上所述，可以看出组织机构的地位是非常重要的，它在项目管理中是一个焦点。如果一个项目经理建立了理想而有效的组织系统，则他的项目管理就成功了一半。项目组织一直都是各国项目管理专家普遍重视的问题。据国际项目管理协会统计，各国项目管理专家的论文中，有1/3都是关于项目组织的。

（二）施工项目管理组织机构的形式

施工项目管理组织机构的形式是指在施工项目管理组织中处理管理层次、管理跨度、部门设置和上下级关系的组织结构的类型。施工项目组织的形式与企业的组织形式是密不可分的，加强施工项目管理就必须进行企业管理体制和内部配套改革。施工项目的组织形式有以下几种：

1. 工作队制式的施工项目管理组织

工作队制式的施工项目管理组织是指主要由企业中有关部门抽出管理力量组成施工项目经理部的方式。

（1）特征

a. 项目经理在企业内部招聘或抽调职能人员组成管理机构（工作队），该机构由项目经理指挥，独立性大。

b. 项目管理班子成员在工程建设期间与原所在部门脱离领导与被领导的关系。原单位负责人员负责业务指导及考察，但不能随意干预其工作或调回人员。

c. 项目管理组织与项目的寿命相同。项目结束之后机构即撤销，所有人员仍回原所在部门和岗位。

（2）适用范围

工作队制式的施工项目管理组织是按照对象原则组织的项目管理机构，可独立地完成任务，相当于一个"实体"。企业职能部门处于服从地位，仅提供一些服务。这种项目组织类型适用于大型项目、工期要求紧迫的项目，以及要求多、工种多、部门密切配合的项目。因此，它要求项目经理具有较高的素质且较强的指挥能力，并且具有快速组织队伍及善于指挥来自各方人员的能力。

（3）优点

a. 项目经理从职能部门抽调或招聘的是一批专家，他们在项目管理中相互配合、协同工作，可以取长补短，有利于培养一专多能型人才并充分发挥其作用。

b. 各专业人才在现场集中办公，减少了等待时间，故办事效率高，解决问题快。

c. 项目经理权力集中，运权的干扰少，故决策及时、指挥灵便。

d. 由于减少了项目与职能部门的结合部，项目与企业的结合部关系弱化，所以易于协调关系，减少了行政干预，使项目经理易于开展工作。

e. 不打乱企业的原建制，传统的直线职能制组织仍可保留。

（4）缺点

a. 各类人员来自不同的部门并具有不同的专业背景，相互之间不熟悉，难免配合不力。

b. 各类人员在同一时期内所担负的管理工作任务可能会有很大的差别，因此很容易产生忙闲不均的现象，从而导致人员的浪费。特别是对稀缺专业人才，难以在企业内调剂使用。

c. 职工长期离开原单位，离开了自己熟悉的环境和工作配合对象，容易影响其发挥积极性。而且由于环境的变化，还容易产生不满情绪。

d. 职能部门的优势无法发挥作用。由于同一部门人员分散，交流困难，也难以进行有效的培养、指导，从而削弱了职能部门的工作。当人才紧缺且同时又有多个项目需要按这一形式组织或对管理效率的要求很高时，不应采用这种项目组织类型。

2. 部门控制式施工项目管理组织

（1）特征

部门控制式施工项目管理组织是按照职能原则建立的项目组织。它在不打乱企业现行建制的基础上，把项目委托给企业的某一专业部门（或某一施工队），由被委托的部门（施工队）领导，在本单位选人组合负责实施项目组织，项目终止后恢复原职。

（2）适用范围

部门控制式施工项目管理组织一般适用于小型的、专业性较强、不需涉及众多部门的施工项目。

（3）优点

a. 人才作用发挥得较为充分。这是由于由熟人组合办熟悉的事，人事关系容易协调。

b. 从接受任务到组织运转启动的时间短。

c. 职责明确，职能专一，关系简单。

d. 项目经理不需经过专门训练便容易进入状态。

（4）缺点

a. 不能够适应大型项目管理的需要，但真正需要进行施工项目管理的工程正是大型项目。

b. 不利于对计划体系下的组织体制（固定建制）进行调整。

c. 不利于精简机构。

3. 矩阵制式的施工项目管理组织

矩阵制式的施工项目管理组织形式是指在企业承揽到综合性施工项目或大型专业化施工项目的情况下，由各种生产要素管理部门和专业职能部门抽出施工力量来组成项目经理部，同时把职能原则和对象原则有机地结合在一起，充分地发挥职能部门的纵向优势和项目管理组织的横向优势，多个项目组织的横向系统与职能部门的纵向系统就形成了矩阵结构。

（1）特征

a. 项目组织机构与职能部门的结合部，其数量与职能部门相同。多个项目与职能部门的结合部呈矩阵状。

b. 把职能原则和对象原则有机地结合在一起，既能发挥职能部门的纵向优势，又能发挥项目组织的横向优势。

c. 专业职能部门是永久性的，而项目组织是临时性的。职能部门负责人的任务是对参与项目组织的人员进行组织调配、业务指导和管理考察。而项目经理则是把参与项目组织的职能人员在横向上有效地组织在一起，为实现项目目标协同工作。

d. 矩阵中的每个成员或部门，都要接受原部门负责人和项目经理的双重领导，但部门的控制力要大于项目的控制力。部门负责人有权利根据不同项目的需要和忙闲程度，在项目之间调配本部门人员。一个专业人员可能同时为几个项目服务，特殊人才可充分发挥作用，以免人才在一个项目中闲置而又在另外一个项目中短缺，这样将会大大提高人才的利用率。

e. 项目经理对"借"到本项目经理部来的成员，具有控制权和使用权。当感到人力不足或某些成员不得力时，项目经理还可向职能部门求援或要求调换，甚至可辞退回原部门。

f. 项目经理部的工作由多个职能部门一同支持，项目经理没有人员包袱。但要求其在水平方向和垂直方向上具有良好的信息沟通及良好的协调配合能力，对整个企业组织和项目组织的管理水平和组织渠道的畅通提出较高的要求。

（2）适用范围

a. 适用于同时承担多个需要进行项目管理工程的企业。在这种情况下，各项目对专业技术人才和管理人员都有需求，加在一起数量较大。采用矩阵制式的施工项目管理组织可以充分利用有限的人才来管理多个项目，尤其是利于发挥稀有人才的作用。

b. 适用于大型、复杂的施工项目。大型、复杂的施工项目一般要求多部门、多技术、多工种配合实施，在不同阶段，对不同人员有着不同数量和搭配各异的需求。显然，部门控制式机构难以满足这种项目的要求；工作队制式组织也因人员固定而难以调配。

（3）优点

a. 兼并了部门控制式和工作队制式两种组织的优点，即解决了传统模式中企业组织与项目组织之间相互矛盾的状况，把职能原则与对象原则融为一体，取得了企业长期例行性管理和项目一次性管理的一致性。

b. 能以最少的人力，实现多个项目管理的高效率。这是因为通过职能部门的协调，一些项目上的闲置人才便可及时地转移到需要这些人才的项目上去，避免了人才短缺，项目组织因此具有弹性和应变力。

c. 有利于人才的全面培养。可使不同知识背景的人在合作中相互取长补短，在实践中拓宽知识面；发挥了纵向的专业优势，可为人才成长打下深厚的专业训练基础。

（4）缺点

a. 由于人员来自职能部门，且仍受职能部门的控制，所以凝聚在项目上的力量将会减弱，往往会影响到项目组织的作用发挥。

b. 管理人员如果身兼多职地来管理多个项目，往往便难以确定管理项目的优先顺序，有时难免会顾此失彼。

c. 双重领导。项目组织中的成员既要接受项目经理的领导，又要接受企业中原职能部门的领导。此时，如果领导双方的意见和目标不一致，当事人则无所适从。要防止产生这一问题，就必须加强项目经理与部门负责人之间的沟通，此外还要具有严格的规章制度和详细的工作计划，使工作人员尽可能明确不同时间段的工作内容。

d. 矩阵制组织对企业管理水平、项目管理水平、领导者的素质、组织机构的办事效率、信息沟通渠道的畅通，均有较高的要求，所以要精于组织、分层授权、疏通渠道、理顺关系。由于矩阵制式的组织具有复杂性且结合部较多，容易造成信息沟通量膨胀和沟通渠道复杂化，致使信息梗阻和失真。所以，要求协调组织内部的关系时必须采取强有力的组织措施和协调办法来排除难题。为此，层次、职责、权限要划分明确。有意见分歧难以统一时，企业领导得出面及时协调。

4. 事业部制式的施工项目管理组织

（1）特征

a. 企业成立事业部，事业部对于企业来说是职能部门，对企业外来说享有相对独立的经营权，可以是一个独立单位。事业部可按地区进行设置，也可按工程类型或经营内容来设置。事业部能够比较迅速地适应环境变化，提高企业的应变能力，调动部门的积极性。当企业向大型化、智能化发展并且实行作业层和经营管理层分离时，事业部制式是一种很受欢迎的选择，它不仅能加强经营战略管理，而且还可加强项目管理。

b. 在事业部（一般为其中的工程部或开发部，对于海外工程公司则是海外部）

下设置项目经理部。项目经理由事业部选派，一般对事业部负责，有的也可直接对业主负责，这是根据其授权程度决定的。

（2）适用范围

事业部制式项目组织适用于大型经营性企业的工程承包，尤其是适用于远离公司本部的工程承包。但需要注意，当一个地区只有一个项目，没有后续工程时，不宜设立地区事业部，也就是说它适用于在一个地区内有长期市场或一个企业有多种专业化施工力量时采用。在这种情况下，事业部与地区市场的寿命相同。地区没有项目时，该事业部应予以撤销。

（3）优点

事业部制式项目组织有利于延伸企业的经营职能，扩大企业的经营业务，便于开拓企业的业务领域。此外，还有利于迅速适应环境变化来加强项目管理。

（4）缺点

按事业部制建立的项目组织，企业对项目经理部的约束力将会减弱，协调指导的机会也会减少，因此有时会产生企业结构松散的问题，必须要加强制度约束，加大企业的综合协调能力。

5. 施工项目管理组织形式的选择

（1）大型综合性企业，人员素质好、管理基础强、业务综合性强，可以承担大型任务，宜采用混合工作队制式、矩阵制式、事业部制式的项目组织机构。

（2）小型的、简单的及承包内容专一的项目，应该采用部门控制式的项目组织机构。

选择项目组织形式的参考因素见表1-1。

表1-1 选择项目组织形式的参考因素

项目组织形式	项目性质	施工企业类型	企业人员素质	企业管理水平
工作队制式	大型项目、复杂项目、工期紧的项目。	大型综合建筑企业，有得力项目经理的企业。	人员素质较高，专业人才多，职工的技术素质较高。	管理水平较高，基础工作较强，管理经验丰富。
部门控制式	小型项目、简单项目，只涉及个别少数部门的项目。	小建筑企业，经营业务单一的企业，大中型基本保持直线职能制的企业。	人员素质较差，力量较薄弱，人员构成单一。	管理水平较低，基础工作较差，项目经理难配备。
矩阵制式	多工种、多部门、多技术配合的项目，管理效率要求很高的项目。	大型综合建筑企业，经营范围很宽，实力很强的建筑企业。	文化素质、管理素质、技术素质很高，但人才紧缺，管理人才多，人员一专多能。	管理水平很高，基础渠道畅通，信息沟通灵敏，管理经验丰富。
事业部制式	大型项目，远离企业基地的项目。	大型综合建筑企业，经营能力很强的企业，海外承包企业，跨地区承包企业。	人员素质高，项目经理强，专业人才多。	经营能力强，信息手段强，管理经验丰富，资金实力强。

（三）施工项目管理组织机构的设置原则

1. 目的性原则

施工项目组织机构设置的根本目的，是为了产生组织功能，实现施工项目管理的总目标。从这一根本目标出发，就会因目标设事、因事设机构及定编制，按编制设岗位、定人员，以职责定制度授权力。

2. 精干高效原则

施工项目组织机构的人员设置，以能实现施工项目所要求的工作任务（事）为原则，尽量简化机构，做到精干高效。人员配置要严格控制二三线人员，力求一专多能、一人多职。同时还要增加项目管理班子人员的知识含量，将使用与学习锻炼结合在一起，以便提高人员素质。

3. 管理跨度和分层统一原则

管理跨度又称管理幅度，是指一个主管人员直接管理的下属人员数量。跨度越大，管理人员的接触关系则越多，处理人与人之间关系的数量也将随之增大。故跨度太大时，领导者及下属常会出现应接不暇之感。所以组织机构设计时，必须使管理跨度适当。然而跨度大小又与分层多少有关，层次越多，跨度越小；层次越少，则跨度越大。这就要根据领导者的能力和施工项目的大小进行权衡。项目经理在组建组织机构时，必须认真设计切实可行的跨度和层次，画出机构系统图，以便讨论、修正，按设计组建。

4. 业务系统化管理原则

由于施工项目是一个开放的系统，由众多子系统组成一个大系统，各子系统之间，子系统内部各单位工程之间，不同组织、工种及工序之间，存在着大量的结合部，这就要求项目组织也必须是一个完整的组织结构系统。恰当的分层和设置部门，能够在结合部上形成一个相互制约、相互联系的有机整体，避免产生职能分工、权限划分和信息沟通上的相互矛盾或重叠。要求在设计组织机构时以业务工作系统化原则为指导，周密考虑层间关系、分层与跨度关系、部门划分、授权范围、人员配备和信息沟通等；使组织机构本身成为一个严密的、封闭的组织系统，能够为完成项目管理总目标来实行合理分工及协作。

5. 弹性和流动性原则

工程建设项目的单件性、阶段性、露天性和流动性是施工项目生产活动的主要特点，必然会带来生产对象数量、质量和地点的变化，还会带来资源配置品种和数量的变化。因此要求管理工作和组织机构随之进行调整，以使组织机构适应施工任务的变化。意思就是，要按照弹性和流动性的原则建立组织机构，不能一成不变。要准备调整人员及部门设置，以适应工程任务变动对管理机构流动性的要求。

6. 项目组织与企业组织一体化原则

项目组织是企业组织的有机组成部分，企业是其母体，归根结底项目组织是由企业组建的。从管理方面而言，企业是项目管理的外部环境，项目管理的人员全部来自企业，项目管理组织解体后，其人员仍回到企业。即使进行组织机构调整，人员也是进出于企业人才市场的。施工项目的组织形式与企业的组织形式有关，不能离开企业的组织形式去谈论项目的组织形式。

二、工程项目的承包风险与管理

工程项目的立项、可行性研究及设计和计划等都是在正常的、理想的技术、管理和组织及对将来情况（政治、经济、社会等各方面）预测的基础上进行的。在项目的实际运行过程中，所有的这些因素都可能会发生变化，而这些变化将可能使原定的目标受到干扰甚至不能实现，这些事先不能确定的内部和外部的干扰因素，称之为风险，风险也就是项目中的不可靠因素。任何工程项目都存在风险，风险会造成工程项目实施的失控，如工期延长、成本增加、计划修改等，这些情况都会使经济效益降低，甚至导致项目失败。正是由于风险会造成极大的伤害，在现代项目管理中，风险管理已成为不可或缺的重要环节。良好的风险管理能够获得巨大的经济效果，同时还有助于提高企业竞争能力、素质和管理水平。

近年来，人们在项目管理系统中提出了全面风险管理的概念。全面风险管理是指采用系统的、动态的方法进行风险控制，从而减少项目实行过程中不确定性。它不仅使各层次的项目管理者建立了风险意识，重视风险问题，防患于未然，而且在各个阶段、各个方面还实施有效的风险控制，形成一个前后连贯的管理过程。

全面风险管理的涵义有以下四个方面：一是项目全过程的风险管理，从项目的立项到项目的结束，都必须进行风险的研究与预测、过程控制以及风险评价，实行全过程的有效控制并积累经验和教训；二是对全部风险的管理；三是全方位的管理；四是全面组织措施。

（一）工程项目风险因素的分析

全面风险管理强调的是风险的事先分析与评价，风险因素分析是指确定一个项目的风险范围，即有哪些风险存在，并将这些风险因素逐一列出以作为全面风险管理的对象。风险因素的罗列通常要从多角度、多方位进行，以便形成对项目系统的全方位透视。风险因素一般从以下四个方面进行分析：

1. 按项目系统要素进行分析

主要有以下三个方面的系统要素风险：

①项目环境要素风险。最常见的有政治风险、法律风险、经济风险、自然条件风险及社会风险等。

②项目系统结构风险。如以项目单元作为分析对象，在实施及运行过程中可能遇到的技术问题，人工、材料、机械、费用消耗的增加等各种障碍和异常情况等。

③项目行为主体所产生的风险。如业主和投资者支付能力差，改变投资方向，违约不能完成合同责任等产生的风险；承包商（分包商、供应商）技术及管理能力不足，不能保证安全质量，无法按时交工等产生的风险；项目管理者（监理工程师）的能力、职业道德、公正性差等产生的风险。

④其他方面的风险。如外部主体（政府部门、相关单位）等产生的风险。

2. 按风险对目标的影响分析

它是按照项目的目标系统结构进行分析，体现的是风险作用的结果，包括以下几个方面的风险：

①工期风险。如造成局部的（工程活动、分项工程）或整个工程的工期延长，不能及时投产等。

②费用风险。包括财务风险、报价风险、成本超支、投资追加及收入减少等。

③质量风险。包括材料、工艺、工程等不能通过验收，工程试生产不合格或经过评价工程质量达不到标准或要求等。

④生产能力风险。指项目建成后达不到设计生产能力。

⑤市场风险。指工程建成后产品不能达到预期的市场份额，销售不足，没有销路，没有竞争力。

⑥信誉风险。可能会造成对企业的形象、信誉的损害。

⑦人身伤亡以及工程或设备的损坏。

⑧法律责任风险。可能因此被起诉或承担相关法律或者合同的责任。

（3）按管理的过程和要素分析。

它包括极其复杂的内容，但也往往是分析风险责任的主要依据，主要包括以下几方面：

①高层战略风险。如指导方针战略思想可能有错误而造成项目目标设计的错误等。

②环境调查和预测的风险。

③决策风险。如错误的选择，错误的投标决策和报价等。

④项目策划风险。

⑤技术设计风险。

⑥计划风险。如目标理解错误，方案错误等。

⑦实施控制中的风险。如合同、供应、新技术、新工艺、分包、工程管理失误等方面的风险。

⑧运营管理的风险。如准备不足、无法正常运营、销售不畅等的影响。

（二）风险的控制

1. 风险的分配

项目风险是每时每刻都存在的，这些风险必须在项目参加者（包括投资者、业主、项目管理者、承包商、供应商等）之间进行合理的分配，只有每一个参加者都具有一定的风险责任，才能对项目管理和控制有积极性和创造性，只有合理的分配风险才能调动各方面的积极性，才能有项目的高效益。合理分配风险的原则主要有下列几点：

①从工程整体效益的角度出发，最大限度地发挥各方面的积极性。如果项目参与者都不承担任何风险，那么也就没有任何责任，当然也就没有控制的积极性，因此便不可能搞好工作。如果采用成本加酬金合同，承包商则没有任何风险责任，他会千方

百计地提高成本以争取工程利润,最终将会损害工程的整体效益;如果承包商承担全部的风险也是不可行的,为了防备风险,承包商必然会提高要价并加大预算,而业主也因不承担风险将随便决策,盲目干预,最终同样会损害整体效益。因此只有使各方承担相应的风险责任,通过风险的分配以加强责任心和积极性,才能更好地达到计划与控制的目的。

②公平合理,责、权、利平衡。一是风险的责任和权力应是平衡的,既要有承担风险的责任,也要给承担者以控制和处理的权力,但如果已有某些权力,则同样也要承担相应的风险责任;二是风险与机会尽量对等,对于风险的承担者来说,应同时享受风险控制所获得的经济收益和机会收益,因为只有这样才能使参与者勇于去承担风险;三是承担的可能性和合理性,承担者应该拥有预测、计划、控制的条件和可能性,并且有迅速采取控制风险措施的时间、信息等条件,只有这样,参与者才能理性地承担风险。

③符合工程项目的惯例,符合通常的处理方法。如果采用国际惯例FIDIC合同条款,就要明确规定承包商与业主之间的风险分配,这样才比较公平合理。

2. 风险的对策

任何项目都存在不同的风险,风险的承担者应对不同的风险有着相应的准备和对策,并且把它列入计划,只有在项目的运营过程中,对产生的不同风险采取相应的风险对策,才能进行良好的风险控制,尽量减小风险可能造成的危害,以确保效益,通常的风险对策如下:

①权衡利弊后,回避风险大的项目,选择风险小或适中的项目。这样,在项目决策中就应提高警惕,对于那些可能明显导致亏损的项目应选择放弃,而对于某些风险超过自己承受能力,并且成功概率不大的项目也应该尽量回避,这是相对保守的风险对策。

②采取先进的技术措施和完善的组织措施,以减小风险产生的可能性和可能产生的影响。如选择有弹性的、抗风险能力强的技术方案,进行预先的技术模拟试验,采取可靠的保护和安全措施等。为项目选派得力的技术和管理人员,采取有效的管理组织形式,并在实施的过程中实行严密的控制,加强计划工作,抓紧阶段控制和中间决策等。

③购买保险或要求对方担保,以转移风险。对一些无法排除的风险,可通过购买保险的办法来解决;如果由于合作伙伴可能产生资信风险,则可要求对方出具担保,如银行出具的投标保函,合资项目政府出具的保证,履约的保函以及预付款保函等。

④提出合理的风险保证金,这是从财务的角度出发为风险所作的准备,在报价中增加一笔不可预见的风险费,用来抵消或减少风险发生时的损失。

⑤采取合作的方式共同承担风险。大部分项目均是由多个企业或部门共同合作的,这必然会产生风险分担,但这必须考虑寻找可靠的(抗风险能力强、信誉好)合作伙伴,以及合理明确分配风险(按合同规定进行)。

⑥可采取其他的方式以降低风险。如采用多领域、多地域、多项目的投资来分散

风险，这样可以扩大投资面积及经营范围，扩大资本效用，且能与众多合作企业共同承担风险，进而达到降低总经营风险的目的。

3. 在工程实施中进行全面的风险控制

工程实施中的风险控制贯穿于项目控制（进度、成本、质量、合同控制等）的全过程中，是项目控制中必不可少的重要环节，同时也影响着项目实施的最终结果。风险控制的方法主要如下：

①加强风险的预控和预警工作。在工程的实施过程中，要不断地收集和分析各种信息和动态，捕捉风险的前奏信号，以便能够更好地准备和采取有效的风险对策，用来抵御可能发生的风险。

②在风险发生时，应及时采取措施以控制风险的影响，这是降低损失、防范风险的有效办法。

③在风险状态下，依然必须保证工程的顺利实施，如迅速恢复生产，按照原计划保证完成预定的目标，防止工程中断和成本超支，只有这样才能有机会对已经发生和还可能发生的风险进行良好的控制，并争取获得风险的赔偿，例如向保险单位、风险责任者提出索赔，以尽量减少风险的损失等。

第三节　工程成本会计

一、工程成本会计职能

（一）认知建筑企业情况

1. 认知建筑企业

建筑企业是指从事土木工程、建筑工程、线路管道设备安装工程、装修工程的新建、扩建、改建活动的企业，也可称为建筑业企业或者施工企业。

建筑企业应按照其拥有的注册资本、净资产、专业技术人员、技术装备和已完成的建筑工程业绩等资质条件申请资质，经审查合格并且取得相应等级的资质证书后，方可在其资质等级许可的范围之内从事建筑活动。建筑企业的资质分为施工总承包、专业承包和劳务分包三种。

建筑施工企业是从事建筑安装工程施工生产的企业。它是自主经营、自负盈亏、独立核算、具有法人资格的经济实体。

建筑施工企业的生产经营具有生产流动性大、生产周期长且生产的单件性等特点。

2. 认知建筑企业岗位

根据企业具体的施工项目，施工企业岗位的名称并不相同，大致分为管理岗位和工人岗位等。

管理岗位包括董事长、董事、总经理、副总经理、办公室人员、项目经理、安全员、计划员、预算员、施工员、保管员、质检员、合同员及资料员等。

工人岗位包括特种作业人员（电工、架子工、起重工、驾驶员、气焊工等），特种设备（起重机械、司索、指挥、电气焊、压缩机、压力容器等）操作人员，建筑工人（木工、瓦工等）。

（二）熟悉工程成本会计及其职能与任务

1. 工程成本会计的概念

建筑企业会计是应用于建筑企业的一门行业会计。建筑企业会计是指以货币作为主要计量单位，核算和监督建筑企业经济活动的一种经济管理工作。会计分为企业会计和行政事业单位会计。不同的行业有不同的会计，建筑企业会计是行业会计，也是一种企业会计。成本会计是以成本、费用作为对象的一种专业会计。

建筑企业会计的对象是建筑企业的资金运动，一般要经历采购供应、施工生产和工程结算三个阶段。

工程成本会计是以货币作为主要计量单位，以凭证为依据，核算和监督建筑企业工程成本费用的一种经济管理工作。它是主要以施工过程中的成本、费用作为对象的一种专业会计。为了促使企业节约经营管理费用，增加企业盈利，会计中将管理费用、财务费用连同工程成本都列为工程成本会计的内容。工程成本会计是工程成本、费用会计。

工程成本会计，狭义上是指施工成本核算，广义上是指工程成本管理或施工成本管理。工程成本会计学主要是研究建筑企业工程成本费用的计算、考核及分析的一门会计学科，它是成本会计学的组成部分。

2. 工程成本会计的职能

工程成本会计的主要职能如下：

（1）工程成本预测

成本预测是指在认真分析企业现有经济技术条件、市场情况及其发展趋势的基础上，根据成本信息和施工项目的具体情况，运用科学方法，对企业未来的成本水平及其变化趋势作出科学的推测和估计。

工程成本预测是施工项目成本决策和成本计划的依据。施工成本预测通常是指对施工项目计划工期内影响其成本变化的各个因素进行分析，之后预测这些因素对工程成本中有关项目（成本项目）的影响程度，从而预测出工程的单位成本或总成本。

（2）工程成本决策

工程成本决策是指根据成本预测及其他有关资料，制定出优化成本的各种备选方案，运用决策理论和方法，对各种备选方案进行比较分析，从中选出最佳方案。例如，施工产品零件、部件是企业自制合算还是外购合算；下属水泥制品厂产品是以半成品出售合算，还是继续加工以产成品出售合算，这些都需要进行成本决策。

(3)工程成本计划

工程成本计划是在成本预测和成本决策的基础上,为保证成本决策所确定的成本目标能够实现,具体规定在计划期内为完成工程任务应发生的施工耗费和各种工程成本水平,并提出为达到规定的成本水平所应采取的具体措施。它是该项目降低成本的指导文件,是设立目标成本的依据。因此可以说,成本计划是目标成本的一种形式。

(4)工程成本控制

工程成本控制是指在施工过程中,对影响施工项目成本的各种因素加强管理,并采用各种有效措施,将施工中实际产生的各种消耗和支出严格控制在成本计划范围之内,随时揭示并及时反馈,严格审查各项费用是否符合标准,计算实际成本与计划成本之间的差异并进行分析,消除施工中的损失和浪费现象,发现和总结先进经验。

施工企业通常以预先确定的成本标准(如材料消耗定额、工时消耗定额、材料计划单价)等作为各项费用的限额来控制企业施工生产经营过程中所发生的各种耗费。

(5)工程成本核算

工程成本核算是指运用各种专门的成本计算方法,按照一定对象和规定的成本项目及分配标准进行施工生产费用的归集和分配,计算出各工程的总成本和单位成本,并进行账务处理。

工程成本核算是对发生的施工费用和形成的工程成本所进行的会计处理工作,它是施工费用核算和工程成本计算的总称,其中重要的部分是工程成本计算。工程成本核算是工程成本会计工作的核心。工程成本的核算过程,不仅是对施工产品生产过程的各种劳动消耗进行如实反映的过程,同时也是对施工产品生产过程中各种费用的发生实施控制的过程。

工程成本核算的注意事项如下:

①必须明确工程成本核算只是一种手段,他的目的是运用它所提供的一些数据来进行事中控制和事前预测。

②必须明确工程成本核算不光是财务部门、财务人员的事情,而且还是全部门、全员共同的事情。

③必须提高自身业务素质,工程成本核算人员不仅要对成本很专业,而且还要掌握施工流程、工程预算等相关知识。

④必须提高工程成本核算人员的地位,参与成本决策,让企业的一切经济活动按照预定的轨道进行。

(6)工程成本分析

工程成本分析是在成本形成的过程中,对施工项目成本进行的对比评价和总结工作。它贯穿于施工成本管理的全过程,主要内容是利用施工项目的成本核算资料,与计划成本、预算成本以及类似施工项目的实际成本等进行比较,了解成本变动情况,同时也要分析主要技术经济指标对成本所产生的影响,系统地研究成本变动的原因,检查成本计划的合理性,深入揭示成本变动的规律,以便有效地进行成本管理。

（7）工程成本考核

工程成本考核是指施工项目完成以后，对施工项目成本形成中的各责任者，按施工项目成本目标责任制的有关规定，将成本的实际指标与计划、定额、预算进行对比和考核，评定施工项目成本计划的完成情况和各责任者的业绩，并以此给予相应的奖励和处罚。

现代成本会计的七个主要职能包括成本预测、成本决策、成本计划、成本控制、成本核算、成本分析及成本考核。成本决策是成本会计的重要环节，在成本会计中居于中心地位。它与成本会计的其他职能之间存在着密切的联系，成本预测是成本决策的前提，成本决策是成本计划的依据，成本控制是实现成本决策既定目标的保证，成本核算是成本决策预期目标是否实现的最后检验，成本分析和成本考核是实现成本决策目标的有效手段。

3. 工程成本会计的任务

工程成本会计的主要任务有以下几点：

（1）根据国家的政策、法规、制度和企业的消耗定额及工程成本计划，审核和控制企业各项工程施工费用的支出，促使企业节约工程施工费用，降低工程成本。

（2）正确、及时地归集和分配工程施工过程中所发生的各项工程施工费用，按照规定的成本核算程序和方法计算工程的实际施工成本。

（3）正确计算工程预算成本和实际成本，考核和分析成本消耗定额及成本计划的执行情况，为进行成本预测、修订消耗定额和编制新的成本计划提供数据。

（4）通过工程成本核算，反映和监督企业工程施工过程中工程在产品的动态，保护工程在产品的安全和完整，并且为资金占用管理提供资料。

（5）正确编制工程竣工决算，及时对工程施工管理的经验和不足进行总结，改进经营管理工作，降低工程成本，从而提高经济效益。

二、工程成本核算程序

（一）理解施工费用、工程成本及其分类

1. 工程成本的概念

费用是指企业在日常活动中所发生的，将导致所有者权益减少的，与向所有者分配利润无关的经济利益的总流出。产品成本是指企业在一定时期内为生产一定产品所支出的生产费用。

成本与费用之间的关系可理解为，费用是产品成本计算的基础，而产品成本则是对象化的费用。但费用涵盖的范围较广，着重于按会计期间归集。而产品成本仅包括为生产一定种类或数量的完工产品的费用，着重于按产品进行归集，产品成本是费用总额的一部分，不包括期间费用和期末未完工产品的费用等。

施工费用是指建筑企业在一定时期内从事建筑安装工程施工过程中所发生的各项耗费的货币表现形式。工程成本是指建筑企业为进行一定工程的施工所支出的施工费

用。将施工生产费用按照一定的成本核算对象及其成本项目进行归集，即构成工程成本。施工费用是形成工程成本的基础。

2. 施工企业费用分类

为了正确计算工程成本，考核其升降原因，并寻求一个能够降低成本、提高企业盈利能力的有效途径，首先应对施工费用进行合理的分类。具体的分类方法如下：

（1）按经济内容，可划分为劳动对象方面的费用、劳动手段方面的费用、活劳动方面的费用，具体包括：

①材料费用。材料费用是指企业在施工过程中耗用的原材料、辅助材料、半成品、包装物、低值易耗品、修理用备件以及其他材料的费用。

②动力费用。动力费用是指企业在施工过程中耗用的各种电力、蒸汽等动力所支付的费用。

③燃料费用。燃料费用是指企业在施工过程中发生的各种燃料费用，包括固体燃料（如煤炭、木材）、液体燃料（如汽油、柴油）、气体燃料（如天然气、煤气、氢气、液化石油气）等费用。

④工资费用。工资费用包括企业在施工过程中发生的职工工资、工资性津贴、补贴、奖金及职工福利费等。

⑤折旧费与摊销费。折旧费与摊销费是指企业计提的固定资产折旧费和无形资产等的摊销费。

⑥利息费用。利息费用是指用借款利息支出减去利息收入后的金额。

⑦税费。是指计入成本费用的各种税费。

⑧其他费用。其他费用不属于上述各要素的费用支出。如差旅费、办公费、租赁费、保险费和诉讼费等。

在施工企业生产经营过程中发生的、按经济内容分类的费用，称为要素费用。这种分类方法能够反映出建筑企业在一定时期内资金耗费的构成和水平，不仅可以为编制材料采购资金计划和劳动工资计划提供资料，也能为制定物资储备资金计划及计算企业净产值和增加值提供资料。成本按经济内容分类并不能说明其在施工过程中的用途，以及是否经济合理。

（2）按经济用途，可划分为以下几类：

①人工费。人工费是指建筑企业从事建筑安装工程施工的生产人员的工资、奖金、工资性质的津贴、劳动保护费和职工福利费等。

②材料费。材料费是指建筑企业在施工生产过程中耗用的构成工程实体或有助于形成工程实体的原材料、辅助材料、构配件、零件、半成品的成本，以及周转材料的摊销额和租赁费用等。

③机械使用费。机械使用费是指建筑企业在施工生产过程中使用自有机械的使用费和租用外单位机械的租赁费，以及施工机械的安装、拆卸及进出场费等。

④其他直接费。其他直接费是指建筑企业在施工生产过程中除了人工费、材料费和机械使用费三项直接费用以外的其他可以直接计入合同成本的费用，如施工现场材

料的二次搬运费、生产工具和用具使用费等。

⑤间接费用。间接费用是指建筑企业下属的各施工单位为组织和管理生产活动所发生的费用。如生产管理人员的工资、办公费及差旅费等。

⑥期间费用。期间费用是指费用发生时直接计入当期损益的各项费用，具体包括管理费用、销售费用和财务费用。

人工费、材料费、机械使用费、其他直接费及间接费用是计入施工产品成本的费用，而期间费用则是计入当期损益的费用。这种分类方法，能够正确反映工程成本的构成，便于组织成本的考核和分析，有利于加强企业的成本管理。

（3）按成本与工程量的关系，可划分为变动费用和固定费用。这种分类方法对于组织成本控制，分析成本升降的原因，以及作出某些成本决策都是必不可少的。因为要降低成本中的变动成本，就必须从降低消耗着手；要降低固定成本则要从节约开支、减少耗费的绝对值着手。

例如，"材料费用"是一种要素费用，一个要素费用所对应的费用在分配后可按用途对应多个成本项目。如果耗用的材料为施工产品的组成部分，则此时"材料费用"应计入"工程施工 —— 合同成本 —— 直接材料费"成本项目；如果耗用的材料是用来修理施工管理部门设备用的，间接服务于施工产品，则这时的"材料费用"应计入"工程施工 —— 间接费用"成本项目。

3. 工程成本分类

（1）按计入成本核算对象的方式，能划分为直接费用和间接费用。直接费用是指施工过程中耗费的构成工程实体或有助于工程实体形成的各项费用支出，是可以直接计入工程对象的费用，包括人工费、材料费、施工机械使用费和施工措施费等。间接费用是指为施工准备、组织和管理施工生产的全部费用的支出，是非直接用于也无法直接计入工程对象，但为进行工程施工所必须发生的费用，包括管理人员工资、办公费、差旅交通费等。凡是直接费用均应按照费用支出的原始凭证直接计入成本核算对象，间接费用则要选择合理的分配标准分配记入成本核算对象。

（2）按成本形成的时间，可划分为会计期成本和工程期成本。

按会计期计算成本，可以将实际成本和预算进行对比，有利于各个时期的成本分析和考核，能够及时总结工程施工和管理中的经验教训。按工程周期计算成本，有利于分析某一工程项目在施工全过程中的经验和教训，从而为进一步加强工程施工管理提供依据。

（3）按管理要求，可划分为工程预算成本、工程计划成本和实际成本。工程预算成本是根据已完工程数量，按施工图预算所列出的单价和成本项目的核算内容进行分析、归类和计算的工程成本。它是控制成本支出，考核实际成本超节的依据。工程计划成本是以货币形式编制的施工项目在计划期内的工程成本。它是控制成本支出，考核目标成本超节的依据，实际成本是根据工程施工过程中实际发生的施工费用，按照成本核算对象和成本项目归集的工程成本。

（二）明确工程成本核算的要求

为了正确核算工程成本，完成工程成本核算的任务，发挥工程成本核算的作用，工程成本核算应严格遵循以下要求：

1. 做好成本核算的各项基础工作

为保证成本核算资料的真实性、完整性、准确性和及时性，便于对成本实施进行有效控制，应建立健全各项原始记录，做好财产物资的计量、收发和盘点工作。具体包括材料物资的收发领退、劳动用工、工资发放、机器设备交付使用以及水电等消耗的原始记录，并做好相应的管理工作。同时还要制定和修订材料、工时、费用的各项消耗定额。具体包括以下几个方面的基础工作：

（1）建立健全各项原始记录。原始记录是成本控制和核算的依据，为保证成本核算的及时性与准确性，对涉及成本管理方面的原始记录要求有关人员应认真做好登记工作，并且做到凡是有经济活动的地方，均要有原始记录。具体包括材料物资的收发领退、劳动用工、工资发放、机器设备交付使用以及水电等消耗的原始记录。

（2）确定各项消耗定额。定额是对工程施工过程中人力、物力、财力消耗所规定的数量标准。企业应根据自身水平制定合理的施工定额，做到消耗有定额，开支有标准，这对成本核算、成本控制和项目之间公平竞争将会起到重要的作用。进行定额管理是控制施工耗费、促进增产节约行之有效的制度。

（3）健全物资管理工作制度。物资管理工作制度包括财产物资的计量、收发及盘点制度。

（4）建立健全内部结算制度。内部结算要以合理的内部价格为依据。企业内部价格是指企业各内部独立核算单位因相互提供材料物资、作业和劳务而办理转账结算的结算价格。

（5）建立健全企业内部成本管理责任制，包括了发生成本费用的有关部门及人员的岗位责任制在内。

2. 正确划分各种费用支出的界限

为了正确计算工程成本，在进行工程成本核算时，施工企业应正确划清以下几个方面的界限：

（1）正确划分收益性支出与资本性支出的界限。
（2）正确划分成本费用、期间费用和营业外支出的界限。
（3）正确划分不同成本计算期的费用界限。
（4）正确划分不同工程之间的成本费用界限。
（5）正确划分完工工程和未完工工程的成本费用界限。

3. 选择适当的成本计算方法

为了便于分析和考核企业的经营成果，明确企业的经营责任，施工企业应根据生产特点及管理要求选择适当的成本计算方法。

施工产品成本的计算，关键在于选择适当的成本计算方法，确定成本计算方法时应考虑企业生产类型的特点和管理要求等方面的情况。在同一个企业里，可以采用一种或多种成本计算方法。成本计算方法一经选定，一般不得随意变更。

施工企业通常采用分批法计算施工产品成本。工程成本的计算期一般应与工程价款结算的时间相一致。采用按月结算工程价款办法的工程，企业一般按月计算已完工程成本；采用竣工后一次结算或分段结算工程价款办法的工程，企业通常应按合同确定的工程价款结算期计算已完工程成本。

（三）明确工程成本核算的对象、工作组织

1. 工程成本核算的对象

工程成本核算的对象是施工费用的承担者，也就是指归集和分配施工耗费的具体对象。合理地确定成本计算对象，是组织工程成本核算的前提。

建造合同是建筑企业组织工程施工和管理的依据，故一般应以建造合同为工程成本计算对象。实际工作中由于建筑安装工程是按设计图纸在指定的地点建造的，而设计图纸一般又是按单位工程编制的，所以建筑安装工程一般按单项建造合同的单位工程为成本核算对象。

（1）以单项建造合同的单位工程为工程成本计算对象

一般情况下，建筑企业应以所签订的单项建造合同作为工程成本计算对象，分别计算和确认各单项合同的成本，这样利于分析工程预算和施工合同的完成情况，并为核算合同损益提供依据。

（2）以合同分立后的单项资产作为工程成本计算对象

如果一项建造合同包括了建造数项资产，那么在同时具备下列条件的情况下，应包括独立的单项合同处理：

①每项资产均有独立的建造计划，包括独立的施工图预算。

②建筑企业与业主就每项资产单独进行谈判，双方可以接受或拒绝与每项资产有关的合同条款。

③每项资产的收入与成本均可单独辨认，如每项资产均有单独的造价和预算成本。

④对该项建造合同进行分立，应该将分立后的单项资产作为一个成本计算对象，单独核算其成本，有利于正确计算建造每项资产的损益。

（3）以合同合并后的一组合同作为工程成本计算对象

如果一组建造合同无论是对应单个业主还是对应几个业主，在同时具备下列条件的情况下，应合并为单项合同处理：

①该组合同按一揽子交易签订。

②该组合同密切相关，每项合同实际上已构成了一项综合利润率的组成部分。

③该组合同同时或依次履行。

在同一地点同时或依次施工时，建筑企业对施工队伍、工程计量、施工质量和进度实行统一的管理，并将符合合同合并条件的一组合同合并作一个成本计算对象，这样有利于工程管理和简化核算。

工程成本核算对象一旦确定，建筑企业内部的各有关部门就必须共同遵守，所有

原始记录和核算资料,均应按照统一确定的成本计算对象填写清楚,以确保工程成本的真实性和准确性。

2. 工程成本核算的工作组织。为保证工程成本核算的顺利进行,各企业应按照各自的规模,建立与其管理体制相适应的工程成本核算体系。由于施工对象具有流动性,故施工企业一般有两级成本核算和三级成本核算制度。

两级成本核算一般实行企业和施工队核算,各施工队核算工程的直接成本和间接成本,由企业汇总全部工程的成本和期间费用。

三级成本核算制一般实行公司、分公司和施工队核算。施工队是内部经济核算单位,它仅核算本施工队的直接成本,并将资料汇总到分公司;分公司是内部独立核算单位,其任务是全面核算它所负责工程的直接成本、间接成本和分公司发生的期间费用,并向公司上报资料;公司是独立核算单位,其任务是全面负责全公司的成本核算工作,审核、汇总所属分公司和单位的成本资料,核算公司本部发生的期间为费用,并全面分析公司成本升降的原因和寻找降低成本的途径。

(四)熟悉工程成本核算的一般程序

1. 根据生产特点和成本管理的要求,确定成本核算对象。
2. 确定成本项目。企业计算工程成本,一般应当设置人工费、材料费、机械使用费、其他直接费、间接费用等成本项目。前四项费用构成直接成本,第五项为间接成本,直接成本和间接成本一同构成工程施工成本。
3. 设置有关成本和费用明细账。如工程施工明细账,间接费用明细账,产成品、自制半成品明细账等。

(1)"工程施工——合同成本""工程施工——合同毛利"账户。本科目属于成本类账户,用于核算施工企业实际发生的工程施工合同成本和合同毛利。

合同成本,核算的是各项工程施工合同发生的实际成本,一般包括施工企业在施工过程中发生的人工费、材料费、机械使用费、其他直接费和间接费用等。前四项费用属于直接成本费,直接计入有关工程成本,而间接费用则可先在本科目(合同成本)下设置"间接费用"明细账户进行核算,月份终了,然后按照一定分配标准分配计入有关工程成本。

合同毛利,核算的是各项工程施工合同确认的合同毛利。施工企业进行施工所发生的各项费用,应借记"工程施工——合同成本",贷记"原材料"、"应付职工薪酬"等。按规定确认合同收入、费用时,应借记"主营业务成本",贷记"主营业务收入",按其差额借记或贷记"工程施工——合同毛利"。

本账户期末余额借方,反映的是尚未完工工程施工合同成本和合同毛利。

(2)"机械作业"账户。该账户核算的是施工企业及其内部独立核算的施工单位、机械站和运输队使用自有施工机械和运输设备进行机械作业(包括机械化施工和运输作业等)所发生的各项费用。实际发生的机械作业成本,应记入本科目借方;按受益对象分配机械作业成本时,应该记入本账户贷方;期末本科目无余额。

(3)"生产成本-辅助生产成本"账户。该科目核算的是施工单位的辅助生产部门为工程施工等提供材料和劳务时所发生的各项耗费。实际发生的各项辅助生产成本，应记入本账户借方；按受益对象分配辅助生产成本时，则应记入本账户贷方；期末本科目无余额。

（4）"工程施工—间接费用"账户。这个科目核算的是施工单位为组织和管理施工活动而发生的各项费用。实际发生的各项间接费用，应记入本账户借方；月末将间接费用分配记入各工程核算对象时，则应记入本科目贷方；期末本账户无余额。

4. 收集确定各工程的实物量，以及材料、工时及动力消耗等，并且对所有已发生费用进行审核。

5. 归集所发生的全部费用，并按照确定的成本计算对象进行分配，按成本项目计算各工程的在建工程成本、完工工程总成本和单位成本。

第二章 建筑工程成本核算

第一节 成本核算的概念、分类与意义

一、成本核算的概念

项目施工成本管理的核心分为两级成本核算,就是企业的工程施工项目施工成本核算(即工程成本核算)和项目经理部的工程施工成本核算(即施工成本核算)。

工程成本与施工成本是一种包含与被包含的关系。工程成本是制作成本在施工企业所核算范围的准确概括,施工成本是施工要求根据自身管理水平、管理特点和各单位所确定的项目责任成本范围以及根据每个项目的项目施工成本责任合同所确定的成本开支范围而确定。

工程成本核算的主要任务如下:

(1)执行国家有关成本开支范围,费用开支标准,工程预算定额和企业施工预算,成本计划的有关规定。控制费用,促使项目合理、节约地使用人力、物力及财力,是项目成本核算的先决条件和首要任务。

(2)正确、及时地核算施工过程中发生的各项费用,计算工程项目的实际成本。这是项目成本核算的主体和中心任务。

(3)反映和监督项目成本计划的完成情况,为项目成本预测和参与项目施工生产、技术和经营决策提供可靠的成本报告和有关资料,促进了项目改善经营管理、降低成本、提高经济效益。这是项目成本核算的根本目的。

二、成本核算的分类

为了正确计算工程成本，首先要对工程成本进行合理分类。通常情况下，可按以下情况划分。

（一）按经济内容划分

按成本的经济内容可分为外购材料费、外购动力费、外购燃气费、工资（包括工资、奖金和各种工作效率的津贴、补贴等）、职工福利费、折旧费、利息支出、税金和其他支出。

这种分类方法可反映建筑企业在一定时期内资金耗费的构成和水平，可以为编制材料采购资金计划和劳动工资计划提供资料，也能够为制订物资储备资金计划及计算企业净产值和增加值提供资料。

（二）按经济用途划分

按成本的经济用途可分为直接人工费、直接材料费、机械使用费、其他直接费、施工间接费用、期间费用。

这种分类方法可正确反映工程成本的构成，便于组织成本的考核和分析，有利于加强企业的成本管理。

（三）按计入成本的方式划分

按计入成本核算对象的方式可分为直接成本和间接成本。直接成本指费用发生后可以直接计入各工程项目成本中的资金耗费，例如能明确区分为某一工程项目耗用的材料、工资和施工机械使用费等；间接成本是指不能明确区分为某一个工程项目耗用，而需要先行归集，然后按规定的标准分配计入各项工程成本中的资金耗费，如施工间接费用。

（四）按与工程量的关系划分

按成本与工程的关系可分为变动成本与固定成本两种。这种分类对于组织成本控制，分析成本升降原因，以及作出某些成本决策都是十分必要的，要降低固定成本要从节约开支、减少耗费的绝对数着手。

（五）按成本形成的时间划分

按成本形成的时间可分为会计期成本和工程期成本。按会计期计算成本，可以将实际成本与预算进行对比，有利于各个时期的成本分析和考核，可以及时总结工程施工与管理的经验教训。按工程期计算成本，有利分析某一工程项目在施工全过程中的经验和教训，从而为进一步加强工程施工管理提供依据。

三、成本核算的意义

成本核算时施工企业成本管理的一个极其重要的环节。认真做好成本核算工作，对于加强成本管理，促进增产节约，发展企业生产都有着重要的意义。具体可表现在以下几个方面：

（1）通过项目成本核算，将各项生产费用按照它的用途和一定程序，直接计入或分配计入各项工程，正确算出各项工程的实际成本，将它和预算成本进行比较，可以检查预算成本的执行情况。

（2）通过项目成本核算，可以及时反映施工过程中人力、物力、财力的耗费，检查人工费、材料费、机械使用费、措施费的耗用情况和间接费定额的执行情况，挖掘降低工程成本的潜力，节约活劳动和物化劳动。

（3）通过项目成本核算，可以计算施工企业各个施工单位的经济效益和各项承包工程合同的盈亏，分清各个单位的成本责任，在企业内部实行经济责任制，以便于学先进、找差距，开展社会主义竞赛。

（4）通过成本核算，可为各种不同类型的工程积累经济技术资料，为修订预算定额、施工定额提供依据。

管理企业离不开成本核算，但成本核算不是目的，而是管好企业的一个经济手段。离开管理去讲成本核算，成本核算也就失去了它应有的重用性。

为了做好施工企业管理，发挥项目成本核算的作用，工程成本的计算必须正确及时，计算不正确，就不能据以考核分析各项消耗定额的执行情况，就不可以保证企业再生产资金的合理补偿。计算不及时，就不能及时反映施工活动的经济效益，不能及时发现施工和管理中存在的问题。由于建筑安装工程生产属于单件生产，采用订单成本计算法，以及同一工地上各个工程耗用大堆材料而难以严格划分计算等原因，对大堆材料、周转材料等往往就要采用一定标准分配计入各项工程成本，这就使各项工程的成本带有一定的假定性。因此，对于工程成本计算的正确性，也必须从管理的要求出发，看它提供的成本资料能不能及时满足企业管理的需要。在计算工程项目成本时，必须防止简单化。如对施工期较长的建筑群工地，不能将工地上各项工程合并作为一个成本计算对象，而必须以单位工程或开竣工时期相近的各项单位工程作为一个成本计算对象。否则，就会形成"一锅煮"，不能满足成本管理的要求。当然，也要防止为算而算，脱离管理要求的倾向。烦琐的计算，不仅会使会计人员陷于埋头计算而不能深入工地和班组以便及时掌握施工生产动态，而且会影响工程成本核算的及时性，使提供的核算资料不能及时反映施工管理中存在的矛盾，不能为施工管理服务。因此，工程成本的计算必须从管理要求出发，在满足管理需要的前提下，分清主次，按照主要从细、次要从简、细而有用、简而有理的原则，采取既合理又简便的方法，正确、及时地计算企业生产耗费，计算工程成本，发挥工程成本核算在施工企业管理中的作用。

第二节 成本核算的对象与组织形式

一、成本核算的对象

建筑工程项目成本核算对象是指在计算工程项目成本过程中,确定归集和分配生产费用的具体对象,即生产费用承担的客体。成本计算对象的确定,是设立明细分类账户、归集及分配生产费用以及正确计算工程项目成本的前提。

具体的成本核算对象主要应根据企业生产的特点加以确定,同时还应考虑成本管理上的要求。由于建筑产品用途的多样性,带来了设计、施工的单件性。每一建筑安装工程都有其独特的形式、结构和质量标准,需要一套单独的设计图纸,在建造时需要采用不同的施工方法和施工组织。即使采用相同的标准设计,但由于建造地点的不同,在地形、地质、水文以及交通等方面也会有差异。施工企业这种单件性生产的特点,决定了施工企业成本核算对象的独特性。

(一)法人层次核算对象

企业通常应当按照单项建造合同进行会计处理。但是,在某些情况下,为了反映一项或一组合同的实质,需要将单项合同进行分立或将数项合同进行合并。具体应符合下列规定:

1. 一项包括建造数项资产的建造合同,同时要满足下列条件的,每项资产应当分立为单项合同:

(1) 每项资产均有独立的建造计划;

(2) 与客户就每项资产单独进行谈判,双方可接受或拒绝与每项资产有关的合同条款;

(3) 每项资产的收入和成本可以单独辨认。

2. 追加资产的建造,满足下列条件之一的,应当作为单项合同:

(1) 该追加资产在设计、技术或功能上与原合同包括的一项或数项资产存在重大差异;

(2) 议定该追加资产的造价时,不需要考虑原合同价款。

3. 一组合同无论对应单个客户还是多个客户,同时满足下列条件的,应当合并为单项合同:

(1) 该组合同按一揽子交易签订;

(2) 该组合同密切相关,每项合同实际上已经构成一项综合利润率工程的组成部分;

(3) 该组合同同时或依次履行。

（二）内部成本核算对象

项目经理部应根据财务制度和会计制度的有关规定，在企业职能部门的指导下，建立项目成本核算制，明确项目成本核算的原则、范围、程序、方法、内容、责任以及要求，并设置核算台账，记录原始数据。成本核算对象、核算方法一经确定，不得随意改变，并应与项目管理目标成本的界定范围相一致。

成本核算对象一般应根据工程合同的内容、施工生产的特点、生产费用发生情况和管理上的要求来确定。成本核算对象划分要合理，在实际工作中，往往划分得过粗，把相互之间没有联系或联系不大的单项工程或单位工程合并起来，作为一个成本核算对象，不能反映独立施工的工程实际成本水平，不利于考核和分析工程成本的升降情况。当然，成本核算对象如果划分得过细，会出现许多间接费用需要分摊，增加核算工作量，又难以做到准确核算成本。

工程项目不等于成本核算对象。有时一个工程项目包括几个单位工程，需要分别核算。单位工程是编制工程预算、制订工程项目工程成本计划和建设单位结算工程价款的计算单位。按照分批（订单）法原则，工程项目成本一般应以每一独立编制施工图预算的单位工程为成本核算对象，但也可以按照承包工程项目的规模、工期、结构类型、施工组织和施工现场等情况，结合成本管理要求，灵活划分成本核算对象。一般来说有以下几种划分方法：

（1）一个单位工程由几个施工单位共同施工时，各个施工单位都应以同一单位工程为成本核算对象，各自核算自行完成的部分。

（2）规模大、工期长的单位工程，可将工程划分为若干部位，以分部位的工程作为成本核算对象。

（3）同一建设项目，由同一施工单位施工，并在同一施工地点，属同一结构类型，开竣工时间相近的若干单位工程，可以合并作为一个成本核算对象。

（4）改建、扩建的零星工程，可以将开竣工时间相接近，属于同一建设项目的各个单位工程合并作为一个成本核算对象。

（5）土石方工程、打桩工程，可以根据实际情况和管理需要，以一个单项工程为成本核算对象，或将同一施工地点的若干个工程量较少的单项工程合并作为一个成本核算对象。

成本核算对象确定后，各种经济、技术资料归集必须与此统一，通常不要中途变更，以免造成项目成本核算不实，结算漏账和经济责任不清的弊端。这样划分成本核算对象，是为了细化项目成本核算和考核项目经济效益，丝毫没有削弱项目经理部作为工程承包合同事实上的履约主体和对工程最终产品以及建设单位负责的管理实体的地位。

二、成本核算的组织形式

（一）成本核算组织

1. 以企业财会系统为依托，建立项目成本管理的控制网络组织，各项目经理部均设立经济核算部，负责本项目经理部的项目成本核算和管理，把成本管理指标自上而下地纵向层层分解到每个职工，形成纵向若干层次的项目成本管理系统。

2. 建立项目成本跟踪核实管理小组，由财务、经营、生产、材料等部门所组成，全面负责项目成本管理的组织实施工作。财务部的成本管理室作为跟踪核实小组的常设办事机构，负责日常工作。

3. 以机关职能科室为主体，将项目成本管理的机关管理指标，分解到有关职能部门，形成横向项目成本的多方位核算与管理体系。

（二）项目成本核算形式

推行施工项目管理，带动了企业内部的结构调整，由原来的公司、工程处、工程队三级管理、三级核算改为公司、项目经理部的两级管理、两级核算，减少了管理层次。根据施工项目管理的需要，通常可建立以下四种类型的核算形式。

1. 项目经理部为内部相对独立的综合核算单位。负责整个施工项目成本的归集、核算、编制竣工结算和项目成本分析，直接对公司负责。

2. 栋号作业承包队为施工直接费核算单位。主要负责承包合同规定的指标及项目成本的核算，编制月（季）度各项成本表和资料，直接对项目经理部负责。

3. 施工劳务队为内部劳务费核算单位，主要负责劳务费和劳务管理费核算，编制月（季）度劳务核算报表。

4. 机关各职能科（室）为内部管理费用限额节约价值型核算单位，主核算的基本假定要负责与本系统业务有关的限额管理费用的核算。

第三节　成本核算的原则与要求

一、成本核算的原则

（一）确认原则

在项目成本管理中对各项经济业务中发生的成本，都必须按一定的标准和范围加以认定和记录。只要是为了经营目的所发生的或预期要发生的，并要求得到补偿的一切支出，都应作为成本来加以确认。正确成本的确认往往与一定的成本核算对象、范围和时期相联系，并必须按一定的确认标准来进行。这种确认标准具有相对的稳定性，主要侧重定量，但也会随着经济条件和管理要求的发展而变化。在成本核算中，往往要进行再确认，甚至是多次确认。如确认是否属于成本，是否属于特定核算对象的成本（如临时设施先算搭建成本，使用后算摊销费）以及是否属于核算当期成本等。

（二）分期核算原则

施工生产是连续不断的，项目为了取得一定时期的项目成本，就必须将施工生产活动划分若干时期，并分期计算各期项目成本。成本核算的分期应与会计核算的分期相一致，这样便于财务成果的确定。但要指出的是，成本的分期核算，与项目成本计算期不能混为一谈。无论生产情况如何，成本核算工作，包括费用的归集和分配等都必须按月进行。至于已完项目成本的结算，可以是定期的，按月结转；也可以是不定期的，等到工程竣工后一次结转。

（三）实际成本核算原则

要采用实际成本计价。采用定额成本或者计划成本方法的，应当合理计算成本差异，月终编制会计报表时，调整为实际成本。即必须根据计算期内实际产量（已完工程量）以及实际消耗和实际价格计算实际成本。

（四）权责发生制原则

凡是当期已经实现的收入和已经发生或应当负担的费用，无论款项是否收付，都应作为当期的收入或费用处理；凡不属于当期的收入和费用，即使款项已经在当期收付，都不应作为当期的收入和费用。权责发生制原则主要从时间选择上确定成本会计确认的基础，其核心是根据权责关系的实际发生及影响来确认企业的支出和收益。

（五）相关性原则

成本核算不只是简单的计算问题，而且要为项目成本管理目标服务，要与管理融为一体。因此，在具体成本核算方法、程度和标准的选择上，在成本核算对象和范围的确定上，应与施工生产经营特点和成本管理要求特性相结合，并与项目一定时期的成本管理水平相适应。正确地核算出符合项目管理目标的成本数据及指标，真正使项目成本核算成为领导的参谋和助手。无管理目标的成本核算是盲目和无益的，无决策作用的成本信息是没有价值的。

（六）一贯性原则

项目成本核算所采用的方法一经确定，不得随意变动。只有这样，才能使企业各期成本核算资料口径统一、前后连贯、相互可比。成本核算办法的一贯性原则体现在各个方面，如耗用材料的计价方法，折旧的计提方法，施工间接费的分配方法，未施工的计价方法等。坚持一贯性原则，并不是一成不变，如确有必要变更，要有充分的理由对原成本核算方法进行改变的必要性作出解释，并说明这种改变对成本信息的影响。如果随意变动成本核算方法，并不加以说明，就有对成本、利润指标、盈亏状况弄虚作假的嫌疑。

（七）划分收益性支出与资本性支出原则

划分收益性支出与资本性支出是指成本、会计核算应当严格区分收益性支出与资本性支出界限，以正确地计算当期损益。所谓收益性支出，是指该项目支出发生是为了取得本期收益，即仅仅与本期收益的取得有关，例如工资、水电费支出等。所谓资本性支出，是指不仅为取得本期收益而发生的支出，同时该项支出的发生有助于以后会计期间的支出，如构建固定资产支出。

（八）及时性原则

及时性原则是指项目成本的核算、结转和成本信息的提供应当在所要求的时期内完成。需要指出的是，成本核算及时性原则并非是指成本核算越快越好，而是要求成本核算和成本信息的提供，以确保真实为前提，在规定时期内核算完成，在成本信息尚未失去时效的情况下适时提供，确保不影响项目其他环节核算工作的顺利进行。

（九）明晰性原则

明晰性原则是指项目成本记录必须直观、清晰、简明、可控，便于理解和利用，使项目经理和项目管理人员了解成本信息的内涵，弄懂成本信息的内容，有效地控制本项目的成本费用。

（十）配比原则

配比原则是指营业收入与其对应的成本、费用应当相互对应。为取得本期收入而发生的成本和费用，应与本期实现的收入在同一时期内确认入账，不得脱节也不得提前或延后，以便正确计算和考核项目经营成果。

（十一）重要性原则

重要性原则是指对于成本有重大影响的业务内容，应作为核算的重点，力求精确，而对于那些不太重要的琐碎的经济业务内容，可相对从简处理。坚持重要性原则能够使成本核算在全面的基础上保证重点，有助于加强对经济活动和经营决策有重大影响和有重要意义的关键性问题的核算，达到事半功倍，简化核算，节约人力、财力、物力，提高工作效率的目的。

（十二）谨慎原则

谨慎原则是指在市场经济条件下，在成本和会计核算中应当对项目可能发生的损失和费用作出合理预计，以增强抵御风险的能力。

二、成本核算的要求

为了达到建筑工程项目成本管理和核算目的，正确、及时地核算工程项目成本，提供对决策有用的成本信息，提高工程项目成本管理水平，在工程项目成本核算中要遵守以下基本要求。

（一）划清成本、费用支出和非成本、费用支出界限

划清不同性质的支出是正确计算工程项目成本的前提条件。划清成本、费用支出和非成本、费用支出界限是指划清不同性质的支出，即划清资本性支出和收益性支出与其他支出、营业支出与营业外支出的界限。这个界限，也就是成本开支范围的界限。企业为取得本期收益而在本期内发生的各项支出，根据配比原则，应全部作为本期的成本或费用。只有这样才能保证在一定时期内不会虚增或少记成本或费用。至于企业的营业外支出，是与企业施工生产经营无关的支出，因为不能构成工程成本。

（二）正确划分各种成本、费用的界限

各种成本、费用的界限是指对允许列入成本、费用开支范围的费用支出，在核算上应划清的几个界限。

1. 划清工程项目工程成本和期间费用的界限

工程项目成本相当于工业产品的制造成本或营业成本。财务制度规定：为工程施工发生的各项直接支出，包括人工费、材料费、施工机具使用费、措施费，直接计入工程成本。为工程施工而发生的各项施工间接成本分配计入工程成本。同时又规定：企业行政管理部门为组织和管理施工生产经营活动而发生的管理费用和财务费用应当作为期间费用，直接计入当期损益。可见期间费用与施工生产经营没有直接联系，费用的发生基本不受业务量增减所影响。在"制造成本法"下，它不是工程项目成本的一部分。所以正确划清两者的界限，是确保了项目成本核算正确的重要条件。

2. 划清本期工程成本与下期工程成本的界限

根据分期成本核算的原则，成本核算要划分本期工程成本和下期工程成本。本期工程成本是指应由本期工程负担的生产耗费，无论其收付发生是否在本期，应全部计入本期的工程成本之中；下期工程成本是指不应由本期工程负担的生产耗费，无论其是否在本期内收付（发生），均不能计入本期工程成本。划清两者界限，对于正确计算本期工程成本是十分重要的。实际上就是权责发生制原则的具体化，因此要正确核算各期的待摊费用和预提费用。

3. 划清不同成本核算对象之间的成本界限

是指要求各个成本核算对象的成本，不得张冠李戴、互相混淆，否则就会失去成本核算和管理的意义，造成成本不实，歪曲成本信息，引起决策上的重大失误。

4. 划清未完工程成本与已完工程成本的界限

工程项目成本的真实程度取决于未完工程和已完工程成本界限的正确划分，以及未完工程和已完工程成本计算方法的正确度。本期已完工程实际成本根据期初未完施工成本、本期实际发生的生产费用和期末未完施工成本进行计算。采取竣工后一次结算的工程，其已完工程的实际成本就是该工程自开工起至期末止所发生的工程累计成本。

上述几个成本费用界限的划分过程，实际上也是成本计算过程。只有划分清楚成本的界限，工程项目成本核算才能正确。这些费用划分得是否正确，是检查评价项目成本核算是否遵循基本核算原则的重要标志。但应指出，不能将成本费用界限划分的

做法过于绝对化，因为有些费用的分配方法具有一定的假定性。成本费用界限划分只能做到相对正确，片面地花费大量人力、物力来追求成本划分的绝对精确是不符合成本效益原则的。

（三）加强成本核算的基础工作

成本核算的基础工作主要包括：

（1）建立各种财产物资的收发、领退、转移、报废、清查、盘点、索赔制度；

（2）建立健全与成本核算有关的各项原始记录和工程量统计制度；

（3）制订或修订工时、材料、费用等各项内部消耗定额以及材料、结构件、作业、劳务的内部结算指导价；

（4）完善各种计量检测设施，严格计量检验制度，让项目成本核算具有可靠的基础。

（四）项目成本核算必须有账有据

成本核算中要运用大量数据资料，这些数据资料的来源必须真实、可靠、准确、完整、及时；一定要以审核无误，手续齐备的原始凭证为依据。同时，还要根据内部管理和编制报表的需要，按照成本核算对象、成本项目、费用项目进行分类、归集，因此要设置必要的账册，进行登核算的内部条件记，并且增设必要的成本辅助台账。

第四节 成本核算的程序与方法

一、成本核算的程序

建筑工程成本核算程序，是指工程项目在具体组织工程成本核算时应遵循的一般顺序和步骤。按照核算内容的详细程度，可以分为工程成本的总分类核算程序和明细分类核算程序。

（一）总分类核算程序

1. 总分类科目的设置

为了核算工程成本的发生、汇总与分配情况，正确计算工程成本，项目经理部一般应设置以下总分类科目：

（1）"工程施工"科目。属于成本类科目，用来核算施工项目在施工过程中发生的各项成本性费用。借方登记施工过程中发生的人工费、材料费、机械使用费、其他直接费，以及期末分配计入的间接成本；贷方登记结转已经完工程的实际成本；期末余额在借方，反映未完工程的实际成本。

（2）"机械作业"科目。属于成本类科目，用来核算施工项目使用自有施工机械和运输机械进行机械作业所发生的各项费用。借方登记所发生的各种机械作业支出；贷方登记期末按照受益对象分配结转的机械使用费实际成本；期末应无余额。从外单位或本企业其他内部独立核算单位租入机械时支付的机械租赁费，应该直接计入"工程施工"科目的机械使用费成本项目中，不通过本科目核算。

（3）"辅助生产"科目。属于成本类科目，用来核算企业内部非独立核算的辅助生产部门为工程施工、产品生产、机械作业等生产材料和提供劳务（如设备维修、结构件的现场制作、施工机械的装卸等）所发生的各项费用。借方登记发生的以上各项费用；贷方登记期末结转完工产品或劳务的实际成本；期末余额在借方，反映辅助生产部门在产品或未完工劳务的实际成本。

（4）"待摊费用"科目。属于资产类科目，用来核算施工项目已经支付但应由本期和以后若干期分别负担的各项施工费用，如低值易耗品的摊销，一次支付数额较大的排污费、财产保险费、进出场费等。发生各项待摊费用时，登记本科目的借方；按受益期限分期摊销时，登记本科目的贷方；期末借方余额反映已经支付但尚未摊销的费用。

（5）"预提费用"科目。属于负债类科目，用来核算施工项目预先提取但尚未实际发生的各项施工费用，如预提收尾工程费用，预提固定资产大修理费用等。贷方登记预先提取并计入工程成本的预提费用；借方登记实际发生或者执行的预提费用；期末余额在贷方，反映已经计入成本但尚未发生的预提费用。

2. 工程成本在有关总分类科目间的归集结转程序。

（1）将本期发生的各项施工费用，按其用途和发生地点，归集到有关成本、费用科目的借方。

（2）月末，将归集在"辅助生产"科目中的辅助生产费用，根据受益对象和受益数量，按照一定方法分配转入"工程施工""机械作业"等科目的借方。

（3）月末，将由本月成本负担的待摊费用和预提费用，转入其有关成本费用科目的借方。

（4）月末，将归集在"机械作业"科目的各项费用，根据受益对象及受益数量，按照一定方法分配计入"工程施工"科目借方。

（5）工程月末或竣工结算工程价款时，结算当月已完工程或竣工工程的实际成本，从"工程施工"科目的贷方，转入"工程结算成本"科目的借方。

（二）明细分类核算程序

上述工程成本总分类核算只能总括地反映施工项目在一定时期内发生的施工费用，为了进一步了解施工费用发生的详细情况和各个成本核算对象的实际成本，还必须要设置有关明细分类账，进行工程成本的明细分类核算。

1. 明细分类账的设置。

（1）按成本核算对象设置"工程成本明细账"，并按成本项目设专栏归集各成本核算对象发生的施工费用。

（2）按各管理部门设置"工程施工间接成本明细账"，并按费用项目设专栏归集施工中发生的间接成本。

（3）按施工队、车间或部门以及成本核算对象（如产品、劳务的种类）类别设置"辅助生产明细账"。

（4）按费用的种类或项目，设置"待摊费用明细账""预提费用明细账"，以归集与分配各项有关费用。

（5）根据自有施工机械的类别，设置"机械作业明细账"。

2. 工程成本在有关明细账间的归集和结转程序

（1）根据本期施工费用的各种凭证和费用分配表分别计入"工程成本明细账（表）""工程施工间接成本明细账""辅助生产明细账（表）待摊费用明细账（表）""预提费用明细账（表）"和"机械作业明细账（表）"。

（2）根据"辅助生产明细账（表）"，按各受益对象的受益数量分配该费用，编制"辅助生产费用分配表"，并且据此登记"工程成本明细账（表）"等有关明细账。

（3）根据"待摊费用明细账（表）''及"预提费用明细账（表）"，编制"待摊费用计算表"及"预提费用计算表"，并据此登记"工程成本明细账（表）"等有关明细账。

（4）根据"机械作业明细账（表）"和"机械使用台账"，编制"机械使用费分配表"。按受益对象和受益数量，将本期各成本核算对象应负担的机械使用费分别计入"工程成本明细账（表）"。

（5）根据"工程施工间接成本明细账"，按各受益对象的受益数量分配该费用，编制"间接成本分配表"，并据此登记"工程成本明细账（表）"。

（6）月末，根据"工程成本明细账（表）"，计算出各成本核算对象的已完工程成本或竣工成本，从"工程成本明细账（表）"转出，并据此编制"工程成本表

二、成本核算的方法

建筑工程项目成本核算中，最常用的核算方法有会计核算方法、业务核算方法与统计核算方法，三种方法互为补充，各具特点，形成完整的项目成本核算体系。另外，比较常见的还有项目成本表格核算方法，这些方法的配合使用，取长补短，使项目成本核算内容更全面，结论更权威。

（一）建筑工程项目成本会计核算方法

建筑工程项目成本会计核算方法是以传统的会计方法为主要手段，以货币为度量单位，以会计记凭证为依据，利用会计核算中的借贷记账法和收支全面核算的特点，对各项资金来源去向进综合系统完整地记录、计算、整理汇总的一种方法。有核算精确、逻辑性强、人为调节的可能因素较小、核算范围较大的特点，它建立在借贷记账法基础上，所以很严密。收和支，进和出，都有另一方来做备案。不足的一面是专业人员的专业水平要求较高，要求成本会计师的专业水平和职业经验较丰富。

通过利用会计核算方法，具体核查在项运作过程中的各种内外往来支出，反映项目实施过程中货币的收支情况，以此利用会计核算得出的各种数据，进一步判断项目的经营成果及盈亏情况，及时做好资金调度筹集、管理运用，保证项目实施各个环节地正常运行。这种方法一般核算范围较大，核算程序严密、逻辑性强，人为因素较小，但是对相关的工作人员要求比较高，需达到较高的专业水平并具有丰富的经验。

1. 建筑工程项目成本会计核算的方式

建筑工程项目成本会计核算法主要是依靠会计方法为主要手段进行核算，会计核算不仅核算项目施工直接成本，而且还要核算项目在施工生产过程中出现的债权债务、项目为施工生产而自购的料具和机具摊销、分包完成和分包付款等。

使用会计法核算项目施工成本，分为企业核算和项目核算等多种方式。项目施工成本在项目进行核算称为直接核算，在企业进行核算称为间接核算。采用何种方式应根据各单位的具体情况和条件，视在哪一个层次上进行核算更能有助于成本核算工作开展而确定。

（1）项目施工成本的直接核算

项目经理部设置会计核算部门。项目除及时上报规定的工程成本核算资料外，还要直接进行项目施工成本核算，编制会计报表，落实项目施工成本的盈亏。项目不仅是基层财务核算单位，而且是项目施工成本核算的主要承担者。直接核算的优点是可以将将核算放在项目上，便于及时了解项目各项成本情况，也可以减少一些扯皮现象的发生；其缺点是要求每个项目都要配有专业水平及工作能力较高的会计核算人员，目前一些单位还不具备这样的条件。

（2）项目施工成本的间接核算

项目经理部不设置专职的会计核算部门，由项目有关人员按期、按规定的程序和质量向财务部门提供成本核算资料，委托企业在本项目施工成本责任范围内进行施工成本核算，落实当期项目施工成本盈亏。间接核算的优点是可以使会计专业人员相对集中，一个成本会计师可以完成两个或两个以上的项目施工成本核算；其缺点是：第一，项目了解成本情况不方便，项目对核算结论信任度不高；第二，由于核算不在项目部，项目开展岗位成本责任核算就会失去人力支持及平台支持。

（3）项目施工成本列账核算

项目施工成本列账核算是介于直接核算和间接核算之间的一种方法。项目经理部组织相对直接核算，正规的核算资料留在企业的财务部门。项目每发生一笔业务，其正规资料由财务部门审核存档后，与项目施工成本员办理确认和签认手续。项目凭此列账通知作为核算凭证和项目施工成本收支的依据，对工程项目成本范围的各项收支进行完整的会计核算，编制项目施工成本报表，企业财务部门按期确认资料，对其审核。这时的列账通知单一式两联，一联给项目据以核算，另一联留财务审核之用。项目所编制的报表，企业财务不汇总，只作为考核之用。列账核算的正规资料在企业财务部门，其优点是方便档案保管，项目凭借相关资料进行核算，也有利于项目开展项目施工成本核算和项目岗位成本责任考核；其缺点是企业和项目要核算两次，相互之间往返较多，比较烦琐。因此，列账核算更适用于较大工程项目。

2. 建筑工程项目成本收入会计核算

(1) 项目施工成本责任总额的确定

由项目经理、项目预算人员、项目会计与公司经理或经理指定人员，依据项目施工成本收入范围，在一定的时间内确定项目施工成本责任总额。特殊的工程项目，与业主的合同报价未能确定，相应的项目施工成本责任总额也不能确定，这种情况下可暂时不确定总额，先根据工程进度预报工程收入，在此基础上预报项目施工成本收入，组织项目施工成本核算，也不进行奖罚兑现，待与业主报价确定后，再确认其项目施工成本责任总额，相应地调整已报的工程收入和项目施工成本收入，确认成本盈亏并补兑现。

(2) 月度项目施工成本收入

依据统计员编制的并经确认的工程收入和工程收入分析汇总表为基础，按比例分解法确定项目施工成本收入。由项目预算或统计员与企业预算报价部门确认其成本收入，企业财务部门将工程收入与项目成本收入之间的差额，以费用形式向项目划收入。

(3) 月度工程收入收取费用中优惠和让利的账务处理

优惠和让利是企业在市场经济条件下实施竞争手段的经常性行为，会计核算和项目施工成本核算就会经常处理这些业务。

①对按预算定额报价的工程项目处理

A. 在目前企业没有内部定额的情况下，要按有关规定，当月的工程收入比照当地的定额分析收入。

B. 收入保证顺序是税金、预算成本、管理费用、财务费用、计划利润，遇有让利或优惠的项目时，其让利或优惠额按以上反顺序抵扣，如管理费用、财务费用、计划利润，还不足以抵扣，则在预算成本中抵扣。实际收取费用如投标报价未有这项收入时，企业则不收这项费用。这里要强调一点，即对收取的费用，企业和项目在一级科目和具体明细科目中的归集一定要保持一致，以保证费用和相关数据的抵减和汇总。

C. 项目统计员按已完工程量和取费标准编制工程收入及工程收入分析汇总表，经企业预算合约部门确认后，作为当期的企业和项目的工程收入核算依据。

D. 企业财务部门按经预算部门确认的工程收入和项目施工成本占投标报价收入比例，确定当月的项目施工成本收入额度。

E. 财务部门将不属于项目施工成本收入的部分公司经营收入，在区分收入明细后，向项目收取。

②对按国际标报价的工程项目处理

A. 按国际标的报价构成和计价内容（已扣除优惠和让利部分）确定当月实物量完成，确定当期的工程收入。

B. 项目统计员将编制的工程收入和工程收入分析汇总，经企业预算合约部门确认后，作为当期的企业工程收入和项目施工成本收入的核算依据。

C. 企业财务部门按经预算部门确认的工程收入和项目施工成本收入占投标报价收入比例，确定当月的项目施工成本收入额度。

D. 财务部门将不属于项目施工成本收入的部分企业经营收入，在区分入明细之后，向项目收取。

3. 建筑工程项目成本支出会计核算

（1）项目施工成本核算资料的签认

项目施工成本核算资料来源渠道一般有3个，对其核算和签认，应分别采用不同的对策。

①外界提供的原始单据。外界提供的原始单据，如外购料用具发票、交通费用、招待费用单据等，一般由项目先持有，项目应经项目经理签字后，由项目施工成本员报销，同时与其共同办理经济业务的列账和确认。

②项目自制的成本核算资料原始单据。项目自制的成本核算资料原始单据，如工程量收入、分包预估资料、材料报表、租赁费用预估等，项目应将此单据先经过项目经理审签后，报至企业财务，共同列账确认。

③企业财务根据项目施工成本责任合同内容而进行的摊销等自制凭证或划转的单据，如费用划收单、项目机械租赁费用、折旧计算单、摊销计算单等，财务应按规定自行填写后，交项目经理确认，项目施工成本员与企业财务共同确认后，列账核算。凡自制凭证都应一式多份，双方共同拥有以方便双方共同确认。

（2）人工费成本核算资料的形成和流转

①自有职工工资

如项目会计人员只有一人，一般由项目劳资员上报审批"工资发放表"和"奖金发放表"，项目核销人员持项目会计开具的内部结算票据，到企业领取现金并发放后，项目会计按"工资发放表"或"奖金发放表"、内部结算票据和项目劳资员提供的"人工工日和工资分配表"，进行分部分项工程的生产人员工资分配。如项目会计由两人组成，则项目在劳资员上报审批的"工资发放表"和"奖金发放表"基础上，直接发放工资，项目会计按"奖金发放表"、内部结算票据和项目劳资员提供的"人工工日和工资分配表"进行分部分项工程的生产人员工资分配。项目生产工人生产过程中耗费的劳动保护用品和低值易耗品，通常按标准在费用发生的当月时间直接计入人工费核销。

②劳动分包预估

先由项目工长（或施工员）根据所管辖的分部分项工程量完成情况和分包合同，结合分包商提出的当期分包完成产值，提供分部分项工程的"劳动分包成本预估"，经预算员根据工程收入审核，项目经理批准后，并且由预算员报项目会计做账，计入项目施工成本核算支出。

③专业分包预估

分包专业一般是包工包料性质，可由所管辖的工长（或施工员）结合分包商提出的当期分包完成产值，按月提供"分包成本预估"，并进行成本核算类别划分。经项目预算员审核和项目经理审批后，项目会计按规定做账，计入成本支出。

④分包成本决算

分包单位一旦完成合同工作内容则按规定进行决算，确认其最终收入。一般由分包单位提出，先经项目工长（或施工员）预审，预算员初审，项目经理审签后，再按各单位规定的程序报企业审核、批准。项目会计收到经企业审定的、项目认可的分包决算后按分包内容和成本类别做账，计入相应的成本支出，同时要冲减原先相应的成本预估。

（3）材料费成本核算资料的形成和流转

①消耗的主辅材料、构件、半成品

各单位材料、构件管理人员在对其材料、构件的消耗过程中，要分清分部分项工程的消耗对象，并在此基础上，参考"工、料、机分析"和"未完施工"，正确编制材料报表和构件消耗报表，并报经项目经理。项目会计要认真计价，及时计入项目施工成本。

②项目对外租赁的周转材料和工、器具费用

项目对外租赁的周转材料和工、器具费用是指按月转入经项目相关人员签字认可的租赁费用。项目会计接到列账通知单后，报项目经理审批后做账，计入项目施工成本支出。如租赁公司未能及时转账，项目要按内部租赁合同中的价格和租用量，由项目工长提出预估，经材料负责人审核后，报经项目经理审批，项目会计据此做账，先预估计入成本支出。接到租赁费列账单后，再按正确的租赁费用做账，同时冲回原先的预估。

③摊销费用

有一些要按月由企业财务或项目会计直接进行摊销的费用，如"材料成本差异"和项目一些自购的小型工器具的摊销费用，这类费用先由项目会计按规定计算，交项目经理审批后再计入成本支出。

④分包成本支出

此类费用有一些是包工包料，也有一些是项目对一些较难控制的低值易耗品费用，以合同形式包给劳务分包商。一般由项目工长先按本月的项目施工成本收入和分包完成情况，结合分包合同提出分包预估，经项目预算人员审核，项目经理审批后，项目会计入账，待正式的分包决算后再将决算值计入成本，同时要冲回原先此类预估。分包决算及其计入成本的程序同"人工费"。

（4）机械成本核算资料的形成和流转。

①内部租赁的机械设备

按企业转入并由项目相关人员签认的内部机械设备租赁费用报经理审批后入账。如企业未能及时转账，则由项目工长提出初估、项目机械管理员预估，经项目预算员审核、项目经理审批后，财务入账。一旦正式机械租赁费用结算单据由企业转到项目，项目会计要及时报项目经理审批后，按实际开支金额入账，同时要冲回原先的预估。水电费的核算方式也同上。项目在企业有关部门同意下，直接对本企业以外的单位所租赁的机械设备采取平时预估、决算调整的方式，进行项目施工成本的会计核算。

②项目自有的部分机械设备和工器具

由项目会计按有关规定先行折旧或摊销，落实使用对象并报项目经理审批后，计入相关项目施工成本。

③分包的机械费用

采用平时预估、决算调整的方式进行。通常由项目工长先按本月的项目施工成本收入和分包完成情况，结合分包合同提出分包预估，经项目预算人员审核，项目经理审批后，项目会计入账，待正式的分包决算后再将决算值计入成本，同时冲回原先此类预估。分包决算值计入成本的程序同"人工费"。

（5）措施费成本核算资料的形成和流转

①项目将企业按规定计算并转入的，或直接由项目会计计算的项目所用的临时设施费用，在报项目经理审批后，直接做账计入相关项目施工成本。

②二次搬运费等按发生的时间，由费用开支的责任人持单并报项目经理审批后，项目会计据以入账。

③如属于分包内容的则按平时预估及决算调整的方式进行项目施工成本核算。分包内容计入成本的程序同"人工费"。

（6）间接成本费用核算资料的形成和流转

①管理人员工资的分配核算方法按"人工费"的相应方法和程序进行。

②项目直接发生的办公费、差旅费、招待费用和其他合同明确的由项目承担的间接费用，在费用发生后，由责任人或经办人报项目经理审批后再办理核销。项目会计按规定的核算标准和费用划分标准进行项目施工成本核算。

③分包成本中间接费用核算采取平时预估、决算调整的方法。平时核算中，一般由项目工长结合分包商提出的分包完成产值，按本月的项目施工成本收入和分包完成情况及分包合同提出分包预估，经项目预算人员审核，项目经理审批后，项目会计将属于间接费用的部分记入本明细，待正式分包决算后再将决算值计入成本，同时冲回原先此类预估。分包决算值计入成本的程序同"人工费"。

（7）其他费用核算说明

①项目施工成本核算外的一些工程成本核算业务的处理。由于项目施工成本核算包含在工程成本核算中，因此工程成本核算中一些与项目施工成本核算相关的业务，有时会经常出现，如坏账准备、工资附加费、养老统筹费及失业保险金等，这些业务要求以企业核算、项目提供数据的方式进行有关内容的核算。

②某些不常发生，但必须是项目施工成本中负担的费用，往往是以项目承担、企业转账的方式出现，为使项目施工成本核算集中体现项目经理的核心地位和第一责任人的目的，原则规定凡是项目施工成本中支付的费用必须由项目经理签字认可后，项目会计方可入账；另外，凡是项目的成本支出，除了些特殊费用外（如临时设施费用、材料成本差异、排污费等），应分清岗位成本责任人，便于落实项目岗位成本责任。

（二）建筑工程项目成本业务核算方法

建筑工程项目成本业务核算方法是对项目中的各项业务的各个程序环节，用各种凭证进行具体核算管理的一种方法，业务核算也是各业务部门因为业务工作需要而建立的核算制度，通过对各项业务活动建账建卡、详细记录发生业务活动的具体时间、地点、计量单位、发生金额、存放收发等情况，考察项目过程中各项业务的办理效率与成果，并及时做出相应调整。

业务核算方法的核算范围比会计核算的范围还要广，对已经发生的、正在发生的、甚至尚未发生的业务活动都要进行核算，并判断其经济效果。另外，业务核算每次只是对某一项业务进行单一核算，并不提供综合性的指标数据，业务核算的内容既有价值量，也包括实物量，是数与值的双重完整核算，为会计核算和统计核算提供各种原始凭证，是会计核算方法与统计核算方法运用的基础。

（三）建筑工程项目成本统计核算方法

建筑工程项目成本统计核算方法是建立在会计核算与业务核算基础之上的一种成本核算方法，利用会计核算和业务核算中提供的原始凭证及原始数据，用统计的方法记录、计算、整理汇总项目实施过程中的各种数据资料，其中，主要的统计内容有产值指标、物耗指标、质量指标、成本指标等，最后形成统计资料，分析整理揭示事物发展变化的原因及规律，并进行统计监督。

统计核算方法的计量尺度比会计核算方法要宽，既可以采用货币计量，也可以用实物或劳动量计量。统计核算的灵活性还表现在既可以提供绝对数指标，也可以提供相对数和平均数指标；既可以计算当前的实际水平，也能预测未来的发展趋势。

（四）项目成本表格核算方法

建筑工程项目成本表格核算方法主要是建立在内部各项成本核算基础上，通过项目的各业务部门与核算单位定期采集相关信息、填制相应表格，使各种核算数据以一系列的表格形式存在，形成项目成本核算体系的一种方法。

表格核算方法是建立在对内部的各项成本信息及时采集基础之上的表格形式，具有简洁明了、易于操作、实时性较好的优点，其不足之处是覆盖范围较窄，若审核制度不严密，还有可能造成数据失实，精度较差。

表格核算法是建立在内部各项成本核算基础中上，各要素部门及核算单位定期采集信息，填制相应的表格，并通过一系列的表格，形成项目成本核算体系，作为支撑项目成本核算平台的方法。

表格核算法是依靠众多部门和单位支持，专业性要求不高。一系列表格，由有关部门和相关要素提供单位，按有关规定填写，完成数据比较、考核和简单的核算。它的优点是简洁明了，直观易懂，易于操作，实时性较好。其缺点在于：一是覆盖范围较窄，如核算债权债务等比较困难；二是较难实现科学严密的审核制度，有可能造成数据失实，精度较差。

表格核算法一般有以下几个过程：

(1) 确定项目责任成本总额。首先确定"项目成本责任总额",项目成本收入的构成。

(2) 项目编制内控成本和落实岗位成本责任。在控制项目成本开支及落实岗位成本考核指标的基础上,制定"项目内控成本二

(3) 项目责任成本和岗位收入调整。工程施工过程中的收入调整和签证而引起的工程报价变化或项目成本收入的变化,而且后者更为重要。

(4) 确定当期责任成本收入。在已确认的工程收入的基础上,按月确定本项目的成本收入。这项工作一般由项目统计员或合约预算人员与公司合约部门或统计部门,依据项目成本责任合同中有关项目成本收入确认的方法和标准进行计算。

(5) 确定当月的分包成本支出。项目依据当月分部分项的完成情况,结合分包合同和分包商提出的当月完成产值,确定当月的项目分包成本支出,编制"分包成本支出预估表这项工作的一般程序是:由施工员提出,预算合约人初审,项目经理确认,公司合约部门批准。

(6) 材料消耗的核算。以经审核的项目报表为准,由项目材料员和成本核算员计算后,确认其主要材料消耗值和其他材料消耗值。在分清岗位成本责任的基础上,编制材料耗用汇总表。由材料员依据各施工员开具的领料单而汇总计算的材料费支出,经项目经理确认后,报公司物资部门批准。

(7) 周转材料租用支出的核算。以施工员提供的或财务转入项目的租费确认单为基础,由项目材料员汇总计算,在分清岗位成本责任的前提下,经公司财务部门审核后,落实周转材料租用成本支出,项目经理批准后,编制其费用预估成本的支出,如果是租用外单位的周转材料,还要经过公司有关部门审批。

(8) 水、电费支出的核算。以机械管理员或财务转入项目的租费确认单为基础,由项目成本核算员汇总计算,在分清岗位成本责任的前提下,经公司财务部门审核后,落实周转材料租用成本支出,项目经理批准后,编制其费用成本支出。

(9) 项目外租机械设备的核算。所谓的项目从外租入机械设备,是指项目从公司或公司从外部租入用于项目的机械设备,不管此机械设备具有公司的产权还是公司从外部临时租入用于项目施工,对于项目而言都是从外部获得,周转材料也是这个性质,真正属于项目拥有的机械设备,往往只有部分小型机械设备或部分大型工器具。

(10) 项目自有机械设备、大小型工器具摊销、CI费用分摊、临时设施摊销等费用开支的核算。由项目成本核算按公司规定的摊销年限,在分清岗位成本责任的基础上,计算按期进入成本的金额。经公司财务部门审核并经项目经理批准后,按月计算成本支出金额。

(11) 现场实际发生的措施费开支的核算。由项目成本核算按公司规定的核算类别,在分清岗位成本责任的基础之上,按照当期实际发生的金额,计算进入成本的相关明细。经公司财务部门审核并经项目经理批准后,按月计算成本支出金额。

(12) 项目成本收支核算。按照已确认的当月项目成本收入和各项成本支出,由项目会计编制,经项目经理同意,公司财务部门审核后,及时编制项目成本收支计算

表，完成当月的项目成本收支确认。

（13）项目成本总收支的核算。首先由项目预算合约人员与公司相关部门根据项目成本责任总额和工程施工过程中的设计变更及工程签证等变化因素，落实项目成本总收入。由项目成本核算员与公司财务部门，根据每月的项目成本收支确认表中所反映的支出与耗费，经有关部门确认和依据相关条件调整后，汇总计算并落实项目成本总支出。在以上基础上由成本核算员落实项目成本总的收入、总的支出和项目成本降低水平。

第五节 建筑工程成本核算的实施

一、建筑工程成本核算的实施步骤

加强建筑工程施工项目成本核算工作，可以按以下几个步骤进行。

（一）根据成本计划确立成本核算指标

项目经理组织成本核算工作的第一步是确立成本核算指标。为了便于进行成本控制，成本核算指标的设置应尽可能与成本计划相对应。将核算结果与成本计划对照比较，使其及时反映成本计划的执行情况。例如，以核算的某类机械实际台班费用支出与该分部工程计划机械费支出的比值，作为该类施工机械使用费核算指标，可以综合反映施工机械的利用率、完好率和实际使用状况。要利用成本核算指标反映项目成本实施情况，可以避免以往成本核算中过多的核算报表，简化核算过程，提高核算的可操作性。

（二）成本核算主要因素分析

对于任何一个工程项目，都存在众多的成本核算科目，如果要对每一科目进行逐一核算，大可不必。在涉及成本的因素中，包括该项目实际作业中资源消耗数量、价格及资源价格变动的概率。例如，进行钢筋加工作业，工人工作效率、钢材加工损耗及钢材价格的市场变动情况都可能成为成本核算因素。项目成本核算的对象应该是可控成本。若钢材由企业统一采购，钢材市场价格对项目来讲是不可控成本，不作为成本核算的因素。否则，应根据钢材成本占整个工程成本的比重及钢材市场价格发生变动的概率进行分析，决定是否将钢材价格列为成本核算的因素。对于主要因素的分析方法，可以采用ABC分析法、因果分析图法及排列图法等。

（三）成本核算指标的敏感性分析

对主要成本核算因素进行敏感性分析，是设置成本控制界限的方法之一。通过敏感性分析，用以判断对某项成本因素应予以核算和控制的强度。

（四）成本核算成果

建立信息化成本核算体系，将项目成本核算成果系统储存，是成本核算工作得以高效实施的保障，也是企业成本战略实施的关键环节。在施工项目管理机构当中，应要求每位项目管理人员都具备一专多能的素质，既是工程质量检查、进度监督人员，又是成本控制和核算人员。管理人员每天结束工作前应保证1个小时的内部作业时间，其中成本核算工作就是重要的内业之一。通过项目管理软件的开发和项目局域网络的建立，每位管理人员的核算结果将按既定核算体系由计算机汇总后，将加工信息提交项目经理，作为其制定成本控制措施的依据。另外，通过进行成本核算、数据汇总、整理、加工等过程，项目经理及管理人员也将使自己的管理水平得到大幅度提高。

当前，施工项目成本管理工作没有得到很好的开展，其症结在于对成本核算工作的模糊认识和缺乏重视。而加强项目成本核算，将是建筑企业进入成本竞争时代的竞争利器，也是企业推进成本发展战略的基础。为此展开项目成本核算的实用性研究工作，将为建筑企业的发展提供有益的帮助。

二、直接成本的核算

成本的核算过程实际上也是各成本项目的归集和分配的过程。成本的归集是指通过一定的会计制度，以有序的方式进行成本数据的收集和汇总；而成本的分配是指将归集的间接成本分配给成本对象的过程，也称为间接成本的分摊或分派。对于不同性质的成本项目，分配的方法也不尽相同。

（一）人工费的核算

1. 内包人工费

指企业所属的劳务分公司（内部劳务市场自有劳务）与项目经理签订的劳务合同结算的全部工程价款。适用于类似外包工式的合同定额结算支付办法，按月结算计入项目单位工程成本。当月结算，隔月不予结算。

2. 外包人工费

按项目经理部与劳务基地（内部劳务市场外来劳务）或直接与外单位施工队伍签订的包清工合同，以当月验收完成的工程实物量计算出定额工日数，然后乘以合同人工单价确定人工费。并按月凭项目经济人员提供的"包清工工程款月度成本汇总表"（分外包单位和单位工程）预提计入项目单位工程成本，当月结算，隔月不予结算。

（二）材料费的核算

工程耗用的材料，根据限额领料单、退料单、报损报耗单、大堆材料耗用计算单等，由项目材料员按单位工程编制"材料耗用汇总表"，据以计入项目成本。

1. 主要材料核算

(1) 钢材、水泥、木材高进高出价差核算

①标内代办

指"三材"差价列入工程预算账单内作为造价组成部分。通常由项目经理部委托材料分公司代办，由材料分公司向项目经理部收取价差费。由项目成本员按价差发生额，一次或分次提供给项目负责统计的经济员报出产值以便及时回收资金。月度结算成本时，为谨慎计可不作降低，而作持平处理，使预算与实际同步。单位工程竣工结算，按实际消耗量调整实际成本。

②标外代办

指由建设单位直接委托材料分公司代办三材，其发生的"三材"差价，由材料分公司与建设单位按代办合同口径结算。项目经理部不发生差价，也不列入工程预算账单内，不作为造价组成部分，可作类似于交料平价处理。项目经理部只核算实际耗用超过设计预算用量的那部分量差及负担市场高进高出的差价，并且计入相应的项目单位工程成本。

(2) 一般价差核算。

①提高项目材料核算的透明度，简化核算，做到明码标价。一般可按一定时点上内部材料市场挂牌价作为材料记账，材料、财务账相符的"计划价"，两者对比产生的差异，计入项目单位工程成本，即所谓的实际消耗量调整后的实际价格。如市场价格发生较大变化，可适时调整材料记账的"计划价"，以便缩小材料成本差异。

②钢材、水泥、木材、玻璃、沥青按实际价格核算，而高于预算取费的差价，高进高出，谁用谁负担。

③装饰材料按实际采购价作为计划价核算，计入该项目成本。

④项目对外自行采购或按定额承包供应材料，如砖、瓦、砂、石、小五金等，应按实际采购价或按议定供应价格结算，由此产生的材料、成本差异节超，相应增减项目成本。同时，重视转嫁压价让利风险，获取材料采购经营利益，使供应商让利并使项目受益。

2. 周转材料核算

(1) 周转材料实行内部租赁制，以租赁费的形式反映其消耗情况，按"谁租用谁负担"的原则，核算其项目成本。

(2) 按周转材料租赁办法和租赁合同，由出租方与项目经理部按月结算租赁费。租赁费按租用的数量、时间和内部租赁单价计算计入项目成本。

(3) 周转材料在调入移出时，项目经理部都必须加强计量验收制度，如有短缺、损坏，一律按原价赔偿，计入项目成本（缺损数＝进场数－退场数）。

(4) 租用周转材料的进退场运费，按其实际发生数，由调入项目负担。

(5) 对U形卡、脚手扣件等零件除执行项目租赁制外，考虑到他比较容易散失的因素，按规定实行定额预提摊耗，摊耗数计入项目成本，相应减少次月租赁基数及租赁费。单位工程竣工，必须进行盘点，盘点后的实物数与前期逐月按控制定额摊耗

后的数量差,按实调整清算计入成本。

(6)实行租赁制的周转材料,一般不再分配负担周转材料差价。退场后发生的修复整理费用,应由出租单位作出租成本核算,不再向项目再行收费。

3. 结构件核算

(1)项目结构件的使用必须要有领发手续,并根据这些手续,按照单位工程使用对象编制"结构件耗用月报表"。

(2)项目结构件的单价,以项目经理部与外加工单位签订的合同为准,计算耗用金额计入成本。

(3)根据实际施工形象进度、已完施工产值的统计、各类实际成本报耗三者在月度时点上的三同步原则(配比原则的引申与应用),结构件耗用的品种和数量应与施工产值相对应。结构件数量金额账的结存数,应与项目成本员的账面余额相符。

(4)结构件的高进高出价差核算同材料费的高进高出价差核算一致。结构件内三材数量、单价、金额均按报价书核定,或按竣工结算单的数量据实结算。报价内的节约或超支由项目自负盈亏。

(5)如发生结构件的一般价差,可计入当月项目成本。

(6)部位分项分包,如铝合金门窗、卷帘门、轻钢龙骨石膏板、平顶、屋面防水等,按照企业通常采用的类似结构件管理和核算方法,项目经济员必须做好月度已完工程部分验收记录,正确计报部位分项分包产值,并且书面通知项目成本员及时、正确、足额计入成本。预算成本的折算、归类可与实际成本的出账保持相同口径。分包合同价可包括制作费和安装费等有关费用,工程竣工依据部位分包合同结算书按实调整成本。

(7)在结构件外加工和部位分包施工过程中,项目经理部通过自身努力获取的经营利益或转嫁压价让利风险所产生的利益,均应受益于工程项目。

(三)施工机具使用费的核算

(1)机械设备实行内部租赁制,来租赁费形式反映其消耗情况,按"谁租用谁负担"的原则,核算其项目成本。

(2)按机械设备租赁办法和租赁合同,由企业内部机械设备租赁市场与项目经理部按月结算租赁费。租赁费根据机械使用台班,停置台班和内部租赁单价计算,计入项目成本。

(3)机械进出场费,按规定由承租项目负担。

(4)项目经理部租赁的各类大中小型机械,其租赁费全额计入项目机械费成本。

(5)根据内部机械设备租赁市场运行规则要求,结算原始凭证由项目指定专人签证开班和停班数,据以结算费用。现场机、电及修等操作工奖金由项目考核支付,计入项目机械费成本并分配到有关单位工程。

(6)向外单位租赁机械,按当月租赁费用全额计入项目机械费成本。

上述机械租赁费结算,尤其是大型机械租赁费及进出场费应与产值对应,防止只有收入无成本的不正常现象,或形成收入与支出不配比状况。

（四）措施费的核算

（1）施工过程中的材料二次搬运，按项目经理部向劳务分公司汽车队托运汽车包天或包月租费结算，或以运输公司的汽车运费计算。

（2）临时设施摊销费按项目经理部搭建的临时设施总价（包括活动房）除以项目合同工期求出每月应摊销额，临时设施使用一个月摊销一个月，摊完为止，项目竣工搭拆差额（盈亏）按实调整实际成本。

（3）生产工具用具使用费。大型机动工具、用具等能套用类似内部机械租赁办法以租费形式计入成本，也可按购置费用一次摊销法计入项目成本，并做好在用工具实物借用记录，以便反复利用在用工具的修理费按实际发生数计入成本。

（4）除上述以外的措施费内容，均应按实际发生的有效结算凭证计入项目成本。

三、间接成本的核算

（1）对于按规定计费标准支付的外单位管理费应以实际支付数计入各受益对象。对外供应劳务和出租机械作业所负担的施工间接成本，通常按费用定额加以计算，以简化核算手续。难以分清受益对象的间接成本，企业应在"工程施工"科目下设置"间接成本明细账"，并按费用项目设置专栏归集本期发生的各种间接成本，借记"工程施工——间接成本"，贷记"应付工资""应付福利费""累计折旧"等科目。期末按一定标准分配计算各成本核算对象应负担的间接成本，并编制"间接成本分配表"，计入各成本核算对象的工程成本，借记"工程施工——XX工程——间接成本"，贷记"工程施工——间接成本"。

（2）间接成本的分配标准因工程类别不同而有所不同，土建工程一般应以工程成本的直接成本为分配标准，安装工程一般应以人工费为分配标准。

（3）在实际工作中，由于项目经理部施工的工程往往既有土建工程又有安装工程，有时辅助生产单位生产的产品或劳务可能还会对外销售，所以间接成本一般要进行两次分配，即第一次分配是在不同类的工程、产品、劳务和作业之间进行分配，第二次分配是在同类工程（或产品、劳务、作业）的不同成本核算对象之间进行分配。

（4）间接成本的第一次分配一般是用各类工程（或产品、劳务、作业）成本中的人工费为标准进行分配。

（5）间接成本的第二次分配是将第一次分配到各类工程（或产品、劳务、作业）中的间接成本再分配到各个成本核算对象中去。第二次分配是按照各类工程（或产品、劳务、作业）的直接成本或人工费为标准进行分配。

四、辅助生产费用的核算

辅助生产费用是企业的辅助生产部门（如机修车间、木工车间、供水站、运输队等）为工程施工、产品生产、机械作业、专项工程等生产材料和提供劳务所发生的各项费用，是工程成本的重要组成部分，其费用的多少直接影响工程成本的水平。因此，正确组织辅助生产费用的核算，对于正确计算工程成本、挖掘降低工程成本的潜力，有着重要的作用。

平时，企业辅助生产部门发生的各种费用归集在"辅助生产"科目，同时登记"辅助生产明细账"的有关成本项目，借记"辅助生产"，贷记"应付职工薪酬""库存材料"等科目。月末，将归集的辅助生产费用按受益对象和一定的标准分配计入各成本核算对象，并编制"辅助生产费用分配表"，据此登记相关"工程成本明细账"，借记"工程施工——XX工程"，贷记"辅助生产"。

为了使辅助生产费用能较合理地分配计入有关成本核算对象，通常有以下分配方法。

（一）直接分配法

直接分配法是指各辅助生产部门的费用只在施工项目和管理部门之间按受益数量进行分配，对于各辅助生产部门相互提供的产品或劳务不进行分配。

这种分配方法可以适当简化核算工作，适用于各辅助生产部门相互之间提供产品或劳务数量较少的情况。在各辅助生产部门相互之间提供产品或劳务数量较多的情况下，该方法不能正确反映各辅助生产部门的真实费用。

（二）一次交互分配法

一次交互分配法是指先将各辅助生产部门直接发生在各辅助生产部门的费用交互分配，然后将辅助生产部门发生的直接费用，加上分配进来费用，减去分配出去的费用，再进行第二次分配，这次只分配给施工项目和管理部门。

这种分配方法可以比较全面地反映各辅助生产部门实际发生的费用，但各辅助生产部门只有在接到会计部门转来的其他单位分配计入费用之后，才可以计算出实际费用，这样会影响成本核算的及时性。

（三）计划成本分配法

计划成本分配法是指按产品或劳务的计划（或定额）成本以及实际耗用数量分配辅助生产费用。当费用的计划分配额与实际发生额之间出现差异时，其差异可以直接计入间接成本或管理费用中。

五、待摊费用和预提费用的核算

（一）待摊费用的核算

待摊费用是指本期发生，但应由本期和以后各期产品（或劳务）成本共同负担的分摊期在一年以内的各项费用。这种费用发生以后，由于受益期较长，不应一次全部计入当期产品（或劳务）成本，而应按照费用的受益期限分期摊入各期产品（或劳务）成本。如预付保险费、预付报刊订阅费、低值易耗品摊销、固定资产修理费，在经营活动中支付数额较大的契约合同公证费、签证费、科学技术费及经营管理咨询费等。

待摊费用的摊销应根据谁受益谁负担的原则进行，几个月受益，就分几个月摊销。待摊费用的摊销期，有的可以明确确定，如预付保险费，可以按照预付费用的月份确定受益期限；有的很难准确确定，如低值易耗品摊销，可以由成本工程师同生产技术等方面人员估计确定。某些待摊费用，如果数额很小，对产品（或劳务）成本影响不大，为了简化核算，也可以全部计入当期的产品（或劳务）成本。

待摊费用核算应设置"待摊费用"账户，用核算企业已经支出但应由本期和以后一年内各期分别负担的各项费用。发生待摊费用时，记"待摊费用"账户的借方；月末按规定分摊时，记"待摊费用"账户的贷方；月末余额为已经发生或支付，尚未摊销的费用，"待摊费用"账户按照费用种类设置明细账。

（二）预提费用的核算

预提费用是指先分月计入产品（或劳务）成本，但在以后月份才支付的费用。这种费用虽然尚未支付，但各月已经受益，因而应该预先计入各月产品（或劳务）成本。如租入固定资产的大修理费、预提流动资金利息支出等。预提费用的预提也是根据谁受益谁负担的原则进行，几个月受益，就分几个月预提。预提期末，应将预提费用数额与实际支付的费用进行比较，两者的差额应计入预提期末月份的产品（或劳务）成本。预提费用的核算应设置"预提费用"账户，用来核算企业预提计入成本、费用，但尚未实际支出的各项费用。企业按规定的条件预提费用时，计到"预提费用"账户的贷方；实际发生的费用，计入"预提费用"账户的借方，冲减预提费用；月末余额为已预提尚未支付的费用。本账户按照费用种类设置明细账。

六、已完工程实际成本的计算和结转

已完工程是指完成了预算定额规定的全部工作内容，在本企业不再需要进行加工的分部分项工程，这部分已完工程可以按期计算其实际成本，并按合同价格向建设单位收取工程价款。未完工程是指在期末尚未完成预算定额规定的全部工序与内容的分部分项工程，这部分未完工程不能向建设单位办理价款结算。

在实际工作中，正确确定当期已完工程的实际成本是与建设单位办理工程价款结算的需要，也是施工企业考核本期工程成本完成情况的需要。一方面，它反映了各个施工项目在施工过程中发生的实际耗费，以便用来考核和分析工程预算的执行结果；另一方面，是用它与工程价款结算收入相比较，来确定项目实现了多少利润。经过对本月（或本期）发生的成本项目的归集和分配，将本月（或本期）施工项目应负担的各项费用，都集中反映在"工程成本明细账"中，为工程成本的定期结算和竣工后一次结算提供了必要的核算资料，在此基础上进行已完工程的实际成本计算和结转。根据工程价款结算方式的不同，计算工程实际成本方法也不同。

（一）竣工后一次结算的工程

施工项目实行竣工后一次结算工程价款时，已完工程即指已经建设单位和施工单位双方验收，办理竣工决算，交付使用的工程。该工程平时发生的费用，按期计入"工程成本明细账"的有关成本项目。竣工时，"工程成本明细账"中登记的工程成本累积总额，就是该竣工工程的实际成本。其计算公式如下：

竣工工程实际成本 = 期初账面成本余额 + 本期成本发生额

通过上述方法，计算出工程实际成本后，应当及时结转。结转的时间与工程价款结算时间一致，借记"工程结算成本"，贷记"工程施工——XX工程"。

（二）投月（或季）定期结算的工程

按月（或季）定期结算工程价款的工程，其本期已经完工程实际成本的计算公式为

已完工程成本 = 期初未完工程成本 + 本期工程成本发生额 − 期末未完工程成本

式中，期初未完工程成本及本期工程成本发生额都可以从"工程成本明细账"中取得，唯一需要计算的是期末未完工程成本。一般情况下，施工单位期末未完工程量占本期全部工程量比重较小，月初、月末的未完工程量变化也不大，因此，为了简化核算手续，通常可以把月末未完工程的预算成本，视同为未完工程的实际成本。期末未完工程的预算成本可用以下两种方法计算。

1. 估量法又称"约当产量法"。是根据在施工现场盘点后确定的未完工程实物量，经过估计，将之折合成相当于已完分部分项工程实物量，然后乘以该分部分项工程的预算单价计算求得。

2. 估价法施工项目中的分部分项工程都是由各道工序组成的，工序是工程最基本的施工单位。因此，未完工程也可以说是只完成了该分部分项工程的若干工序而尚未完成全部工序的工程。估价法就是先确定分部分项工程内各道工序耗用的直接费占整个预算单价的百分比，计算出每道工序的单价，然后乘以未完工程中各道工序的工程量，从而确定未完工程为预算成本。

按估价法计算未完工程的预算成本，先要计算出每道工序的单价，如果分部分项工程的工序过多，应将工序适当归并，计算每一扩大工序的单价，然后再乘以未完工程各扩大工序的工程量。由于计算手续比较复杂，因此在实际工作中，采用估价法来计算未完工程预算成本的不多。

七、单位工程成本决算

项目经理部除按月核算已完工程成本外，某项工程竣工时，还要编制竣工成本决算。竣工成本决算是确定竣工工程的预算成本和实际成本，考核竣工工程的实际成本节约或超支的主要依据。因为，在正确计算竣工工程的预算成本和实际成本的基础上，要及时办理单位工程竣工成本决算，将实际成本与预算成本加以比较，以反映工程的预算执行情况，评价各个单位的施工管理水平，为不断降低工程成本提供资料。

为了做好竣工工程的成本决算，应做好以下准备工作。

（1）单位工程竣工后，应及时编制"竣工工程预算价格表"，确定竣工工程的全部预算成本和预算总造价，以便与建设单位进行工程价款的最终结算。

（2）及时组织清理施工现场，对剩余材料进行盘点，分别填制"退料单"及"残料交库单"，办理退料手续，冲减工程成本。

（3）检查工程实际成本的记录是否完整准确。凡应计但未计的成本应补计，凡

不应计入的已计费用应予冲减。

（4）检查预算造价是否完整。当施工项目发生变化，工程设计图样因修改而产生预算漏项或计算错误时，为了正确计算工程价款，来保证施工项目的合理收入，对于漏项工程，如建筑物加层、远程工程增加费、井点抽水费等，要按规定定额和取费标准，及时办理经济签证手续，调整预算造价。

"单位工程竣工成本决算表"中的"预算成本"各项目，根据施工图预算分析填列，也可以根据有关该项工程"已完工程预算价格计算表"当中的预算成本按成本项目分别加总填入。

"单位工程竣工成本决算表"中的"实际成本"各项目，根据"工程成本明细账"中的自开工起实际成本累计发生数填入。若将若干个单位工程合并为一个成本核算对象，可将几个单位工程合并办理成本决算，但各个单位工程实际成本必须按各个单位工程的预算成本或预算造价的比例计算填入，其计算公式成

$$某竣工单位工程实际成本 = \frac{应分配对象的实际总成本}{各竣工单位工程的预算成本之和} \times 该竣工单位工程预算成本$$

第三章 建筑工程成本控制

第一节 成本控制的概念、目的与意义

一、成本控制的概念

项目成本控制是指项目经理部在项目成本形成的过程当中,为控制人工、机械、材料消耗和费用支出,降低工程成本,达到预期的项目成本目标,所进行的成本预测、计划、实施、核算、分析、考核、整理成本资料与编制成本报告等一系列活动。

项目成本控制是在成本发生和形成的过程中,对成本进行的监督检查。成本的发生和形成是一个动态的过程,这就决定了成本的控制也应是一个动态过程,因此,也可称为成本的过程控制。

二、成本控制的目的与意义

建筑工程成本控制的目的在于降低项目成本,提高经济效益。然而项目成本的降低,除控制成本支出以外,还必须增加工程预算收入。因为,只有在增加收入的同时节约支出,才能提高施工项目成本的降低水平。

建筑工程成本控制的意义,主要体现在以下几个方面:

(一)成本控制是成本管理的重要环节

成本管理是一个包括成本预测、成本决策、成本计划、成本控制、成本核算、成本考核和成本分析等环节的有机总体。在这个总体中,成本控制是一个主要环节,它对于实现成本管理目标,具有重要的地位和作用。在成本管理中,若只对工程成本进

行预测和决策，提出计划成本目标，但对施工费用控制不力，出现"成本失控"，那么预测、决策、成本控制与成本计划环节再好，再完善也无济于事，预定的成本目标也难以实现。在施管理的本质区别工经营管理中，尽管成本核算、成本分析和成本考核工作都组织得不错。

但是，如果对施工消耗和支出不进行严格的控制，不应该防范施工损失浪费于未然，消耗多少算多少，支出多少算多少，那么成本核算、成本分析和成本考核也就不能发挥其应有的作用。因此，加强成本管理，关键就是要重视和抓好成本控制这一主要环节，积极做好成本控制的管理工作，以达到降低成本，提高经济效益的目的。

（二）成本控制是提高企业经营管理水平的重要手段

建筑工程成本是由施工消耗和经营管理支出组成的，它是反映企业各项施工技术经济活动的综合性指标，一切施工活动和经营管理水平，都将直接影响建筑工程成本的升降。因此，对成本进行控制，就要对施工生产、施工技术、劳动工资、物资供应、工程预算、财务会计等日常管理工作提出相应的要求，建立健全各项控制标准和控制制度。这样，就可以加强成本的控制工作，提高了企业的经营管理水平，保证成本目标的实现。

（三）成本控制是实行企业经济责任制的重要内容

为了加强企业管理，建筑企业要实行成本管理责任制，并把成本管理责任制纳入企业经济责任制，作为它的一项重要内容。实行成本控制，需要把节约施工耗费和支出，降低成本的目标，具体落实到项目经理部及其所属施工班组，要求各项目经理部及管理环节对节约和降低成本承担经济责任。因此，做好成本控制工作，可以调动全体职工的积极性，主动献计献策，挖掘降低成本的一切潜力，将节约和降低成本的目标，变成广大职工的行动，纳入企业经济责任制的考核范围。

第二节 成本控制的对象、组织及其职责

一、成本控制的对象

（一）以工程成本形成的过程作为控制对象

根据对项目成本实行全面、全过程控制的要求，具体控制内容如下：

（1）在工程投标阶段，应根据工程概况和招标文件，进行项目成本预测，提出投标决策意见。

（2）施工准备阶段，应结合设计图纸的自审、会审和其他资料（如地质勘探资料等），编制实施性施工组织设计，通过多方案的技术经济比较，从中选择经济合理、

先进可行的施工方案,编制明细的成本计划,对项目成本进行事前控制。

（3）施工阶段,利用施工图预算、施工预算、劳动定额、材料消耗定额及费用开支标准等对实际发生的成本费用进行控制。

（4）竣工交付使用及保修阶段,应对竣工验收过程发生的费用和保修费用进行控制。

（二）以项目的职能部门、施工队和生产班组作为控制对象

成本控制的具体内容是日常发生的各种费用和损失。这些费用和损失,都发生在各个职能部门、施工队和生产班组。因此,也应以职能部门、施工队和班组作为成本控制对象,接受项目经理和企业有关部门的指导、监督、检查和考评。

与此同时,项目的职能部门、施工队和班组还应对自己承担的责任成本进行自我控制,应该说,这是最直接、最有效的项目成本控制。

（三）以分部分项工程作为项目成本的控制对象

为了把成本控制工作做得扎实、细致,还应以分部分项工程作为项目成本的控制对象。在正常情况下,项目应该根据分部分项工程的实物量,参照施工预算定额,联系项目管理的技术素质、业务素质和技术组织措施的节约计划,编制包括工、料、机消耗数量及单价、金额在内的施工预算,作为对分部分项工程成本进行控制的依据。

目前,边设计、边施工的项目比较多,不可能在开工之前一次编出整个项目的施工预算,但可根据出图情况,编制分阶段的施工预算。总的来讲,无论是完整的施工预算,还是分阶段的施工预算,都是进行项目成本控制必不可少的依据。

（四）以对外经济合同作为成本控制对象

在社会主义市场经济体制下,工程项目的对外经济业务,都要以经济合同为纽带建立合约关系,以明确双方的权利和义务。在签订经济合同时,除要根据业务要求规定时间、质量、结算方式和履（违）约奖罚等条款外,还必须强调将合同的数量、单价、金额控制在预算收入以内。合同金额超过预算收入,就意味着成本亏损;反之,就能降低成本。

二、成本控制的组织及其职责

施工项目的成本控制,不仅仅是专业成本员的责任,所有的项目管理人员,特别是项目经理,都要按照自己的业务分工各负其责。所以要如此强调成本控制,一方面,是因为成本控制的重要性,是诸多国际指标中的必要指标之一;另一方面,还在于成本指标的综合性和群众性,既要依靠各部门、各单位的共同努力,又要由各部门、各单位共享低成本的成果。为了保证项目成本控制工作的顺利进行,要把所有参加项目建设的人员组织起来,并按照各自的分工开展工作。

（一）建立以项目经理为核心的项目成本控制体系

项目经理负责制是项目管理的特征之一。实行项目经理负责制,就是要求项目经

理对项目建设的进度、质量、成本、安全和现场管理标准化等全面负责，特别要把成本控制放在首位，因为成本失控，必然影响项目的经济效益，难以完成预期的成本目标，更无法向职工交代。

（二）建立项目成本管理责任制

项目管理人员的成本责任不同于工作责任。有时工作责任已完成，甚至还完成得相当出色，但成本责任却没有完成。例如，项目工程师贯彻工程技术规范认真负责，对保证工程质量起到了积极的作用，但往往强调了质量，忽视了节约，影响了成本。又如，材料员采购及时，供应到位，配合施工得力，值得赞扬，但在材料采购时就远不就近，就次不就好，就高不就低，既增加了采购成本，又不利于工程质量。因此，应该在原有职责分工的基础上，还要进一步明确成本管理责任，使每一个项目管理人员都有这样的认识：在完成工作责任的同时还要为降低成本精打细算，为节约成本开支严格把关。

各项目管理人员在处理日常业务中对成本应尽的职责如下：

1. 合同预算员的成本控制职责

（1）根据合同内容、预算定额和有关规定，充分地利用有利因素，编好施工图预算，为增收节支把好第一关。

（2）深入研究合同规定的"开口"项目，在有关项目管理人员（如项目工程师、材料员）的配合下，努力增加工程收入。

（3）收集工程变更资料（包括工程变更通知单、技术核定单和按实结算的资料等），及时办理增加账，保证工程收入，及时收回垫付的资金。

（4）参与对外经济合同的谈判和决策，以施工图预算和增加账为依据，严格控制经济合同的数量、单价和金额，切实做到"以收定支"。

2. 工程技术人员的成本控制职责

（1）根据施工现场的实际情况，合理规划施工现场平面布置（包括机械布局，材料、构件的堆放场地，车辆进出现场的运输道路，临时设施搭建数量和标准等），为文明施工、减少浪费创造条件。

（2）严格执行工程技术规范和以预防为主的方针，确保工程质量，减少零星修补，消灭质量事故，不断降低质量成本。

（3）根据工程特点和设计要求，运用自身的技术优势，采取实用、有效的技术组织措施和合理化建议，走技术与经济相结合的道路，为提高项目经济效益开拓新的途径。

（4）严格执行安全操作规程，减少一般的安全事故，消灭重大人身伤亡事故和设备事故，确保安全生产，将事故损失降低到最低限度。

3. 材料员的成本控制职责

（1）材料采购和构件加工，要选择质高、价低、运距短的供应（加工）单位。对到场的材料、构件要正确计算、认真验收，如遇质量差、量不足的情况，要进行索赔。切实做到：一要降低材料、构件的采购（加工）成本；二要减少采购（加工）过程中的管理损耗，为降低材料成本走好第一步。

（2）根据项目施工的计划进度，及时组织材料和构件的供应，保证项目施工的顺利进行，防止因停工待料造成损失。在构件加工的过程中，要按照施工顺序组织配套供应，以免因规格不齐造成施工间隙，浪费时间，浪费人力。

（3）在施工过程中，严格执行限额领料制度，控制材料损耗；同时，还要做好余料的回收和利用，为考核材料的实际损耗水平提供正确的数据。

（4）钢管脚手和钢模板等周转材料，进出现场都要认真清点，正确核实并减少赔损数量；使用以后，要及时回收、整理、堆放，并及时退场，既可节省租费，又有利于场地整洁，还可加速周转，提高利用效率。

（5）根据施工生产的需要，合理安排材料储备，减少资金占用，提高资金利用效率。

4. 机械管理人员的成本控制职责

（1）根据工程特点和施工方案，合理选择机械的型号规格，充分发挥机械的效能，节约机械费用。

（2）根据施工需要，合理安排机械施工，提高机械利用率，减少了机械费成本。

（3）严格执行机械维修保养制度，加强平时的机械维修保养，保证机械完好，随时都能保持良好的状态在施工中正常运转，为提高机械作业、减轻劳动强度、加快施工进度发挥作用。

5. 行政管理人员的成本控制职责

（1）根据施工生产的需要和项目经理的意图，合理安排项目管理人员及后勤服务人员，节约工资性支出。

（2）具体执行费用开支标准和有关财务制度，控制非生产性开支。

（3）管好行政办公用的财产物资，防止损坏和流失。

（4）安排好生活后勤服务，在勤俭节约的前提下，满足职工群众的生活需要，安心为前方生产出力。

6. 财务成本人员的成本控制职责

（1）按照成本开支范围、费用开支标准和有关财务制度，严格审核各项成本费用，控制成本开支。

（2）建立月度财务收支计划制度，根据施工生产需要，平衡调度资金，通过控制资金使用，达到控制成本的目的。

（3）建立辅助记录，及时向项目经理和有关管理人员反馈信息，以便对资源消耗进行有效的控制。

（4）开展成本分析，特别是分部分项工程成本分析、月度成本综合分析和针对特定问题的专题分析，要做到及时向项目经理和有关项目管理人员反映情况，提出和解决问题的建议，以便采取针对性的措施来纠正项目成本的偏差。

（5）在项目经理的领导下，协助项目经理检查、考核各部门、各单位乃至班组责任成本的执行情况，落实责、权、利相结合的有关规定。

（三）实行对施工队分包成本的控制

1. 对施工队分包成本的控制

在管理层与劳务层两层分离的条件下，项目经理部与施工队之中需要通过劳务合同建立发包与承包的关系。在合同履行过程中，项目经理部有权对施工队的进度、质量、安全和现场管理标准进行管理，同时按合同规定支付劳务费用。至于施工队成本的节约和超支，属于施工队自身的管理范畴，项目经理部无权过问，也不应该过问。这里所说的对施工队分包成本的控制，是指以下几方面：

（1）工程量和劳动定额的控制

项目经理部与施工队的发包和承包，是以实物工程量和劳务定额为依据的。在实际施工中，由于业主变更使用需要等原因，往往会发生工程设计和施工工艺的变更，使工程数量和劳动定额与劳务合同互有出入，需要按实调整承包金额。对于上述变更事项，一定要强调事先的技术签证，严格控制合同金额的增加；同时，还要根据劳务费用增加的内容，及时办理增减账，以便通过工程款结算，从甲方那里取得补偿。

（2）估点工的控制

由于建筑施工的特点，施工现场经常会有一些零星任务出现，需要施工队去完成。而这些零星任务，都是事先无法预见的，只能在劳务合同规定的定额用工以外另行估工或点工，这就会增加相应的劳务费用支出。为了控制估点工的数量和费用，

可以采取以下方法：一是对工作量比较大的任务工作，通过领导、技术人员及生产骨干"三结合"讨论确定估工定额，使估点工的数量控制在估工定额的范围以内；二是按定额用工的一定比例（5%～10%）由施工队包干，并在劳务合同中明确规定。一般情况下，应以第二种方法为主。

（3）坚持奖罚分明的原则

实践证明，项目建设的速度、质量及效益，在很大程度上都取决于施工队的素质和在施工中的具体表现。

因此，项目经理部除要对施工队加强管理以外，还要根据施工队完成施工任务的业绩，对照劳务合同规定的标准，认真考核，分清优劣，有奖有罚。在掌握奖罚尺度时，要以奖励为主，以激励施工队的生产积极性；但对达不到工期、质量等要求的情况，也要照章罚款并赔偿损失。这是一件事情的两个方面，必须以事实为依据，才能收到相辅相成的效果。

2. 落实生产班组的责任成本

生产班组的责任成本就是分部分项工程成本。其中，实耗人工属于施工队分包成本的组成部分，实耗材料则是项目材料费的构成内容。因此，分部分项工程成本既与施工队的效益有关，又与项目成本不可分割。

生产班组的责任成本，应由施工队以施工任务单和限额领料单的形式落实给生产班组，并由施工队负责回收和结算。

签发施工任务单和限额领料单的依据为：施工预算工程量、劳动定额和材料消耗定额。在下达施工任务的同时，还要向生产班组提出进度、质量、安全和文明施工的具体要求，以及施工中应该注意的事项。以上这些也是生产班组完成责任成本的制约条件。在任务完成后的施工任务单结算中，需要联系责任成本的实际完成情况进行综合考评。

由此可见，施工任务单和限额领料单是项目管理中最基本、最扎实的基础管理，它们不仅能控制生产班组的责任成本，还能使项目建设的快速、优质、高效建立在坚实的基础之上。

第三节　成本控制的原则与依据

一、建筑工程成本控制的原则

（一）项目全员成本控制原则

项目成本的全员控制，不是抽象概念，而是有系统的实质性内容的，其中包括各部门、各单位的责任网络和班组经济核算等。因此要降低成本，达到成本控制的原则，就必须充分调动各部门每个职工控制成本和关心成本的积极性和主动性。

（二）项目全过程成本控制原则

项目成本的全过程控制，是指在工程项目确定以后，自施工准备开始，经过工程施工，到竣工交付使用后的保修期结束，其中每一项经济业务，都要纳入成本控制的轨道。因此，成本控制工作要随着项目施工进展的各个阶段连续进行，既不能疏漏，又不能时紧时松，要使项目施工一直处于有效控制下。

（三）项目动态控制原则

项目施工是一次性行为，其成本控制应更重视事前控制和事中控制。
（1）施工阶段重在执行成本计划，落实降低成本措施，实行成本的目标管理。
（2）建立灵敏的成本信息反馈系统，使成本责任部门（人员）能及时获得信息，纠正不利成本偏差。
（3）制止不合理开支，把可能导致损失和浪费的因素消灭在萌芽状态。
（4）竣工阶段成本盈亏已成定局，主要进行整个项目的成本核算、分析、考评。

（四）成本目标风险分担原则

成本目标风险原则即责、权、利相结合的原则，要使成本控制真正发挥及时有效的作用，必须严格按照经济责任制的要求，贯彻责、权、利相结合的原则。实践证明，只有责、权、利相结合的成本控制，才是名实相符的项目成本控制。

（五）开源与节流相结合原则

（1）施工生产既是消耗资源、财物、人力的过程，也是创造财富、增加收入的过程，其成本控制也应坚持增收与节约相结合的原则。因此，每发生一笔金额较大的成本费用，都要查一查有无与其相对应的预算收入，是否支出会大于收入。

（2）作为合同签约依据，编制工程预算时，应"以支定收"，保证预算收入；在施工过程中，要"以收定支"，控制资源消耗和费用支出。

（3）每发生一笔成本费用，都要核查是否合理。

（4）经常性的成本核算时，要进行实际成本与预算收入的对比分析。

（5）抓住索赔时机，做好索赔，合理力争甲方给予经济补偿。

（6）严格控制成本开支范围、费用开支标准和有关财务制度，对各项成本费用的支出进行限制和监督。

（7）提高工程项目的科学管理水平，优化施工方案，提高生产效率，节约人、财及物的消耗。

（8）采取预防成本失控的技术组织措施，制止可能发生的浪费。

（9）施工的质量、进度、安全都对工程成本有很大的影响，因而成本控制必须与质量控制、进度控制、安全控制等工作相结合、相协调，避免返工（修）损失，降低质量成本，减少并杜绝工程延期违约罚款、安全事故损失等费用支出的发生。

（10）坚持现场管理标准化，堵塞浪费的漏洞。

二、成本控制的依据

建筑工程成本控制，通常是在成本发生和形成过程中，对成本进行的监督检查，以及时预防、发现和纠正偏差，达到保证企业生产经营的目的，建筑工程成本控制的主要依据如下。

（一）项目承包合同文件

项目成本控制要以工程承包合同为依据，围绕降低工程成本这个目标，从预算收入和实际成本两方面，努力挖掘增收节支潜力，来获得最大的经济效益。

（二）项目成本计划

项目成本计划是根据工程项目的具体情况制订的施工成本控制方案，既包括预定的具体成本控制目标，又包括实现控制目标的措施和规划，是项目成本控制的指导文件。

（三）进度报告

进度报告提供了每一时刻工程实际完成量、工程施工成本实际支付情况等重要信息。施工成本控制工作正是通过实际情况与施工成本计划相比较，找出两者之间的差别，分析偏差产生的原因，从而采取措施改进以后的工作。此外，进度报告还有助于管理者及时发现工程实施中存在的隐患，并在事态还未造成重大损失之前采取有效措施，尽量避免损失。

（四）工程变更与索赔资料

在项目的实施过程中，由于各方面的原因，工程变更是很难避免的。工程变更一般包括设计变更、进度计划变更、施工条件变更、技术规范与标准变更、施工次序变更、工程数量变更等。一旦出现变更，工程量、工期及成本都将发生变化，从而使得施工成本控制工作变得更加复杂和困难。因此，施工成本管理人员应当通过对变更要求当中各类数据的计算、分析，随时掌握变更情况，包括已发生工程量、将要发生工程量、工期是否拖延、支付情况等重要信息，判断变更以及变更可能带来的索赔额度等。

除上述几种项目成本控制工作的主要依据以外，有关施工组织设计、分包合同文本等也都是项目成本控制的依据。

第四节　成本控制的程序、步骤和方法

一、成本控制的程序

成本发生和形成过程的动态性，决定了成本的过程控制必然是一个动态的过程。根据成本过程控制的原则和内容，重点控制的是进行成本控制的管理行为是否符合要求，作为成本管理业绩体现的成本指标是否在预期范围之内，因此，要搞好成本的过程控制，就必须有标准化、规范化的过程控制程序。成本控制的程序有两类：一类是管理控制程序；另一类是指标控制程序，管理控制程序是对成本全过程控制的基础；指标控制程序则是对成本进行过程控制的重点。

（一）管理控制程序

管理的目的是确保每个岗位人员在成本管理过程中的管理行为是按事先确定的程序和方法进行的。从这个意义上讲，首先要明白企业建立的成本管理体系是否能对成本形成的过程进行有效的控制；其次是体系是否处在有效的运行状态。管理控制程序就是为规范项目施工成本的管理行为而制定的约束和激励机制，他的内容如下：

1. 建立项目施工成本管理体系的评审组织和评审程序

成本管理体系的建立不同于质量管理体系，质量管理体系反映的是企业的质量保证能力，由社会有关组织进行评审和认证；成本管理体系的建立是企业自身生存发展的需要，没有社会组织来评审和认证。因此，企业必须建立项目施工成本管理体系的评审组织和评审程序，定期进行评审和总结，来持续改进。

2. 建立项目施工成本管理体系的运行机制

项目施工成本管理体系的运行具有"变法"的性质，往往会受到习惯势力的阻碍和管理人员素质跟不上的影响，有一个逐步推行的渐进过程。一个企业的各分公司、项目部的运行质量往往是不平衡的。一般采用点面结合的做法，面上强制运行，点上总结经验，再指导面上的运行。因此，必须建立专门的常设组织，依照程序不间断地进行检查和评审。发现问题，总结经验，促进成本管理体系的保持及持续改进。

3. 目标考核，定期检查

管理程序文件应明确每个岗位人员在成本管理中的职责，确定每个岗位人员的管理行为，如应提供的报表、提供的时间和原始数据的质量要求等。

要把每个岗位人员是否按要求去行使职责作为一个目标来考核。为了方便检查，应将考核指标具体化，并设专人定期或不定期地检查。

应根据检查的内容编制相应的检查表，由项目经理或其委托人检查后填写检查表。检查表要由专人负责整理归档。

4. 制定对策，纠正偏差

对管理工作进行检查的目的是保证管理工作按预定的程序和标准进行，从而保证项目施工成本管理能够达到预期的目标。因此，对检查中发现的问题，要及时进行分析，然后根据不同情况，及时采取对策。

（二）指标控制程序

项目的成本目标是进行成本管理的目的，能否达到预期的成本目标，是项目施工成本管理能否成功的关键。在成本管理过程中，对各岗位人员的成本管理行为进行控制，就是为了保证成本目标的实现。可见项目的成本目标是衡量项目施工成本管理业绩的主要标志。项目成本目标控制程序如下：

1. 确定施工成本目标及月度成本目标

在工程开工之初，项目经理部应根据公司与项目签订的《项目承包合同》确定项目的成本管理目标，并且根据工程进度计划确定月度成本计划目标。

2. 收集成本数据，监测成本形成过程

过程控制的目的就在于不断纠正成本形成过程中的偏差，保证成本项目的发生是在预定范围之内，因此，在施工过程中要定时收集反映施工成本支出情况的数据，并将实际发生情况与目标计划进行对比，从而保证成本整个形成过程在有效的控制之下。

3. 分析偏差原因，制定对策

施工过程是一个多工种、多方位立体交叉作业的复杂活动，成本的发生和形成是很难按预定的理想目标进行的，因此，需要对产生的偏差及时分析原因，分清是客观因素（如市场调价）还是人为因素（如管理失控），及时制定对策并予以纠正。

4. 用成本指标考核管理行为，用管理行为来保证成本指标

管理行为的控制程序和成本指标的控制程序是对项目施工成本进行过程控制的主要内容，这两个程序在实施过程中是相互交叉、相互制约又相互联系的。在对成本指标的控制过程中，一定要有标准规范的管理行为和管理业绩，并要把成本指标是否能够达到作为一个主要的标准。只有将成本指标的控制程序和管理行为的控制程序结合起来，才能保证成本管理工作有序、有成效地进行下去。

二、成本控制的步骤

在确定建筑工程成本计划之后，必须定期地进行建筑工程项目成本计划值与实际值的比较，当实际值偏离计划值时，分析产生偏差的原因，采取适当的纠偏措施，以确保建筑工程项目成本控制目标的实现，其步骤如下。

（一）比较

按照某种确定的方式将工程项目成本计划值和实际值逐项进行比较，以发现工程项目成本是否已超支。

（二）分析

在比较的基础上，对比较的结果进行分析，以确定偏差的严重性及偏差产生的原因。这一步是工程项目成本控制工作的核心，其主要目的在于找出产生偏差的原因，从而采取有针对性的措施，减少或者避免相同原因的再次发生或减少由此造成的损失。

（三）预测

在工程项目成本形成过程中，按照完成情况估计完成项目所需的总费用，克服盲目性，提高预见性。

（四）纠偏

当工程项目的实际施工成本出现偏差时，应当根据工程的具体情况、偏差分析和预测的结果，采取适当的措施，以期达到使施工成本偏差尽可能小的目的。纠偏是工程项目成本控制中最具实质性的一步，只有通过纠偏，才可以最终达到有效控制工程项目成本的目的。

三、建筑工程成本控制方法 —— 挣值法

挣值法是用来分析目标实施与目标期望之间差异的一种方法。挣值法又称为赢得值法或偏差分析法。到目前为止国际上先进的施工企业已普遍采用挣值法进行工程项目的费用、进度综合分析控制。用挣值法进行费用、进度综合分析控制，基本参数有三项，即已完工作预算费用、计划工作预算费用和已完工作实际费用。

挣值法通过测量和计算已完成工作的预算费用与已完成工作的实际费用，将其计划工作的预算费用相比较得到的项目的费用偏差和进度偏差，从而达到判断项目费用和进度计划执行状况的目的。挣值法主要涉及三个基本参数及四个评价指标。

（一）挣值法的三个基本参数

1. 计划工作量的预算费用

计划工作量的预算费用（BCWS）是指项目实施过程中某阶段计划要求完成的工作量所需的预算工时和费用，主要反映计划应完成的工作量。BCWS 的计算公式为

$$BCWS = 计划完成工作量 \times 预算单价 \tag{3-1}$$

2. 已完成工作量的实际费用

已完成工作量的实际费用（ACWP）是指项目实施过程中某阶段实际完成的工作量所消耗的工时或费用，主要反映项目执行的实际消耗指标。ACWP 的计算公式成

$$ACWP = 已完成工作量 \times 合同单价 \tag{3-2}$$

3. 已完成工作量的预算费用

已完成工作量的预算费用（BCWP）是指项目实施过程中某阶段实际完成工作量按预算计算出来的工时或费用，由于业主正是根据这个值为承包人完成的工作量支付相应的费用，也就是承包人获得（挣得）的金额，故称赢得值或者挣值。BCWP 的计算公式为

$$BCWP = 已完成工作量 \times 预算单价 \tag{3-3}$$

（二）挣值法的四个评价指标

在挣值法的三个基本参数的基础上，可确定挣值法的四个评价指标，它们也都是时间的函数。

1. 费用偏差（CV）

费用偏差 CV 计算公式为

费用偏差 CV= 已完工作量的预算费用（BCWP）- 已完工作量的实际费用（ACWP）

$$\tag{3-4}$$

当费用偏差 CV 为负值时，即表示项目运行超出预算费用；当费用偏差 CV 为正值时，表示项目运行节支，实际费用没有超出预算费用。

2. 进度偏差（SV）

进度偏差 SV 计算公式为

进度偏差 SV= 已完工作量的预算费用（BCWP）- 计划工作量的预算费用（BCWS）

$$\tag{3-5}$$

当进度偏差 SV 为负值时，表示进度延误，即实际进度落后于计划进度；当进度偏差 SV 为正值时，表示进度提前，就实际进度快于计划进度。

3. 费用绩效指数（CPI）

费用绩效指数（CPI）计算公式为

费用绩效指数 CPI= 已完工作量的预算费用（BCWP）/ 已完工作量的实际费用（ACWP）

$$\tag{3-6}$$

当费用绩效指数 CPI < 1 时,表示超支,即实际费用高于预算费用;当费用绩效指数 CPI > 1 时,表示节支,就实际费用低于预算费用。

4. 进度绩效指数(SPI)

进度绩效指数(SPI)计算公式为

$$进度绩效指数 SPI = 已完工作量的预算费用(BCWP) / 计划工作量的预算费用(BCWS) \quad (3-7)$$

当进度绩效指数 SPI < 1 时,表示进度延误,即实际进度比计划进度拖后;当进度绩效指数 SPI > 1 时,表示进度提前,即实际进度比计划进度快。

费用(进度)偏差反映的是绝对偏差,结果很直观,有助于费用管理人员了解项目费用出现偏差的绝对数额,并依此采取一定措施,制定或调整费用支出计划和资金筹措计划。但是费用(进度)偏差有其不容忽视的局限性。如同样是10万元的费用偏差,对于总费用1 000万元的项目和总费用1亿元的项目而言,其严重性显然是不同的。因此,费用(进度)偏差只适合于对同一项目做偏差分析。费用(进度)绩效指数反应的是相对偏差,它不受项目层次的限制,也不受到项目实施时间的限制,因而在同一项目和不同项目比较中均可采用。

在项目的费用、进度综合控制中引入赢得值法,可以克服过去进度、费用分开控制的缺点,即当我们发现费用超支时,很难立即知道是由于费用超出预算,还是由于进度提前。相反,当我们发现费用消耗低于预算时,也很难立即知道是由于费用节省,还是由于进度拖延。而引入赢得值法即可定量地判断进度、费用的执行效果。

在实际执行过程中,最理想的状态是已完工作实际费用(ACWP)、计划工作预算费用(BCWS)、已完工作预算费用(BCWP)三条曲线靠得很近、平稳上升,表示项目按预定计划目标进行。若三条曲线离散度不断增加,则预示可能发生关系到项目成败的重大问题。

(三)挣值法分析的实际过程

挣值分析法通过三个基本参数的对比和四个评价指标的计算分析,可以对工程项目的实际进展情况作出明确的测定和衡量,有利于对工程项目进行有效控制,也可以清楚地反映出项目工程管理和工程技术水平的高低。因此,使用挣值分析法进行成本、进度综合控制,必须定期监控以上参数。也就是说,在项目开始之前,必须为在整个项目工期内如何和何时使用资金作出预算和计划,项目开始后,必须监督项目实际成本和工作绩效以确保项目成本、进度都在控制范围之内,他的具体步骤如下。

1. 制订项目成本预算和计划

在对建筑工程项目进行成本管理时,首先要对项目制订详细的成本预算,要把成本预算分解到每个分项工程上,要尽量分解到详细的实物工作量层次,为各个分项工程建立起一个总预算成本。制订项目成本预算的第二步是将每一总预算成本分配到各个分项工程的整个工期中去,每期的成本计划依据各个分项工程的各分项工作量进度计划来确定。当每一分项工程所需完成的工程量分配到工期的每个区间（这个区间可定义为工程管理和控制的报表时段），就可以确定出工程在何时需用多少预算。这一数字通过截止到某期的过去每期预算成本累加，即得出累计计划预算成本 BCWS，它反映了到某期为止按计划进度完成的工程预算值，将其作为项目成本、进度绩效的基准。

2. 收集项目实际成本

在建筑工程项目的执行过程中，通常会通过合同委托各分项工程或工作包的工作给相关工程承包商。根据合同工程量及价格清单就会形成承付工程款。承包商在完成相应的分项工程或工作包的实物工程量以后，要按合同进度进行支付工程款。在项目每期对已发生成本进行汇总，即累计已完工程量和合同单价之积，就形成了累计实际成本 ACWP。

3. 计算项目已完成工作的预算费用

仅仅监控建筑工程项目的预算成本和实际成本并不能准确地监控项目的实际状况，有时甚至会导致得出错误的结论和决策。因此，BCWP 值是整个项目期间必须确定的重要参数。对项目每期已完工程量与预算单价之积进行累计，即可确定 BCWP 值。

费用（进度）偏差反映的是绝对偏差，结果很直观，有助于费用管理人员了解项目费用出现偏差的绝对数额，并依此采取一定措施，制订或调整费用支出计划和资金筹措计划。但是，绝对偏差有其不容忽视的局限性。如同样是 10 万元的费用偏差，对于总费用 1 000 万元的项目和总费用 1 亿元的项目而言，其严重性显然是不同的。因此，费用（进度）偏差仅适合于对同一项目作偏差分析。费用（进度）绩效指数反映的是相对偏差，它不受项目层次的限制，也不受项目实施时间的限制，所以在同一项目和不同项目比较中均可采用。

在项目的费用、进度综合控制中引入挣值法，可以克服过去进度、费用分开控制的缺点，即当我们发现费用超支时，很难立即知道是由于费用超出预算，还是由于进度提前。相反，当发现费用低于预算时，也很难立即知道是由于费用节省，还是由于进度拖延。而引入挣值法即可定量地判断进度、费用的执行效果。

挣值法在实际运用过程中，最理想的状态是 ACWP、BCWS、BCWP 三条曲线靠得很近、平稳上升，表示项目按预定计划目标前进。如果三条曲线离散度不断增加，则预示可能发生关系到项目成败的重大问题。

经过对比分析，如果发现项目某一方面已经出现费用超支，或预计最终将会出现费用超支，则应将它提出并作进一步的原因分析。原因分析是费用责任分析和提出费用控制措施的基础，费用超支的原因是多方面的，包括宏观因素（如总工期拖延、物价上涨、工作量大幅度增加）、微观因素（如分项工作效率低、协调不好、局部返工）、内部原因（如管理失误，不协调，采购了劣质材料，工人培训不充分，材料消耗增加，事故、返工）、外部原因（如上级、业主的干扰，设计的修改，阴雨天气，其他的风险等）及技术、经济、管理、合同等方面的原因。

原因分析可以采用因果关系分析图进行定性分析，在此基础上又可利用因素差异分析法进行定量分析，以提出解决问题的建议。

四、建筑工程成本控制方法 —— 偏差分析法

（一）偏差分析的表达方法

常用的偏差分析的表达方法有表格法、横道图法及曲线法。

1. 表格法

表格法是进行偏差分析最常用的一种方法。它将项目编号、名称、各费用参数以及费用偏差数综合归纳入一张表格中，并且直接在表格中进行比较。由于各偏差参数都在表中列出，使得费用管理者能够综合地了解并处理这些数据。

用表格法进行偏差分析具有如下优点：

（1）灵活、适用性强。可根据实际需要设计表格，进行增减项。

（2）信息量大。可以反映偏差分析所需的资料，从而有利于费用控制人员及时采取针对性措施，加强控制。

（3）表格处理可借助于计算机，进而节约大量数据处理所需的人力，并大大提高速度。

2. 横道图法

用横道图法进行费用偏差分析，是用不同的横道标识已完工作量的预算费用（BCWP）、计划工作量的预算费用（BCWS）和已经完工作量的实际费用（ACWP），横道的长度与其金额成正比例。

横道图法具有形象、直观、一目了然等优点，它能够准确表达出费用的绝对偏差，而且能一眼感受到偏差的严重性。但这种方法反映的信息量少，一般在项目的较高管理层应用。

3. 曲线法

曲线法又称赢值法，是用项目成本累计曲线来进行施工成本偏差分析的一种方法。

在用曲线法进行施工成本偏差分析时，首先要确定施工成本计划值曲线。施工成本计划值曲线是与确定的进度计划联系在一起的。同时，也应考虑实际进度的影响，应当引入三条施工成本参数曲线，即已完工程实际施工成本曲线 a，已经完成工程计划施工成本曲线 b 和拟完工程计划施工成本曲线 p，如图 3-1 所示。

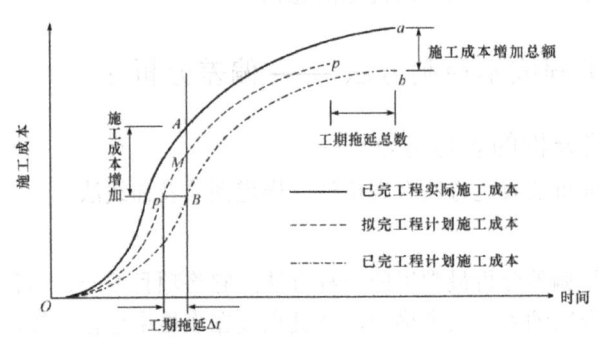

图 3-1 三种施工成本参数曲线

图中曲线 a 与曲线 b 的竖向距离表示施工成本偏差,曲线 b 与曲线 p 的水平距离表示进度偏差。图 3-1 反映的偏差为累计偏差。用曲线法进行偏差分析同样具有形象、直观的特点,但这种方法很难直接用于定量分析,只可以对定量分析起一定的指导作用。

(二)偏差原因分析与纠偏措施

1. 偏差原因分析

偏差分析的一个重要目的就是要找出引起偏差的原因,从而有可能采取有针对性的措施,减少或避免相同原因的再次发生。在进行偏差原因分析时,首先应当将已经导致和可能导致偏差的各种原因逐一列举出来。导致不同工程项目产生费用偏差的原因具有一定共性,因而可以通过对已建项目的费用偏差原因进行归纳及总结,为该项目采用预防措施提供依据。

一般来说,产生费用偏差的原因有以下几种,如图 3-2 所示。

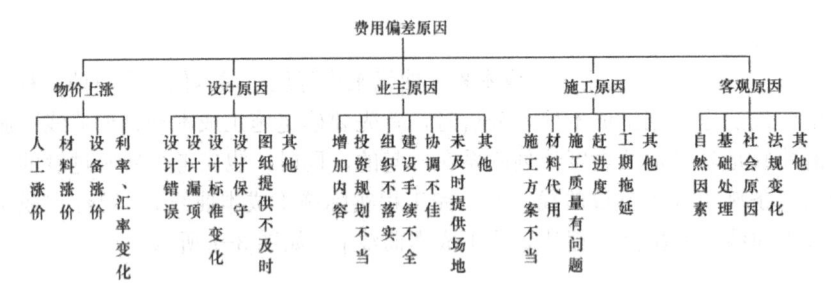

图 3-2 费用偏差原因

2. 纠偏措施

通常要压缩已经超支的费用,而不损害其他目标是十分困难的,一般只有当给出的措施比原计划已选定的措施更为有利,或者使工程范围减少,或生产效率提高,成本才能降低,例如:

(1)寻找新的、更好更省的、效率更高的设计方案;

（2）购买部分产品，而不是采用完全由自己生产的产品；

（3）重新选择供应商，但会产生供应风险，选择需要的时间；

（4）改变实施过程；

（5）变更工程范围；

（6）索赔，例如向业主、承（分）包商、供应商索赔以弥补费用超支。

五、建筑工程成本控制方法 —— 工期－成本优化法

建筑工程项目追求的目标就是工期短、成本低、质量好。但是工期和成本是相互关联、相互制约的。在生产效率一定的条件下，要提高施工速度，缩短施工工期就必须集中更多的人力、物力于某项工程上，为此，势必要扩大施工现场的仓库、堆场、各种临时房屋、安装工具和附属加工企业的规模和数量，势必要增加施工临时供电、供水、供热等设施的能力，其结果将引起工程成本的增加。所以，在网络计划管理中，考虑工期－成本优化问题，是有现实意义的。

网络计划的总成本是由直接成本和间接成本组成的。直接成本随工期的缩短而增加；间接成本随工期的缩短而减少，故必定有一个总成本最小的工期 T。

（一）成本和时间的关系

成本－成本优化，是指寻求工程总成本最低时的工期安排，或按要求工期寻求最低成本的计划安排的过程。

在建设工程施工过程中，完成一项工作通常可以采用多种施工进度方案。进度方案不同，所对应的总工期和总成本也就不同，为了能从多种方案中找出总成本最低的方案，首先应分析成本和时间之间的关系。

1. 工程成本与工期的关系

工程总成本由直接成本和间接成本组成。直接成本由人工费、材料费、施工机具使用费、措施费组成。施工方案不同，直接成本也就不同；如果施工方案一定，工期不同，直接成本也不同。直接成本会随工期的缩短而增加。间接成本包括企业经营管理的全部费用，它一般会随着工期的缩短而减少。在考虑工程总成本时，还应考虑工期变化带来的其他损益，包括效益增量和资金的时间价值等。

如果具体分析成本的构成要素，则它们与时间的关系又各有其自身的变化规律。一般的情况是，材料、人工、机具等称作直接成本的开支项目，将随着工期的缩短而增加，因为工期越压缩则增加的额外成本费用也必定越多。如果改变施工方法，改用费用更昂贵的设备，就会额外地增加材料或设备成本；实行多班制施工，就会额外地增加许多夜班支出，如照明费、夜餐费等，甚至工作效率也会有所降低。工期越短则这些额外成本费用的开支也会越加急剧地增加。但是，如果工期缩短得不算太紧时，增加的成本还是较低的。对于通常称作间接成本的那部分费用，如管理人员工资、办公费、房屋租金、仓储费等，则是与时间成正比的，时间越长则花的费用也越多。如果把两种费用叠加起来，我们就能够得到一条新的曲线，这就是总成本曲线。总成本

曲线的特点是两头高而中间低。从这条曲线最低点的坐标可以找到工程的最低成本及与之相应的最佳工期，同时也能利用它来确定不同工期条件下相应成本。

2. 工作直接成本与持续时间的关系

我们知道，在网络计划中，工期的长短取决于关键线路的持续时间，而关键线路是由许多持续时间和成本各不相同的工作所构成的。

为此必须研究各项工作的持续时间与直接成本的关系。一般情况下，随着工作时间的缩短，成本的逐渐增加，形成如图3-3所示的连续曲线。

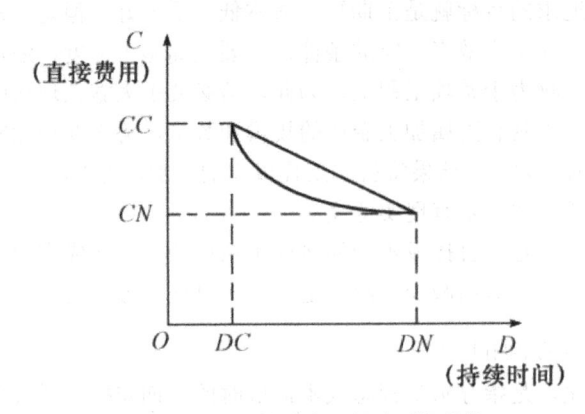

图3-3　直接成本-持续时间曲线

DN- 工作的正常持续时间；CN- 按正常持续时间完成工作时所需的直接费用；
DC- 工作的最短持续间间；CC- 按最短持续时间完成工作时所需的直接费用

实际上直接成本曲线并不像图中的那样圆滑，而是由一系列线段所组成的折线，并且越接近最高成本（极限成本，用CC表示），其曲线越陡。确定曲线是一件很麻烦的事情，而且就工程而言，也不需要这样的精确，所以为简化计算，一般都将曲线近似表示为直线，其斜率称为成本斜率，表示了单位时间内直接成本的增加（或减少）量。

直接成本率可按公式计算：

$$\Delta C_{i-j} = \frac{CC_{i-j} - CN_{i-j}}{DN_{i-j} - DC_{i-j}}$$

（3-8）

式中

ΔC_{i-j} —— 工作 i～j 的直接成本率；

CC_{i-j} —— 按最短持续时间完成工作时所需的直接成本；

CN_{i-j} —— 按正常持续时间完成工作 i～j 时所需的直接成本；

DN_{i-j} —— 工作 i～j 的正常持续时间；

DC_{i-j} —— 工作 i～j 的最短持续时间。

从公式（3-8）可以看出，工作的直接成本率越大，说明把该工作的持续时间缩短一个时间单位，所需增加的直接成本就越多；反之，将该工作的持续时间缩短一个时间单位，所需增加的直接成本就越少。因此，在压缩关键工作的持续时间以达到缩短工期的目的时，应将直接成本率最小的关键工作作为压缩对象。当有多条关键线路出现而需要同时压缩多个关键工作的持续时间时，应该将它们的直接成本率之和（组合直接成本率）最小者作为压缩对象。

（二）工期-成本优化的目的

工期-成本优化的目的主要有两个：第一，寻求直接成本与间接成本总和（总成本）最低的工期安排T0，以及与此相适应的网络计划中各工作的进度安排；第二，在工期规定的条件下，寻求与此工期相对应的最低成本以及与此相适应的网络计划中各工作的进度安排。

为达到上述目的，工期-成本优化的基本思路主要在于求出不同工期下的直接成本和间接成本总和。由于关键线路的持续时间是决定工期长短的依据，因此，缩短工期首先要缩短关键工作的持续时间。而各工作的直接费用率不同，即缩短单位持续时间所增加的直接成本不一样，因此，在关键工作中，首先应该缩短直接费用率最小的关键工作的持续时间。

（三）工期-成本优化的步骤

工期-成本优化的基本方法就是从组成网络计划的各项工作的持续时间与成本关系，找出能使计划工期缩短而又能使的直接成本增加最少的工作，不断的缩短其持续时间，然后考虑间接成本随着工期缩短而减少的影响，把不同工期下的直接成本和间接成本分别叠加起来，即可求得工程成本最低是的相应最优工期和工期一定时间相应的最低工程成本。工期-成本优化的步骤为：

（1）计算出工程总成本，总直接成本即该工程全部工作直接成本的总和，总间接成本为间接成本变化率与工期的乘积。

（2）计算各项工作的直接费用率，就直接成本增加值与工期缩短值的比值，反映每缩短单位时间直接成本的增加值。

（3）找出网络的关键线路，并计算出计算工期。

（4）在网络计划中找出直接费用率最低的一项关键工作或一组关键工作，作为缩短持续时间的对象。

（5）缩短所找出的关键工作的持续时间，缩短值必须保证该缩短持续时间的工作仍为关键工作，以及缩短后的持续时间不少于最短持续时间的原则。

（6）计算相应的直接成本变化值。

（7）计算工期变化带来的间接成本及其他损益，并在此基础上计算总成本。

（8）重复上述第（5）～（8）步骤，直到总成本不再降低为止，但应首先满足规定的工期。

第四章 建筑施工项目成本预测与成本决策

第一节 建筑工程施工项目成本预测概述

一、成本预测的概念

成本预测就是依据成本的历史资料和有关信息,在认真分析当前的各种技术经济条件、外界环境变化及可能采取的管理措施基础上,对未来的成本、费用及其发展趋势作出描述和逻辑推断。

施工项目成本预测是通过成本信息和工程项目的具体情况,对未来的成本水平及其发展趋势作出科学的估计,其实质就是工程项目在施工以前对成本进行核算。通过成本预测,项目经理部在满足业主和企业要求的前提下,确定工程项目降低成本的目标,克服盲目性,提高预见性,为了工程项目降低成本提供决策和计划的依据。

二、成本预测的意义

成本预测的意义主要体现在3个方面。

(一)成本预测是投标决策的依据

建筑施工企业在选择投标项目的过程中,往往要根据项目是否盈利、利润大小等因素确定是否对工程投标。这样在投标决策时就要估计项目施工成本的情况,通过与施工图概预算进行比较,才能分析出项目是否盈利、利润大小等。

（二）成本预测是编制成本计划的基础

计划是管理的第一步，因此编制可靠的计划具有十分重要的意义。但要编制出正确可靠的成本计划，必须遵循客观经济规律，从实际出发，对成本作出科学的预测。这样才能保证成本计划不脱离实际，切实地起到控制成本的作用。

（三）成本预测是成本管理的重要环节

成本预测是在分析各种经济与技术要素对成本升降影响的基础上，推算其成本水平变化的趋势及其规律性，预测实际成本。它是预测和分析的有机结合，是事后反馈与事前控制的结合。通过成本预测，有利于及时的发现问题，找出成本管理中的薄弱环节，采取措施，控制成本。

三、成本预测程序

科学、准确的预测必须遵循合理的预测程序。

（一）制订预测计划

制订预测计划是预测工作顺利进行的保证。预测计划的内容主要包括：组织领导及工作布置、配合的部门、时间进度、搜集材料范围等。

（二）搜集整理预测资料

根据预测计划，搜集预测资料是进行预测的重要条件。预测资料一般有纵向和横向两方面的数据。纵向资料是企业成本费用的历史数据，据此可分析其发展趋势；横向资料是指同类工程项目、同类施工企业的成本资料，据此可分析所预测项目与同类项目的差异，并作出估计。

（三）选择预测方法

成本的预测方法可以分为定性预测法和定量预测法。

定性预测法是根据经验和专业知识进行判断的一种预测方法。

定量预测法是利用历史成本费用资料以及成本与影响因素间的数量关系，通过一定的数学模型来推测及计算未来成本的可能结果。

（四）初步成本预测

根据定性预测的方法及一些横向成本资料的定量预测，对成本进行初步估计。这一步的结果往往比较粗糙，需要结合现在的成本水平进行修正，才能保证预测结果的准确性。

（五）影响成本水平的因素预测

影响成本水平的因素主要有物价变化、劳动生产率、物料消耗指标、项目管理费开支、企业管理层次等，可根据近期内工程实施情况、本企业及分包企业情况、市场行情等，推测未来哪些因素会对成本费用水平产生影响，其结果如何。

(六) 成本预测

根据初步成本预测以及对成本水平变化因素预测的结果,确定成本情况。

(七) 分析预测误差

成本预测往往与实施过程中及其后的实际成本有出入,从而产生预测误差。预测误差的大小反映预测准确程度的高低,如果误差较大,应分析产生误差的原因,并积累经验。

第二节 定性预测、定量预测及详细预测方法

一、建筑工程施工项目成本定性预测方法

成本的定性预测指成本管理人员根据专业知识和实践经验,通过调查研究,利用已有资料,对成本的发展趋势及可能达到的水平所作的分析和推断。由于定性预测主要依靠管理人员的素质和判断能力,因而这种方法必须建立在对项目成本耗费的历史资料、现状及影响因素深刻了解的基础之上。

定性预测偏重于对市场行情的发展方向及施工中各种影响项目成本因素的分析,发挥专家经验和主观能动性,比较灵活,可以较快地提出预测结果。但进行定性预测时,也要尽可能地搜集数据,运用数学方法,其结果通常也是从数量上测算。这种方法简便易行,在资料不多、难以进行定量预测时最为适用。

在施工项目成本预测的过程中,经常采用的定性预测方法主要有经验估计法、专家会议法、德尔菲法、主观概率法等。

(一) 经验估计法

经验估计法是通过对过去类似工程的有关数据及现有工程项目技术资料进行综合分析而预测其成本的一种定性预测方法。

(二) 专家会议法

专家会议法是目前国内普遍采用的一种定性预测方法,它的优点是简便易行,信息量大,考虑的因素比较全面,参加会议的专家可以相互启发。这种方式的不足之处在于:参加会议的人数总是有限的,因此代表性不够充分;会上容易受权威人士或大多数人的意见影响,而忽视少数人的正确意见,即所谓的"从众现象"。

使用该方法,预测值经常出现较大的差异,在这类情况下一般可采用预测值的平均数。

(三) 德尔菲法

德尔菲法也称为函询调查法。该法是采用函询调查的方式,向有关专家提出所要

预测的问题，请他们在互不商量的情况下，背对背地各自作出书面答复，然后将收集的意见进行综合、整理和归类，并匿名反馈给各个专家，再次征求意见，如此经过多次反复之后，就能对所需预测的问题取得较为一致的意见，从而得出预测结果。

为了能体现各种预测结果的权威程度，可以针对不同专家的预测结果，分别给予重要性权数，再将他们对各种情况的评估作加权平均计算，进而得到期望平均值，作出较为可靠的判断。

这种方法的优点是能够最大限度地利用各个专家的能力，相互不受影响，意见易于集中，且真实；缺点是受专家的业务水平、工作经验和成本信息的限制，有一定的局限性。

德尔菲法是一种广泛应用的专家预测方法，它的具体程序如下。

1. 组织领导

开展德尔菲法预测，需要成立一个预测领导小组。领导小组负责草拟预测主题，编制预测事件一览表，选择专家，以及对预测结果进行分析、整理、归纳和处理。

2. 选择专家

选择专家是关键。专家一般指掌握某一特定领域知识和技能的人，人数不宜过多，一般10～20人为宜。为避免当面讨论时容易产生相互干扰等弊病，或者当面表达意见，受到约束，该方法以信函方式与专家直接联系，专家间没有任何联系。

3. 预测内容

根据预测任务，制定专家应答的问题提纲，说明作出定量估计、进行预测的依据及其对判断的影响程度。

4. 预测程序

第一轮，提出要求，明确预测目标，书面通知被选定的专家或专门人员。要求每位专家说明有什么特别资料可用来分析这些问题以及这些资料的使用方法。同时，请专家提供有关资料，并且请专家提出进一步需要哪些资料。

第二轮，专家接到通知后，根据自己的知识和经验，对所预测事件的未来发展趋势提出自己的观点，并说明其依据和理由，书面答复主持预测的单位。

第三轮，预测领导小组根据专家定性预测的意见，对相关资料加以归纳整理，对不同的预测值分别说明预测值的依据和理由（根据专家意见，但不注明哪个专家意见），然后再寄给各位专家，要求专家修改自己原先的预测，以及提出还有什么要求。

第四轮，专家接到第二次信后，就各种预测的意见及其依据和理由进行分析，再次进行预测，提出自己的修改意见及其依据和理由，如此反复往返征询、归纳、修改，直到意见基本一致为止。修改的次数，根据需要决定。

（四）主观概率法

主观概率法是与专家会议法和专家调查法相结合的方法，即允许专家在预测时提出几个估计值，并评定各值出现的可能性（概率），然后计算各个专家预测值的期望值，最后对所有专家预测期望值求平均值，即为预测结果。

这种预测方法采用的计算公式为

$$E_i = \sum_{j=1}^{m} F_{ij} P_{ij}$$

$$E = \sum_{i=1}^{n} E_i / n$$

$$i = 1, 2, \cdots, n; \quad j = 1, 2, \cdots, m$$

（4-1）

式中：
E_i —— 第 i 个专家预测值的期望值；
F_{ij} —— 第 i 个专家所作出的第 j 个估计值；
P_{ij} —— 第 i 个专家对其第 j 个估计值评定的主观概率，$\sum_{j=1}^{m} P_{ij} = 1$；
E —— 预测结果，即所有专家预测期望值的平均值；
n —— 专家数；
m —— 允许每个专家做出的估计值个数。

二、建筑工程施工项目成本定量预测方法

定量预测方法也称统计预测方法，是根据已掌握的比较完备的历史统计数据，运用一定的数学方法进行科学的加工整理，借以揭示有关变量间的规律性联系，用于预测和推测未来发展变化情况的预测方法。

定量预测偏重于数量方面的分析，重视预测对象的变化程度，可以做出变化程度在数量上的准确描述；主要把历史统计数据和客观实际资料作为预测的依据，运用数学方法进行处理分析，受主观因素的影响较少；可以利用现代化的计算方法，来进行大量的计算工作和数据处理，求出适应工程进展的最佳数据曲线。但是它比较机械，不易灵活掌握，对信息资料的质量要求较高。

定量预测法可以分为两大类：时间序列分析预测法和回归分析预测法。时间序列是指同一经济现象或特征值按时间先后顺序排列而成的数列。时间序列分析预测法是运用数学方法找出时间序列的变化规律，进行类推或延伸，预测其未来的发展趋势。回归分析预测法是通过分析预测值与其影响因素的历史数据，找出它们之间的规律性联系，建立回归方程，作为预测未来趋势的依据。

（一）时间序列分析预测法

时间序列分析预测法简便易行，只要有历史的成本资料，就可进行预测。但是这种预测方法的准确性较差，并且只能在社会经济稳定发展的条件下才有一定的实用价值。由于社会经济环境变化无常，很多因素影响施工成本水平，所以时间序列分析法

只适用于短期预测。

时间序列预测法有很多，本节仅介绍移动平均法及指数平滑法。

1. 移动平均法

移动平均法是指利用过去实际发生的数据，在时间上逐点推移，分段平均，依次计算各分段数据的平均值，依次进行预测的方法。移动平均法又可分为一次移动平均法、二次移动平均法、加权移动平均法和趋势修正移动平均法。下面介绍一次移动平均法及加权移动平均法。

（1）一次移动平均法

一次移动平均法计算公式为

$$M_t = \frac{X_{t-1} + X_{t-2} + \cdots + X_{t-N}}{N}$$

（4-2）

式中：

t —— 期数；

N —— 分段数据点数；

X_{t-N} —— 第 SN 期的实际值；

M_t —— 第 f 期的一次移动平均预测值。

一次移动平均法的递推公式成

$$M_t = M_{t-1} + \frac{X_{t-1} - X_{t-(N+1)}}{N}$$

（4-3）

（2）加权移动平均法

加权移动平均法就是在计算移动平均数时，并且不同等对待各时间序列的数据，而是给近期的数据以较大的权重，使其对移动平均数有较大的影响，从而使预测值更接近于实际。这种方法就是对每个时间序列的数据插上一加权系数。

其计算公式为

$$M_t = \frac{\alpha_1 X_{t-1} + \alpha_2 X_{t-2} + \cdots + \alpha_N X_{t-N}}{N}$$

（4-4）

式中：

α_i —— 加权系数，应满足 $\alpha_1 > \alpha_2 > \cdots > \alpha_N$，$\frac{\sum_{i=1}^{N} \alpha_i}{N} = 1$。

2. 指数平滑法

指数平滑法是在移动平均法基础上发展起来的一种时间序列分析预测法，也用于中短期发展趋势预测。所有预测方法中，指数平滑是用得最多一种。

简单的一次移动平均法是对时间数列的历史数据一个不漏地加以同等利用，加权移动平均法则赋予近期数据更大的权重，而指数平滑法则兼容了移动平均法所长，不舍弃历史数据，但基于历史数据逐渐减弱的影响程度，随数据的远离，赋予的权重逐渐收敛为零。

指数平均法能较多地反映近期数据的信息，同时也能反映大量历史数据的信息，计算量较少，需要储存的历史数据也不多，这里仅介绍一次指数平滑法。

一次指数平滑法的基本公式为

$$S_t = \alpha X_t + (1-\alpha)S_{t-1}$$

（4-5）

式中：

S_t —— 第 t 期的一次指数平滑值，也就是 t+1 期的预测值；

α —— 滑系数，即加权系数，$0 \leqslant \alpha \leqslant 1$；

X_t —— 第 t 期的实际发生值；

S_{t-1} —— 第 t-1 期的一次指数平滑值，也就是第 t-1 期的预测值。

指数平滑法的计算中，α 的取值是关键。α 的取值容易受主观因素影响，一般来说，如果数据波动较大，α 取值应大一些，可以增加近期数据对预测结果的影响；如果数据波动平稳，α 的取值应小一些。通常可以经过反复试算来确定 α 的取值。

（二）回归分析预测法

回归分析预测法是一种重要的施工项目成本预测方法，在对项目成本未来发展状况和水平进行预测时，如果能将影响成本水平的主要因素找到，并且能够取得其数量资料，就可以采用回归分析预测法进行预测。它是一种具体的、行之有效的、实用价值很高的预测方法。

按回归关系所含自变量的多少，回归分析预测法可以分为一元回归和多元回归；按回归关系式的性质，回归分析预测法可分为线性回归和非线性回归。这里介绍一元线性回归预测法和一元指数回归预测法。

1. 一元线性回归预测法

（1）一元线性回归方程的求法

一元线性回归的基本公式为

$$\hat{y} = a + bx$$

（4-6）

式中：
$\hat{y}$ —— 测值；
a，b —— 回归系数；
x —— 自变量。

为了使采用回归方程预测时所产生的总误差为最小，回归系数 a 及 b 应为

$$\begin{cases} b = \dfrac{\sum\limits_{i=1}^{n} x_i y_i - n\overline{xy}}{\sum\limits_{i=1}^{n} x_i^2 - n\overline{x}^2} \\ a = \overline{y} - b\overline{x} \end{cases}$$

（4-7）

式中：x_i —— 自变量的历史数据；
y_i —— 相应因变量的历史数据；
n —— 所采用历史数据的组数；

$\overline{x}$ —— x 的平均值，$\overline{x} = \dfrac{\sum\limits_{i=1}^{n} x_i}{n}$；

$\overline{y}$ —— 的平均值，$\overline{y} = \dfrac{\sum\limits_{i=1}^{n} y_i}{n}$。

求得 a，b 后，一元线性回归方程式也就确认了。

（2）相关性检验

一元线性回归预测只对具有线性关系的两个变量成立，两个变量之间的线性相关程度是用相关系数 r 来衡量的。相关的系数 r 的计算公式为

$$r = \dfrac{\sum\limits_{i=1}^{n}(x_i - \overline{x})(y_i - \overline{y})}{\sqrt{\sum\limits_{i=1}^{n}(x_i - \overline{x})^2 \cdot \sum\limits_{i=1}^{n}(y_i - \overline{y})^2}}$$

（4-8）

0≤|r|≤1，且|*r*|越小，x 与 y 之间的线性相关程度越小；时越大，x 与 y 之间的线性相关程度越大。

2. 一元指数回归预测法

许多实际数据的发展趋势不是线性的，对于逐年按照一定比率变化的时间序列，可以用一元指数回归法进行预测。

一元指数回归法的基本公式为

$$\hat{y} = ab^x$$
（4-9）

式中：

$\hat{y}$ —— 预测值；

a，b —— 回归系数；

x —— 自变量。

对上式两边取对数，得

$$ln\,\hat{y} = ln\,a + x\,ln\,b$$
（4-10）

设 $Y = ln\,\hat{y}$，$A = ln\,a$，$B = ln\,b$，则

$$Y = A + Bx$$
（4-11）

这是一个一元线性回归方程，A，B是回归系数，则

$$\begin{cases} B = \dfrac{\sum\limits_{i=1}^{n} x_i Y_i - n\overline{x}\,\overline{Y}}{\sum\limits_{i=1}^{n} x_i^2 - n\overline{x}^2} \\ A = \overline{Y} - B\overline{x} \end{cases}$$
（4-12）

通过 A，B 求得 a，b 后，一元指数回归方程式也确定了。

三、建筑工程施工项目成本详细预测方法

详细预测方法通常是对工程项目计划工期内影响其成本变化的各因素进行分析，比照最近期已完工工程项目或将完工工程项目的成本（单位面积成本或单位体积成本），预测这些因素对工程成本中有关项目（成本项目）的影响程度，然后用比重法进行计算，预测出了工程的单位成本或总成本。

（一）结构和建筑上的差异修正

由于建筑产品的特殊性，每项工程在结构及建筑设计上都有所区别，因此利用最近期类似工程成本作为本工程的初始预测成本必须对其进行必要的修正，即应考虑两个方面：一是对象工程与参照工程结构上的差异；二是对象工程与参照工程建筑上的差异。

具体修正公式如下：

对象工程总成本 = 参照工程单方成本 × 对象工程建筑面积 + Σ［结构或建筑上不同部分的量 ×（对象工程该部分的单位成本 - 参照工程该部分的单位成本）］

或

对象工程单方成本 = 参照工程单方成本 + Σ［结构或建筑上不同部分的量 ×（对象工程该部分的单位成本 - 参照工程该部分的单位成本）］÷ 对象工程建筑面积

(4-13)

公式中，参照工程有而对象工程没有的部分，对象工程该部分单位成本取值为0；反之，参照工程没有而对象工程有的部分，就参照工程该部分单位成本取值为0。

（二）预测影响项目成本的因素

在上例中所估计的工程成本几乎不可能与工程实际成本完全一致，因为工程施工过程中受到众多因素的干扰，必须分析对象工程成本的影响因素，并确定影响程度，对估计出的成本加以修正，使其与实际成本更加接近。

在工程施工过程中，影响工程成本的主要因素可以概括为以下几点：

1. 材料消耗定额增加或降低

这里的材料包括燃料和动力等。例如，采用新材料或材料代用，引起材料消耗的降低；或者采用新工艺、新技术或新设备，降低了必要的工艺性损耗，以及对象工程与类似工程材料级别不同时，消耗定额和单价之差引起的综合影响等。

2. 物价上涨或下降

工程成本的变化最重要的一个影响因素是物价的变化。有些工程成本超支的主要原因就是物价大幅度上涨，尤其是实行固定总价合同的工程往往会因此而亏本。

3. 劳动力工资的增长

劳动力工资（包括奖金、附加工资等）的增长不可避免使得工程成本增加，包括由于工期紧而增加的加班工资。

4. 劳动生产率的变化

工人素质的增强或者是采用新的工艺，可提高劳动生产率，节省施工总工时数，从而降低人工费用；或者可能由于工程所在地地理和气候环境的影响，或施工班组工人素质与类似工程相比较低等，会降低劳动生产率，从而增加施工总工时数和人工费用。

5. 措施费的变化

措施费包括施工过程中发生的材料二次搬运费、临时设施费以及环境保护、文明施工、安全施工、夜间施工等费用。这些费用，对于不同的工程，其发生的实际费用也不同。在预测成本时，要根据对象工程与基于计算的参照工程之间在措施费上的差别进行修正。

6. 间接费用的变化

间接费用是项目管理人员及企业各职能部门在该工程项目上所发生的全部费用。这部分费用和措施费一样，不同工程之间也会有所不同。例如工程规模不同，工程项目的管理人员人数也不同，其管理人员的工资、奖金及职工福利费等也都有差别。

以上这些因素对于具体的工程来说，不一定都会发生，不同的工程情况也会不相同。例如，一个时期内材料价格上涨，而另一个时期材料价格则会下降，分别处于这两个不同期的工程，成本因材料价格的变化就会向相反方向进行。因此，在确定影响成本因素对成本影响程度之前，首先要分析预测影响该工程的因素有哪些。

预测影响成本因素主要采用定性预测方法，即召集有关专业人员，采用专家会议法，先由各位参加人员提出自己的意见，若再对不同的意见进行讨论，最后确定主要的因素。

（三）预测影响因素的影响程度

1. 预测各因素的变化情况

选择各因素变化情况的预测方法，可根据各因素的性质以及历史工程资料情况，并适应及时性的要求而决定。一般来讲，各因素适用预测方法如下：

（1）材料消耗定额变化，适用经验估计法及时间序列分析法。

（2）材料价格变化，适用时间序列分析法、回归分析法和专家会议法。

（3）职工工资变化，适用时间序列分析法和专家会议法。

（4）劳动生产率变化，适用时间序列分析法和经验估计法。

（5）措施费变化，适用经验估计法和统计推断法。

（6）间接费用变化，适用在经验估计法和回归预测法。

2. 计算各因素对成本的影响程度

各因素对成本的影响程度分别用下列公式计算。

（1）材料消耗定额变化引起的成本变化率

$$\gamma_1 = 材料费占成本的百分比 \times 材料消耗定额变化的百分比$$

（4-14）

（2）材料价格变化引起的成本变化率

$$\gamma_2 = 材料费占成本的百分比 \times (1-材料消耗定额变化的百分比) \times 材料价格变化的百分比$$

（4-15）

（3）劳动力工资变化引起的成本变化率

$$\gamma_3 = 人工费占成本的百分比 \times \frac{平均工资增长的百分比}{1+ 劳动生产率变化的百分比}$$

（4-16）

（4）劳动生产率变化引起的成本变化率

$$\gamma_4 = 人工费占成本的百分比 \times \left(\frac{1}{1+ 劳动生产率变化的百分比} - 1\right)$$

（4-17）

（5）其他直接费变化引起的成本变化率

$$\gamma_5 = 其他直接成本占成本的百分比 \times 其他直接成本变化的百分比$$

（4-18）

（6）间接成本变化而引起的成本变化率

$$\gamma_6 = 间接成本占成本的百分比 \times 间接成本变化的百分比$$

（4-19）

（四）计算预测成本

$$预测成本 = 结构和建筑修正成本 \times (1 + \gamma_1 + \gamma_2 + \gamma_3 + \gamma_4 + \gamma_5 + \gamma_6)$$

（4-20）

第三节　量本利分析法

量本利分析全称为产量成本利润分析，用在研究价格、单位变动成本和固定成本总额等因素之间的关系。这是一个简单而实用的管理技术，用于项目成本管理中，可以分析项目的合同价格、工程量、单位成本和总成本间的相互关系，为工程决策阶段提供依据。

量本利分析法是研究企业在经营中一定时期的成本、业务量（生产量或销售量）和利润之间的变化规律，进而对利润进行规划的一种技术方法。它是在成本划分为固定成本和变动成本的基础上发展起来的,以下举例来说明这个方法的原理。

（一）量本利分析的基本原理

1. 量本利分析的基本数学模型

设某企业生产甲产品,本期固定成本总额为 C1,单位售价为 P,单位变动成本为 C2。并设销售量为 Q 单位,销售收入为 Y,总成本为 C,利润为 TP,则成本、收入、利润之间存在以下的关系

$$C = C_1 + C_2Q$$

$$Y = PQ$$

$$TP = Y - C = (P - C_2)Q - C_1$$

（4-21）

2. 盈亏分析图和盈亏平衡点

以纵轴表示收入与成本,以横轴表示销售量,建立坐标图,并且分别在图上画出成本线和收入线,称之为盈亏分析图,如图 4-1 所示。

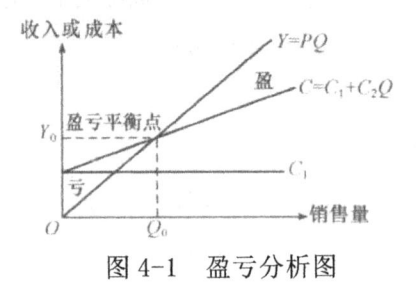

图 4-1　盈亏分析图

图中,收入线与成本线的交点称为盈亏平衡点或保本点。在该点上面,企业该产品收入与成本正好相等,即处于不亏不盈状态,也称作保本状态。

3. 保本销售量和保本销售 RA

保本销售量和保本销售收入就是对应盈亏平衡点销售量 Q 和销售收入 Y 的值,分别以 Q0 和 Y0 表示。由于在保本状态下,销售收入与生产成本相等,即

$$Y_0 = C_1 + C_2Q_0$$

因此

$$PQ_0 = C_1 + C_2Q_0$$

则

$$Q_0 = \frac{C_1}{P - C_2}$$

$$Y_0 = PQ_0 = \frac{PC_1}{P - C_2} = \frac{C_1}{\frac{P - C_2}{P}}$$

（4-22）

式中，（P-C2）称为边际利润，$\frac{P - C_2}{P}$ 称为边际利润率。

（二）量本利分析的因素特征

1. 量

项目成本管理中，量本利分析的量不是通常意义上单件工业产品的生产数量或销售数量，而是指一个工程项目的建筑面积或建筑体积（以 S 表示）。对于特定的工程项目，由于建筑产品具有"期货交易"特征，所以其生产量即是销售量，且固定不变。

2. 成本

量本利分析是在成本划分为固定成本和变动成本的基础上发展起来的，因此进行量本利分析首先应从成本性态入手，即把成本按其与产销量的关系分解为固定成本和变动成本。在工程项目管理中，成本按是否随工程规模大小而变化可划分为固定成本（以 C_1 表示）和变动成本（以 C_2 表示，这里指单位建筑面积变动成本）。

确定 C_1 和 C_2 往往很困难，这是由于变动成本变化幅度较大，而且历史资料的计算口径不同。一个简便而实用的方法，是建立用 S 为自变量，C（总成本）为因变量的回归方程 $C = C_1 + C_2S$，通过历史工程成本数据资料（以计算期价格指数为基础）用最小二乘法计算 C_1 和 C_2。

3. 价格

不同工程项目的单位平方价格是不相同的，但在相同的施工期间内，同结构类型项目的单位平方价格则是基本接近的。因此，项目成本管理量本利分析中，可以按工程结构类型建立相应的盈亏分析图和量本利分析模型。某种结构类型项目的单位平方价格可按实际历史数据资料计算并按物价上涨指数修正，或者与计算成本一样建立回归方程求解。

4. 方法特征

项目成本管理量本利分析与一般量本利分析方法不同的是：施工企业在建立了自己各种结构类型工程的盈亏分析图之后，对于特定的工程项目来说，其量（建筑面积）是固定不变的，从成本预测和定价方面考虑，变化的是成本（包括固定成本和变动成本）以及投标价。其作用在于为项目投标报价决策及制定项目施工成本计划提供依据。

5. 盈亏分析图

假设项目的建筑面积（或体积）为 S，合同单位平方造价为 P，工程项目的固定成本为 C1，单位平方变动成本为 C2，项目合同总价为 Y 元，项目总成本为 C 元。

项目保本规模

$$S_0 = \frac{C_1}{P - C_2}$$

（4-23）

项目保本合同价

$$Y_0 = \frac{PC_1}{P - C_2}$$

（4-24）

第四节　不确定性分析在成本预测中的应用

不确定性是指人们对事物未来的状态不能确定地知道或者掌握，也就是说人们总是对事物未来的发展与变化缺乏信息与充分的控制力。不确定性产生的原因是多种多样的，既有系统外部环境变化的原因，也有系统自身变化原因，更有人的思想和行为变化的原因。

工程项目的不确定性分析是指考查建设投资、经营成本、产品售价、销售量、项目寿命计算期等因素变化对项目经济评价指标所产生的影响。这种影响越强烈，表明所评价的项目方案对某个或某些因素越敏感。对于这些敏感因素，要求项目决策者和投资者予以充分的重视和考虑。

不确定性分析主要包括盈亏平衡分析、敏感性分析及概率分析。盈亏平衡分析只适用于财务评价，敏感性分析和概率分析可以同时用于财务评价和国民经济评价。

一、盈亏平衡分析

盈亏平衡分析也就是前述的量本利分析，这里不再赘述，只举例进一步阐明盈亏平衡分析在项目成本管理中的实际应用。

（一）目标成本的分析

1. 目标成本

目标成本是指根据工程项目预算及同类项目成本情况确定的项目目标成本额，一般来说就是工程的预测成本。根据目标成本中固定成本和变动成本的组成，分析工料的消耗和控制过程，从而寻找降低率。利用了盈亏平衡分析模型，可分析和预测固定成本和变动成本的变化对目标成本的影响程度。

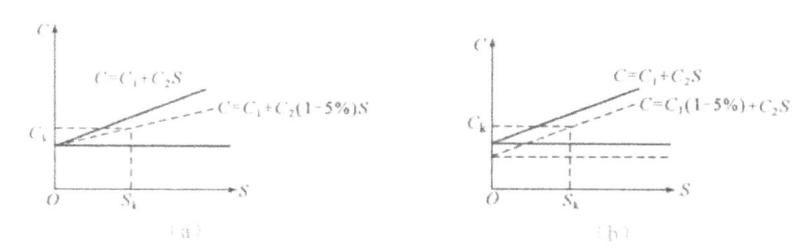

2. 固定成本和变动成本的变化对目标成本的影响

现以例 4-1 来说明。

【例 4-1】假定 K 工程的预测成本（目标成本）为 349 266 元，其固定成本 138 266 元，变动成本 211 000 元。试分析固定成本和变动成本的变化对目标成本的影响。

【解】①变动成本变化对目标成本影响预测如图 4-2（a）所示。

图 4-2 固定成本和变动成本的变化对目标成本的影响

设单方变动成本变化率为 α（增加为正，降低为负），那么

目标成本 $\qquad C = C_1 + C_2(1+\alpha)S$

若设 $\alpha = -5\%$，$C_k = 138266 + 211 \times (1-5\%) \times 1000 = 338716$（元），则

$$目标成本降低率 = \frac{349266 - 338716}{349266} = 3.02\%$$

②固定成本变化对目标成本影响预测如图 4-2（b）所示。

设固定成本变化率成 β（增加为正，降低为负），则

目标成本 $\qquad C = C_1(1+\beta) + C_2 S$

若设 $\beta = -5\%$，$C_k = 138266 \times (1-5\%) + 211 \times 1000 = 342353$（元），则

$$目标成本降低率 = \frac{349266 - 342353}{349266} = 1.98\%$$

③固定成本和变动成本变化对目标成本的影响分析。

一般工程的变动成本远远高于其固定成本,因此,寻求降低成本途径应从变动成本入手,取得的效益也比固定成本高。这从上面的实例计算中也可看出,变动成本降低 5%,使得总成本降低 3.02%,而固定成本降低 5% 仅使得总成本降低了 1.98%。另一方面,由于固定成本不随工程规模变化,是保证项目实施必须投入的费用,而变动成本随着规模而变化,成本项目内容也广泛,因此降低变动成本比降低固定成本更易于实现。

(二) 目标成本和定价策略

根据对目标成本的分析,预测并确定成本的降低额,则可以在满足利润不变的条件下降低标价。

【例 4-2】在例 4-1 中,变动成本降低 5%,目标成本 C=338716 元,则在保持利润不变的情况下,投标价变为多少?

【解】投标价可由原来的 410 000 元,降低成

410 000-(349 266-338 716)=399 450(元)

此外,如果预测到工程成本增加,且企业不准备通过减少利润而取得工程,可以提高标价,保证企业赢得既定的利润。

【例 4-3】在例 4-1 中,如预测到变动成本会增加 5%,在不减少利润的情况下,投标价变为多少?

【解】若变动成本会增加 5%,则 α =5%,目标成本变为

$$C_k = 138266 + 211 \times (1+5\%) \times 1000 = 359816$$ (元)

总标价由 410 000 元提高为

359 816+60 734=420 550(元)

(三) 预测目标利润

根据盈亏分析图和预测的目标成本,可计算对象工程的目标利润,其公式为

目标利润(TP)= 预测投标总价(Y)- 预测目标成本(C)

(4-25)

(四) 有目标利润的盈亏平衡点计算

由于项目的规模不可能完全一样,因此不能用一个固定的目标利润。为便于量本利分析,可根据企业的经营状况和建筑市场行情确定各类结构类型项目的目标边际利润率。

目标边际利润率的计算公式为

$$目标边际利润率(i) = \frac{单位造价(P) - 单位变动成本(C_2)}{单位造价(P)}$$

（4-26）

根据既定的目标边际利润率（i），可确定工程投标单价的最低额为

$$P = \frac{C_2}{1-i}$$

（4-27）

投标总价为

$$Y = \frac{C_2 S}{1-i}$$

（4-28）

根据企业的确定目标边际利润率，进行量本利分析，他的盈亏分析图如图4-3所示，则

项目保本规模

$$S_0 = \frac{C_1(1-i)}{C_2 i}$$

（4-29）

项目保本合同价

$$Y_0 = \frac{C_1}{i}$$

（4-30）

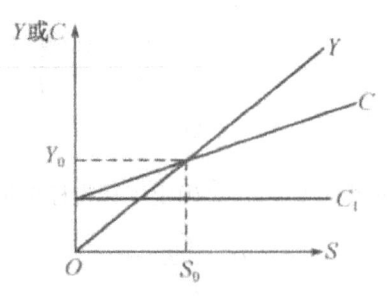

图 4-3 盈亏分析图

【例 4-4】若 A 公司 2008 年度砖混结构工程的目标边际利润率定位为 50%，那么项目保本规模和项目保本合同价分别为多少？

【解】若 i=50%，C1=138 266 元，C2=211 元/m²，则

$$S_0 = \frac{138266 \times (1-50\%)}{211 \times 50\%} = 656 \, (m^2)$$

$$Y_0 = \frac{138266}{50\%} = 276532 \, (元)$$

【例 4-5】上例中，A 公司的目标边际利润率为 50%，那么 K 工程的投标价为多少？

【解】K 工程投标单方造价为

$$P = \frac{C_2}{1-i} = \frac{211}{1-50\%} = 422 \, (元/m^2)$$

投标总价为

$$Y = 422 \times 1000 = 276832 \, (元)$$

二、敏感性分析

敏感性分析是通过研究项目主要不确定因素发生变化时，项目经济效果指标发生的相应变化，找出项目的敏感因素，确定其敏感程度，并且分析该因素达到临界值时项目的承受能力。

（一）敏感性分析的目的

1. 确定不确定性因素在什么范围内变化方案的经济效果最好，在什么范围中变化经济效果最差，以便对不确定性因素实施控制。

2. 区分方案的敏感性大小，以便选出敏感性小的，即风险小的方案。

3. 找出敏感性强的因素，向决策者提出了是否需要进一步搜集资料，进行研究，以提高经济分析的可靠性。

(二) 敏感性分析的步骤

1. 选定需要分析的不确定因素

这些因素主要有产品产量（生产负荷）、产品售价、主要资源价格（原材料、燃料或动力等）、可变成本、投资、汇率等。

2. 确定进行敏感性分析的经济评价指标

衡量项目经济效果的指标较多，敏感性分析的工作量较大，一般不可能对每种指标都进行分析，而只对几个重要的指标进行分析，如财务净现值、财务内部收益率、投资回收期等。由于敏感性分析是在确定性经济评价的基础上进行的，故选作敏感性分析的指标应与经济评价所采用的指标相一致，其中最主要的指标是财务内部收益率。

3. 计算因不确定因素变动引起的评价指标的变动值

一般就各选定的不确定因素，设置若干级变动幅度（通常用变化率表示），然后计算与每级变动相对应的经济评价指标值，建立一一对应的数量关系，并用敏感性分析图或敏感性分析表的形式表示。敏感性分析图如图4-4所示。图中每一条斜线的斜率都反映内部收益率对该不确定因素的敏感程度，斜率越大敏感度越高。一张图可同时反映多个因素的敏感性分析结果。每条斜线与基准收益率的交点所对应的是不确定因素变化率，图中 C_1、C_2、C_3 等即为这些因素的临界点。

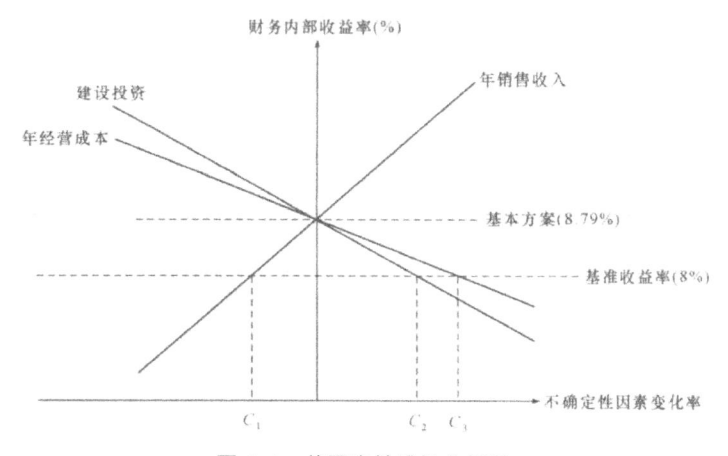

图 4-4 单因素敏感性分析图

4. 计算敏感度系数并对敏感因素进行排序

敏感因素是指该不确定因素的数值有较小变动就能使项目经济评价指标出现较显著改变的因素，敏感度系数的计算公式为

$$E = \frac{\Delta A}{\Delta F}$$

（4-31）

式中：

E——评价指标 A 对于不确定因素 F 的敏感度系数；

ΔA——不确定因素 F 发生 ΔF 变化率时，评价指标 A 的相应变化率（%）；

ΔF——不确定因素 F 的变化率（%）。

通过计算敏感度系数，对敏感因素进行排序。

5. 计算变动因素的临界点

临界点是指项目允许不确定因素向不利方向变化的极限值。超过临界点，项目的效益指标将不可行。例如当建设投资上升到某值时，财务内部收益率将刚好等于基准收益率，此点称为建设投资上升的临界点。

临界点可用临界点百分比或临界值分别表示。某一变量的变化达到一定的百分比或一定数值时，项目的评价指标将从可行转变成不可行。临界点可用专用软件计算，也可由敏感性分析图直接求得近似值。

（三）敏感性分析的分类

根据项目经济目标（如经济净现值或经济内部收益率等）所作的敏感性分析称为经济敏感性分析；而根据项目财务目标所作的敏感性分析称为财务敏感性分析。

依据每次所考虑的变动因素数目不同，敏感性分析又分成单因素敏感性分析和多因素敏感性分析。

每次只考虑一个因素的变动，而让其他因素保持不变所进行的敏感性分析称为单因素敏感性分析。这里，只举例说明单因素敏感性分析在项目成本管理中的应用。

【例 4-6】某项目基本方案的参数估算值如表 4-1 所示，试进行了敏感性分析（基准收益率 $i_c = 8\%$）。

表 4-1　基本方案的参数估算表

因素	建设投资 I/ 万元	年销售收入 B/ 万元	年经营成本 C/ 万元	期末残值 L/ 万元	寿命 n/ 年
估算值	1 500	600	250	200	6

【解】①以年销售收入 B、年经营成本 C 和建设投资 I 为拟分析的不确定因素。

②选择项目的财务内部收益率为评价指标。

③作出本方案的现金流量表，如表 4-2 所示。

表 4-2 基本方案的现金流量表

年份	1	2	3	4	5	6
1 现金流入		600	600	600	600	800
1.1 年销售收入		600	600	600	600	600
1.2 期末残值回收						200
2 现金流出	1 500	250	250	250	250	250
2.1 建设投资	1 500					
2.2 年经营成本		250	250	250	250	250
3 净现金流量	-1500	350	350	350	350	550

方案的财务内部收益率 FIRR 可由下式确定:

$$-I(1+FIRR)^{-1} + (B-C)\sum_{t=2}^{5}(1+FIRR)^{-t} + (B+L-C)(1+FIRR)^{-6} = 0$$

$$-1500 \times (1+FIRR)^{-1} + 350 \times \sum_{t=2}^{5}(1+FIRR)^{-t} + 550 \times (1+FIRR)^{-6} = 0$$

采用试算法得财务净现值成

$$FNPV(i=8\%) = 31.08 \text{万元} > 0$$

$$FNPV(i=9\%) = -7.92 \text{万元} < 0$$

采用线性内插法可得到:

$$FIRR = 8\% + \frac{31.08}{31.08 + 7.92} \times (9\% - 8\%) = 8.79\%$$

④计算销售收入、经营成本及建设投资变化对财务内部收益率的影响,结果是如表 4-3 所示。

表 4-3 因素变化对财务内部收益率的影响 %

不确定因素	变化率				
	-10%	-5%	基本方案	+5%	+10%
销售收入	3.01	5.94	8.79	11.58	14.30
经营成本	11.12	9.96	8.79	7.61	6.42
建设投资	12.70	10.67	8.79	7.06	5.45

⑤计算方案对各因素的敏感度

平均敏感度的计算公式为

$$\beta = \frac{\text{评价指标变化的幅度}(\%)}{\text{不确定因素变化的幅度}(\%)}$$

（4-32）

对于方案而言，

年销售收入平均敏感度 $= \dfrac{14.30-3.01}{20} \approx 0.56$

年经营成本平均敏感度 $= \dfrac{|6.42-11.12|}{20} \approx 0.24$

建设投资平均敏感度 $= \dfrac{|5.45-12.70|}{20} \approx 0.36$

各因素的敏感程度排序为：年销售收入＞建设投资＞年经营成本。

三、概率分析

概率分析是通过研究各种不确定因素发生不同幅度变动的概率分布及其对方案经济效果的影响，对方案的净现金流量及经济效果指标作出了某种概率描述，从而对方案的风险情况作出比较准确的判断。

（一）概率分析及其步骤

概率分析又称风险分析，是利用概率来研究和预测不确定因素对项目经济评价指标的影响的一种定量分析方法。利用这种分析，可以弄清楚各种不确定因素出现某种变化时，建设项目获得某种利益或达到某种目的的可能性的大小，或者获得某种效益的把握程度。

项目的风险来自影响项目效果的各种因素和外界环境的不确定性。利用敏感性分析可以知道某因素变化对项目经济指标有多大的影响，但无法了解这些因素发生这样变化的可能性有多大，而概率分析可以做到这一点，所以有条件时，应对项目进行概率分析。

概率分析一般按下列步骤进行：

（1）选定一个或几个评价指标，通常是将内部收益率、净现值等作为评价指标。

（2）选定需要进行概率分析的不确定因素，通常有产品价格、销售量、主要原材料价格、投资额以及外汇汇率等。针对项目不同的情况，通过敏感性分析，选择最为敏感的因素作为概率分析的不确定因素。

(3) 预测不确定因素变化的取值范围及概率分布。单因素概率分析，设定一个因素变化，其他因素均不变化，就只有一个自变量；多因素概率分析，设定多个因素同时变化，对多个自变量进行概率分析。

(4) 根据测定的风险因素取值和概率分布，计算评价指标的相应取值和概率分布。

(5) 计算评价指标的期望值和项目可接受的概率。

(6) 分析计算结果，判断其可接受性，研究减轻及控制不利影响的措施。

(二) 概率分析的方法

概率分析的方法有很多，这些方法大多是以项目经济评价指标（主要是NPV）期望值的计算过程和计算结果为基础的。这里仅介绍项目净现值的期望值和决策树法，计算项目净现值的期望值及净现值大于或等于零时的累计概率，以判断项目承担风险的能力。

1. 净现值的期望值

期望值是用来描述随机变量的一个主要参数。从理论上讲，要完整地描述一个随机变量，需要知道其概率分布的类型和主要参数，但在实际应用中，这样做不仅非常困难，而且也没有太大的必要。因为在许多情况下，我们只需要知道随机变量的某些主要特征就可以了，在这些随机变量的主要特征中，最重要并且最常用的就是期望值。

期望值是在大量重复事件中随机变量取值的平均值，换句话讲，是随机变量所有可能取值的加权平均值，权重为各类可能取值出现的概率。

期望值的计算公式为

$$E(X) = \sum_{i=1}^{n} x_i P_i$$

（4-33）

式中：

$E(X)$ —— 随机变量 X 的期望值；

x_i —— 随机变量 X 的各种取值；

P_i —— X 取值 x_i 时所对应的概率值。

根据上式，可以很容易地推导出项目净现值的期望值计算公式为

$$E(NPV) = \sum_{i=1}^{n} NPV_i P_i$$

（4-34）

式中：

$E(NPV)$ —— NPV 的期望值；

NPV_i —— 各种现金流量情况下的净现值；

P_i —— 对应于各种现金流量情况的概率值。

【例 4-7】已知某投资方案各种因素可能出现的数值及其对应的概率如表 4-4 所示。假设投资发生在年初，年净现金流量均发生在各年年末。已经知标准折现率为 10%，试求其净现值的期望值。

表 4-4 投资方案变量因素值及其概率

投资额 / 万元		年净收益 / 万元		寿命期 / 年	
数值	概率	数值	概率	数值	概率
120	0.30	20	0.25	10	1.00
150	0.50	28	0.40		
175	0.20	33	0.35		

【解】根据各因素的取值范围，共有 9 种不同的组合状态，根据净现值的计算公式，可求出各种状态的净现值及其对应的概率，如表 4-5 所示。

表 4-5 方案所有组合状态的概率及净现值

投资额 / 万元	120			150			175		
年净收益 / 万元	20	28	33	20	28	33	20	28	33
组合概率	0.075	0.12	0.105	0.125	0.2	0.175	0.05	0.08	0.07
净现值 / 万元	2.89	52.05	82.77	-27.11	22.05	52.77	-52.11	-2.95	27.77

根据净现值的期望值计算公式，可得到

$$E(NPV) = 2.89 \times 0.075 + 52.05 \times 0.12 + 82.77 \times 0.105 - 27.11 \times 0.125 + 22.05 \times 0.2 +$$

$$52.77 \times 0.175 - 52.11 \times 0.05 - 2.95 \times 0.08 + 27.77 \times 0.07 = 24.51(万元)$$

因此，投资方案净现值的期望值为 24.51 万元。

2. 决策树法

决策树法是在已知各种情况发生概率的基础之上，通过构成决策树来求取净现值的期望值大于等于零的概率，以评价项目风险、判断其可行性的决策分析方法。它是直观运用概率分析的一种图解方法。决策树法特别适用多阶段决策分析。

决策树一般由决策点、机会点、方案枝、概率枝等组成，其绘制方法如下。

首先确定决策点，决策点一般用"□"表示；然后从决策点引出若干条直线，代表各个备选方案，这些直线称为方案枝。方案枝后面连接一个"○"称为机会点。从机会点画出的各条直线，称为概率枝，代表将来的不同状态，概率枝后面的数值代表不同方案在不同状态下可获得的收益值。为便于计算，对决策树中的"□"（决策点）和"○"（机会点）均进行编号。编号的顺序是从左到右，从上到下。

画出决策树后，就可以很容易地计算出各个方案的期望值并进行比选。下面通过实例来说明如何运用决策树法对方案进行比选。

【例 4-8】某项目有两个备选方案 A 和 B，两个方案的寿命期均为 10 年，生产的产品也完全相同，但投资额及年净收益均不相同，方案 A 的投资额为 500 万元，其年净收益在产品销路好时为 150 万元，销路差时为 -50 万元；方案 B 的投资额为 300 万元，其年净收益在产品销路好时为 100 万元，销路差时为 10 万元。根据市场预测，在项目寿命期内，产品销路好的可能性为 70%，销路差的可能性为 30%。已知标准折现率 i_c =10%，试根据以上资料对方案进行比选。

【解】首先，画出决策树。此题中有一个决策点，两个备选方案，每个方案又面临两种状态。由此，可画出其决策树，如图 4-5 所示。

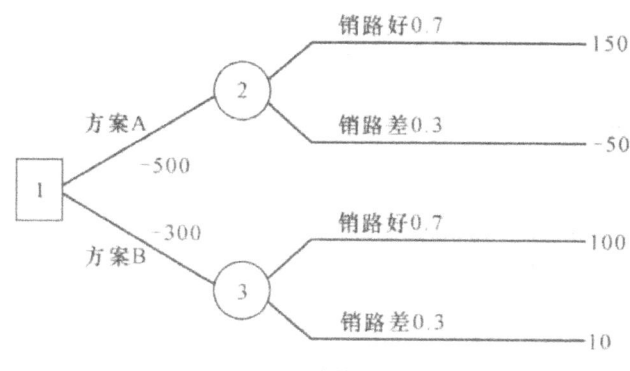

图 4-5 决策树结构图

然后，计算各个机会点的期望值：

机会点②的期望值 = $150 \times (P/A, 10\%, 10) \times 0.7 + (-50) \times (P/A, 10\%, 10) \times 0.3$

=553（万元）

机会点③的期望值 = $100 \times (P/A, 10\%, 10) \times 0.7 + 10 \times (P/A, 10\%, 10) \times 0.3$

=448.5（万元）

最后，计算各个备选方案净现值期望值：

方案 A 的净现值的期望值 =553-500=53（万元）

方案 B 的净现值的期望值 =448.50-300=148.50（万元）

因此，应该优先选择方案 B。

决策树法也可用于一般的概率分析，即用于判断项目的可行性和所承担风险的大小。

第五节　建筑工程施工项目成本决策

一、成本决策的概念

施工项目成本决策是对工程施工生产活动中和成本相关的问题作出判断和选择的过程。

项目施工生产活动中的许多问题涉及成本，为了提高各项施工活动的可行性和合理性，或者为了提高成本管理方法和措施的有效性，在项目成本管理过程中，需要对涉及成本的有关问题作出决策。项目成本决策是项目成本管理的重要环节，也是成本管理的重要职能，它贯穿于施工生产的全过程。项目成本决策结果直接影响到未来的工程成本，正确的成本决策对成本管理极为重要。

二、成本决策的程序

项目成本决策应按以下程序进行：

（1）认识分析问题；
（2）明确项目成本目标；
（3）情报信息收集与沟通；
（4）确认可行的替代方案；
（5）选择判断最佳方案的标准；
（6）建立成本、方案、数据和成果间的相互关系；
（7）预测方案结果并优化；
（8）选择达到成本最低的最佳方案；
（9）决策方案的实施与反馈。

三、成本决策的内容

（一）短期成本决策

短期成本决策是对未来一年内有关成本问题作出的决策。其所涉及的大多是项目在日常施工生产过程中与成本相关的内容，通常对项目未来经营管理方向不产生直接影响，故短期成本决策又称为战术性决策。和短期成本决策有关的因素基本上是确定的，因此，短期成本决策大多属于确定型决策和重复性决策。

短期成本决策的内容主要包括：

（1）采购环节的短期成本决策，如不同等级材料的决策、经济采购批量的决策等；

（2）施工生产环节的短期成本决策，如结构件是自制还是外购的决策、经济生产批量的决策、分派追加施工任务的决策、施工方案的选择、短期成本变动趋势预测等；

（3）工程价款结算环节的短期成本决策，如结算方式、结算时间的决策等；

除上述内容以外，项目成本决策过程中，还涉及成本与收入、成本和利润等方面的问题，如特殊订货问题等。

（二）长期成本决策

长期成本决策是指对成本产生影响的时间长度超过一年以上的问题所进行的决策。一般涉及如项目施工规模、机械化施工程度、工程进度安排、施工工艺、质量标准等与成本密切相关的问题。这类问题涉及的时间长、金额大，对企业的发展具有战略意义，故又称为战略性决策，和长期成本决策有关的因素通常难以确定，大多数属于不确定决策和一次性决策。

长期成本决策的内容主要包括：

1. 施工方案的决策

项目的施工方案是对项目成本有着直接、重大影响的长期决策行为。施工方案牵涉面广，不确定性因素多，对项目未来的工程成本将在相当长的时间内产生重大的影响。

2. 进度安排和质量标准的决策

工程项目进度的快慢和质量标准的高低也直接、长期影响着工程成本。在决策时应通盘考虑，要贯穿目标成本管理思想，在达到业主工期和质量要求的前提下力求降低成本。

四、成本决策的方法

（一）定型化决策

定型化决策的特点是在事物的客观自然状态完全肯定的状况下所作出的决策，具有一定的规律性。其方法比较简单，如单纯择优法（即直接择优决策方法）。

定型化决策看起来似乎很简单，有时也并不简单，因为决策人所面临的可供选择的方案数量可能很大，从中选择出最优方案往往很不容易。例如，一部邮车从一个城市到另外 10 个城市巡回一趟，其路线就有 $10\times9\times8\times\cdots\times3\times2\times1=3\ 628\ 800$ 条，要从中找出最短路线，必须运用数学线性规划方法。

（二）非定型化决策

非定型化决策的特点有：

（1）决策者期望达到一定的目标；

（2）被决策的事物具有两种以上客观存在的自然状态；

（3）各种自然状态可以用定量数据反映其损益值；

（4）具有可供决策人选择的两个以上方案。

（三）风险型决策

风险型决策方法除具有非定型决策的四个特点外，还有一个很重要的特点，即决策人对未来事物的自然状态变化情况不可以肯定（可能发生，也可能不发生），但是知道自然状态可能发生的概率。

风险型决策中自然状态发生的概率为

$$1 \geqslant P_i(Y_i) \geqslant 0$$

$$\sum_{i=1}^{N} P_i(Y_i) = 1$$

（4-35）

式中：

Y_i —— 出现第 i 种情况下的损益数值；

P_i —— 第 i 种状态发生的概率；

N —— 自然状态数目。

由于这种决策问题引入了概率的概念，是属于非确定的类型，所以这种决策具有一定的风险性。

风险情况下的决策标准主要有三个：期望值标准、合理性标准和最大可能性标准。

1. 期望值标准

损益期望值是按事件出现的概率计算出来的可能得到的损益数值，而不是肯定能够得到的数值，所以叫作期望值。期望值 V 的计算公式为

$$V = \sum_{i=1}^{N} Y_i P_i$$

（4-36）

用期望值标准来进行决策，就是以决策问题的损益表为基础，计算出每个方案的期望值，选择收益最大或损失最小的方案作为最优方案。

2. 合理性标准

合理性标准主要是在可参考的统计资料缺乏或不足的情况下采取的一种办法。正因为缺乏足够的统计资料，所以难以确切估计自然状态出现的概率。于是，可以假设各自然状态发生的概率相等。如果有 n 个自然状态，那么各个自然状态的概率就为1/n。这种假设的理由是不充分的，所以，一般又把它叫作理由不充分原理。

3. 最大可能性标准

最大可能性标准就是选择自然状态中事件发生概率最大的一个，然后找出在这种状态下收益值最大的方案作为最优方案。

(四)决策树

决策树是图论中用于决策的一种工具,它是以树的生长过程的不断分枝来表示事件发生的各种可能性,应用期望值准则来剪修以达到择优目的的一种决策方法。对于未来成本的发生水平存在两种以上的可能结果时,能采取决策树方法进行决策。

1. 决策树的基本结构形式

决策树是决策者对某个成本决策问题未来发展情况的可能性和可能结果所作出的预测在图形上的反映,他的基本结构形式如图 4-6 所示。

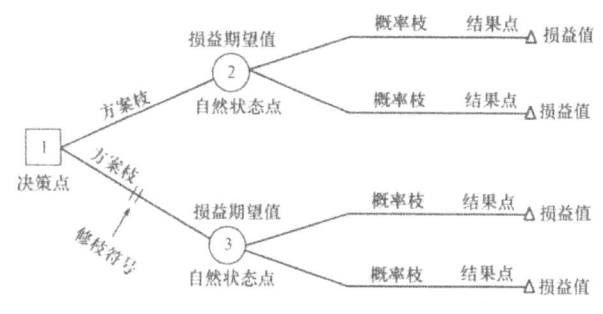

图 4-6 决策树基本结构

2. 决策树的运用步骤

(1) 绘制决策树,并对决策点及自然状态点从左至右且从上至下编号。
(2) 根据期望值准则,从右至左、逆着编号计算每个方案的期望值。
(3) 对各方案的期望值进行比较,剪去期望值较差的分枝,最后就留下的一枝即为最优方案。

第五章 建筑工程施工质量管理

第一节 施工阶段质量管理概述

一、施工阶段质量管理的概念、目标和依据

（一）概念

建筑工程施工阶段的质量管理，就是按合同赋予的权利，围绕着影响工程质量的各种因素，对工程项目的施工进行有效的监督及管理。

（二）目标

1. 建设单位的质量控制目标

建设单位的质量控制目标是通过施工全过程的全面质量监督管理、协调和决策，保证竣工项目达到投资决策所确定的质量标准。

2. 施工单位的质量控制目标

施工单位的质量控制目标是通过对施工全过程全面质量自控，保证交付满足施工合同及设计文件所规定的质量标准的建设工程产品。

3. 设计单位的质量控制目标

通过对关键部位和重要施工项目施工质量的验收签证、设计变更控制及纠正施工中所发现的设计问题，采纳变更设计的合理化建议等，保证竣工项目的各项施工结果和设计文件所规定的标准相一致。

4. 监理单位的质量控制目标

监理单位的质量控制目标是通过审核施工质量文件、报告、报表及现场旁站检查、平行检测、施工指令和结算支付控制等手段的作用，保证了工程质量达到施工合同和设计文件所规定的质量标准。

（三）依据

施工阶段质量管理的依据主要是适用于工程项目施工阶段，且与质量管理有关的、具有普遍指导意义和必须遵守的基本文件。

1. 工程承包合同文件

工程施工承包合同文件中，分别规定了参建各方在质量控制方面的权利和义务的条款，有关各方必须履行在合同中的承诺。因此施工单位要依据合同的约定进行质量管理与控制。

《中华人民共和国合同法》中规定："合同内容有关质量要求不明确的，按照国家标准、行业标准履行；没有国家标准、行业标准的，按照通常标准或者符合合同目的的特定标准履行"。

2. 设计文件

经过批准的设计图纸和技术说明书等设计文件，是质量控制的重要依据。施工单位应当认真做好对设计交底及图纸会审工作，来达到完全了解设计意图和质量要求，发现图纸差错和施工过程难以控制质量的问题，以期确保工程质量，减少质量隐患。

3. 有关质量管理方面的法律、法规性文件

为维护建筑市场秩序，加强建筑活动的监督管理，保证工程质量和安全，国家和政府颁布了有关工程质量管理和控制的法规性文件。各省、自治区、直辖市根据各地的不同情况，颁布的有关建筑市场管理、工程质量管理的地方法规、地方规定，适用于各地区的工程质量管理和控制。

4. 有关质量检验与控制的专门技术法规性文件

质量检验与控制的技术法规指针对不同专业、不同性质质量控制对象制定的各类技术法规性的文件，包括各种有关的标准、规范、规程或者规定。

（1）工程项目质量检验评定标准；

（2）有关工程材料、半成品和构配件质量控制方面的专门技术法规性依据；

（3）控制施工工序质量等方面的技术法规性依据；

（4）凡采用新工艺、新技术、新方法的工程，事先应进行试验，并应有权威性技术部门的技术鉴定及有关的质量数据、指标，在此基础上制定有关的质量标准和施工工艺规程，以此作为判断与控制质量的依据。

二、施工质量管理的阶段

(一) 按工程实体质量形成过程的时间阶段划分

根据施工阶段工程实体质量形成过程的时间阶段划分,可分为三个阶段:

1. 事前控制

即施工前的准备阶段进行的质量控制。它是指在各工程对象正式施工活动开始前,对各项准备工作及影响质量的各因素和有关方面进行的质量控制。

(1) 设计交底前,熟悉施工图纸,并对图纸中存在的问题通过建设单位向设计单位提出书面意见和建议;

(2) 参加设计交底及图纸会审,签认设计技术交底纪要;

(3) 开工前审查施工承包单位提交的施工组织设计或施工方案,签发《施工组织设计(方案)报审表》,并报建设单位批准后实施;

(4) 审查专业分包单位的资质;符合要求后专业分包单位可以进场施工;

(5) 开工前,审查施工承包单位(含分包单位)的质量管理、技术管理和质量保证体系,符合有关规定并满足工程需要时予以批准;

(6) 审查施工承包单位报送的测量方案,并进行基准测量复核;

(7) 建设单位宣布对总监理工程师的授权,施工承包单位介绍施工准备情况,总监理工程师作监理交底并审查现场开工条件,经建设单位同意后由项目总监理工程师签署施工单位报送的《工程开工报审表》;

(8) 对符合有关规定的用于工程的原材料、构配件和设备,使用前施工承包单位通知监理工程师见证取样及送检;

(9) 负责对施工承包单位报送本企业试验室的资质进行审查,合格后予以签认;

(10) 负责审查施工承包单位报送的其他报表。

2. 事中控制

即施工过程中进行的所有与施工过程有关各方面的质量控制,也包含对施工过程中的中间产品的质量控制。

(1) 关键工序的控制过程

应在施工组织设计中或施工方案中明确质量保证措施,设置质量控制点;

应选派与工程技术要求相适应等级的施工人员;

施工前应向施工人员进行施工技术交底,保存交底记录。

专业监理工程师负责审查关键工序控制要求的落实。施工承包单位应注意遵守质量控制点的有关规定和施工工艺要求,特别是指停止点的规定。于质量控制点到来前通知专业监理工程师验收。

(2) 检验批工程质量控制过程

(3) 分项工程质量控制过程

(4) 分部工程质量控制过程

3. 事后控制

是指对于通过施工过程所完成的具有独立的功能和使用价值的最终产品等的质量进行控制。

（1）专业监理工程师组织施工承包单位项目专业质量（技术）负责人等进行分项工程验收；

（2）总监组织相关单位的相关人员进行相关分部工程验收；

（3）单位工程完工后，施工承包单位应自行组织有关人员进行检查评定并向建设单位提交工程验收报告；总监理工程师组织由建设单位、设计单位及施工承包单位参加的单位工程或整个工程项目进行初验，施工承包单位给予配合，及时提交初验所需的资料；

（4）总监理工程师对验收项目初验合格后签发《工程竣工报验单》，并上报建设单位，由建设单位组织有监理、施工承包单位、设计单位和政府质量监督部门等参加质量验收。

（二）按工程实体形成过程中物质形态转化的阶段划分

由于工程施工是一项物质生产活动，所以，施工阶段的质量控制系统过程也是一个经由以下三个阶段的系统控制过程。

1. 对投入的物质资源质量的控制
2. 施工过程质量控制

即在使投入的物质资源转化为工程产品的过程中，对于影响产品质量的各因素、各环节及中间产品的质量进行控制。

3. 对完成的工程产出品质量的控制与验收

在上述三个阶段的系统过程中，前两阶段对于最终产品质量的形成具有决定性的作用，而所投入的物质资源的质量控制对最终产品质量又具有举足轻重的影响。所以，质量控制的系统过程中，无论是对投入物质资源的控制，还是对施工及安装生产过程的控制，都应当对影响工程实体质量的五个重要因素方面，即对施工有关人员因素、材料（包括半成品、构配件）因素、机械设备因素（生产设备及施工设备）、施工方法（施工方案、方法及工艺）因素以及环境因素等进行全面的控制。

（三）按工程项目施工层次划分

通常任何一个大中型工程建设项目可以划分为若干层次。对于建筑工程项目按照国家标准可以划分为单项工程、单位工程、分部工程、分项工程及检验批等层次。各组成部分之间的关系具有一定的施工先后顺序的逻辑关系。工程项目施工质量分为检验批、分项、分部、单位、单项工程质量控制过程。施工作业过程的质量控制是最基本的质量控制，它决定了有关检验批的质量，而检验批的质量又决定了分项工程的质量，分项工程的质量又决定了分部工程的质量，以此类推。

第二节　施工阶段质量管理因素

施工阶段的质量控制是一个由投入物质量控制到施工过程质量控制再到产出物质量控制的全过程、全系统的控制过程。由于工程施工也是一类物质生产活动，因此在全过程系统控制过程中，应对影响工程项目实体质量的五大因素实施全面控制。五大因素指：人（Man），材料（Material），机械（Machine），方法（Method），环境（Environment），简称 4M1E 质量因素。因此，对这五方面的因素进行严格控制是保证建设项目工程质量的关键。

一、人的管理

在施工过程中，人的因素管理是指对直接参与施工的组织者、指挥者和操作者的管理。在施工阶段，人的管理可以指导施工参与者避免产生失误，充分调动积极性，发挥人的主导作用。还可以加强政治思想教育、劳动纪律教育、职业道德教育及专业技术培训。

人的管理既需要健全岗位责任制，改善劳动条件，还需根据工程特点，从确保质量出发，从人的技术水平、人的生理缺陷、人的心理行为、人的错误行为等方面来管理人。

施工阶段对人的管理，主要内容有：

（1）以项目经理的管理目标和职责为中心，合理组建项目管理机构，贯彻因事设岗并配备合适的管理人员；

（2）严格实行分包单位的资质审查，控制分包单位的整体素质，包括技术素质、管理素质、服务态度和社会信誉等；严禁分包工程或作业的转包，以防资质失控；

（3）坚持作业人员持证上岗，特别是重要技术工种、特殊工种、高空作业等，必须做到有资质者上岗；

（4）加强对现场管理和作业人员的质量意识教育及技术培训。开展作业质量保证的研讨交流活动等；

（5）严格现场管理制度和生产纪律，规范人的作业技术和管理活动的行为；

（6）加强激励和沟通活动，调动人积极性。

二、施工材料的管理

材料管理包括原材料、成品、半成品、构配件等的管理，主要是严格检查验收，正确合理地使用，建立管理台账，进行收、发、储、运等各环节的技术管理，避免混料和将不合格的原材料使用到工程上。实施施工材料质量管理的主要内容包括：

1. 材料采购的质量管理

承包商采购的材料都应根据工程特点、施工合同、材料的适用范围和施工要求、材料的性能价格等因素综合考虑。

采购材料应根据施工进度提前安排，项目经理部或企业应建立常用材料的供应商信息库并及时追踪市场。必要时，应让材料供应商呈送材料样品或者进行实地考察，应注意材料采购合同中质量条款的严格说明。

2. 材料的质量标准

材料的质量标准是衡量材料质量的标尺，是验收材料、检验材料质量的依据。对于各种材料均

有各种材料的质量标准。掌握了材料的质量标准，就便于可靠地控制材料和工程的质量。

3. 材料质量的检验

材料质量检验的目的，就是要判断材料的可靠性。通过一系列各种检测手段，将取得的数据与材料的质量标准相比较，看其是否达到标准，同时这样也便于在掌握材料的性质信息。

4. 材料的选择和使用要求

一般针对工程的特点，按照材料的性能、适用范围及施工要求等方面进行综合考虑，必须慎重地选择和使用材料。

三、施工机械的管理

施工机械设备是实行机械化施工的基本物质条件，施工机械设备的选用会对工程项目的施工进度和质量有直接的影响。为此，在工程施工阶段，要综合考虑：施工现场的条件；建筑结构的形式；机械设备的性能；施工的工艺和方法；施工的组织和管理；以及建筑技术经济。监督单位机械化施工方案的制定和评审的过程，使方案合理，充分发挥建筑机械的效能，以便得到较好的综合经济效益。

实施施工机械质量管理的主要内容包括：

（1）承包商应按照技术先进、经济合理、生产适用、性能可靠、使用安全的原则选择施工机械设备，使其具有特定工程的适用性和可靠性；

（2）应从施工需要和保证质量的要求出发，正确确定相应类型的性能参数；

（3）在施工过程中，应定期对施工机械设备进行校正，以免误导操作，选择机械设备必须有与之相配套的操作工人相适应。

四、施工方法的管理

施工方法管理，主要包括对施工方案、施工工艺、施工组织设计及施工技术措施等的管理。特别是施工方案，它直接影响工程项目的质量，直接影响工程项目的进度控制、质量控制、投资控制，它是能否顺利实现三大控制目标的关键。

对施工方法的管理应结合工程实际，解决施工难题。施工方法的管理主要包括：

（1）施工方案应随工程进展而不断细化和深化；

（2）选择施工方案时，对主要项目要拟定几个可行方案，突出主要矛盾，摆出其主要优劣点，以便反复讨论与比较，选出最佳方案；

（3）对主要项目、关键部位和难度较大的项目，如新结构、新材料、新工艺、大跨度、大悬臂及高大的结构部位等，制订方案时要充分估计到可能发生的施工质量问题和处理方法。

五、施工环境的管理

创造良好的施工环境，对于保证工程质量和施工安全，实现文明施工，树立施工企业的社会形象，都有很重要的作用。施工环境管理，既包括对自然环境特点和规律的了解、限制、改造及利用问题，也包括对管理环境及劳动作业环境的创设活动。

影响工程质量的环境因素较多，有现场自然条件；质量管理环境；施工作业环境等。根据工程特点和具体条件，应对影响质量的环境因素，采取有效的措施严加控制。

（一）对现场自然环境条件的控制

施工现场的工程地质、水文、气象等条件都可能出现对施工作业不利的影响，对这些情况应有充分的认识和充足的准备，并且要采取有效的措施和对策。

（二）对质量管理环境的控制

质量管理环境是指承包单位的质量管理制度、质量保证体系、质量控制自检系统等，对质量管理环境控制，就是使管理制度、体系、系统均处于良好的状态。

（三）对施工作业环境控制

施工作业环境包括：水、电或动力供应；施工照明；施工现场场地、空间条件；道路、通道、交通运输状况、安全、防护设备等。

第三节 施工准备阶段的质量管理

施工准备是整个工程施工过程的开始，施工准备工作的质量管理，便于加速施工进度，缩短建设工期以及降低工程成本，是为了顺利地组织施工，保证和提高工程质量，提供可靠的条件。

一、施工准备工作

（一）建设单位的施工准备工作内容

（1）征地拆迁；

(2）组织规划设计；
(3）完成"三通一平"及大型临时暂设工程；
(4）组织设备、材料订货；
(5）工程建设项目报建；
(6）委托工程建设监理；
(7）组织施工招标投标；
(8）签订工程施工承包合同。

（二）施工单位的施工准备工作内容
(1）调查研究；
(2）技术准备；
(3）物资准备；
(4）劳动组织准备；
(5）施工现场准备；
(6）施工的场外准备；
(7）资金准备。

（三）监理单位的施工准备工作内容
(1）组建项目监理机构，进驻现场；
(2）完善组织体系，明确岗位职责；
(3）编制监理规划性文件；
(4）拟定监理工作流程；
(5）监理设备仪器准备；
(6）熟悉监理依据，准备监理资料。

二、施工技术准备的质量管理

技术准备，是指各项施工准备工作在正式开展作业技术活动前，是否按预先计划的安排落实到位的状况，包含配置的人员、材料、机具、场所环境、通风、照明及安全设施等。

（一）技术准备的内容
(1）设计交底和图纸会审；
(2）施工组织设计；
(3）施工质量计划；
(4）施工预算。

（二）设计交底和图纸会审
严格进行图纸会审和设计交底，是施工准备阶段进行质量控制的一项有效方法。

（三）施工组织设计的审核

施工组织设计是指导施工项目管理全过程的规划性的、全局性的技术、经济及组织的综合性文件。

1. 施工组织设计的分类

（1）按设计阶段的不同分：施工组织总设计、单位工程施工组织设计；

（2）按编制对象范围的不同分：施工组织总设计、单位工程施工组织设计、分部分项工程施工组织设计；

（3）按编制内容的繁简程度不同分：完整的施工组织设计、简单的施工组织设计；

（4）按使用时间和编制用途的不同分：投标前的施工组织，即施工项目管理规划大纲，投标后的施工组织设计，就是项目管理实施规划。

2. 施工组织设计包括的主要内容

（1）施工方案；

（2）施工现场平面布置图；

（3）施工进度计划及保证措施；

（4）劳动力及材料供应计划；

（5）施工机械设备的选用；

（6）质量保证体系及措施；

（7）安全生产、文明施工措施；

（8）环境保护、成本控制措施；

（9）合同当事人约定的其他内容。

3. 施工组织设计的审核原则

（1）施工组织设计的编制、审查和批准应符合规定的程序；

（2）施工组织设计应符合国家的技术政策，充分考虑承包合同规定的条件、施工现场条件及法规条件的要求；

（3）施工组织设计的针对性：承包单位是否了解并掌握本工程的特点及难点，施工条件是否分析充分；

（4）施工组织设计的可操作性：承包单位是否有能力执行并保证工期和质量目标；该施工组织设计是否切实可行；

（5）技术方案的先进性：施工组织设计采用的技术方案和措施是否先进适用，技术是否成熟；

（6）质量管理和技术管理体系，质量保证措施是否健全且切实可行；

（7）安全、环保、消防和文明施工措施是否切实可行并符合有关规定；

（8）在满足合同和法规要求的前提下，对于施工组织设计的审查，应尊重承包单位的自主技术决策和管理决策；

4. 施工组织设计应达到的基本要求

（1）保证重点，统筹安排，遵守承包合同的承诺；

(2) 合理安排施工顺序；

(3) 用流水作业法和网络计划编制施工进度计划；

(4) 充分利用机械设备提高机械化程度，减轻劳动强度，提高劳动生产率；

(5) 采用先进的施工技术，合理选择施工方案，应用科学的组织方法，确保施工安全降低工程成本，提高工程质量；

(6) 恰当地安排冬雨季施工项目，增加了全年的施工日数，提高施工的连续性和均衡性；

(7) 减少暂设工程和临时性设施，减少全年物资运输量，合理布置施工平面图，节约施工场地。

5. 施工组织设计的审核内容

施工组织设计审查前的准备工作：熟悉施工图纸，领会设计意图，明确工程内容，分析工程特点。了解工程条件和有关工程资料，如施工现场"三通一平"条件，劳动力和主要建筑材料、构件、加工品的供应条件；施工机械及辅材的供应条件；施工现场水文地质勘察资料；现行施工技术规范和标准等。

施工组织设计审核的主要内容有：

(1) 编制审核的相应人员及相应部门签字盖章是否齐全，且编制时间是否符合要求。

施工组织总设计由总包单位技术负责人审批，单位工程施工组织设计由施工单位技术负责人审批，施工方案由项目技术负责人审批。

(2) 施工组织设计的内容审核。施工组织设计的内容审核可以概括为几部分：

①编制依据审核

施工方案的编制依据主要有：施工图纸，施工组织设计，施工现场勘查调查得来的资料和信息，施工验收规范，质量检查验收统一标准，安全操作规程，施工及机械性能手册，新技术、新设备、新工艺，施工企业的生产能力及技术水平等等。

②项目管理目标和项目管理机构审核

项目管理目标主要审查：工程质量目标、安全文明施工目标、工期进度目标、环境保护目标等。工程质量目标主要审查其是否与设计要求一致，是否满足相关规范和标准的要求，是否满足合同相应条款的要求。安全文明施工目标主要审查其是否符合相关规范以及国家和地方管理的规定。工期进度目标主要审查工程进度节点是否满足合同要求，是否与建设单位的总体规划步调一致。环境保护目标主要审查是否满足当地行政部门的规定和要求。

项目管理机构主要包括项目管理构架和项目管理人员的配置，通过审查，能知晓施工单位的管理模式和基本组织框架，并且对其各岗位配置的项目管理人员的资质和能力作初步的了解和判断。

③工程进度计划审核

工程进度计划分为总进度计划、阶段性计划（或月计划划、或季度计划）等。总进度计划的开始和结束时间必须与合同要求和建设单位的意见步调一致，中间过程必须合理可行。阶段性计划审查时必须掌握大量的信息和第一手资料，特别是在各专业间的配合上，必须进行恰当的预判和充分的沟通。

④资源计划审核

资源计划主要有：劳动力计划、材料及周转料具计划和施工机械设备计划，这些计划应与工程进度计划统一起来，应根据各阶段的施工计划来配置相应的计划内容。

⑤现场平面布置审核

审查现场平面布置，首先要审查符合性，施工现场的布置和建设单位的总体规划有无冲突，与场区内的现有的和将要实施的水电管网有无冲突。

⑥主要施工方法审核

主要施工方法是指常规施工工序或施工工艺的施工方案，如基础工程施工方案、混凝土工程施工方案、模板工程施工方案、钢筋工程施工方案、砌体工程施工方案、门窗工程施工方案、屋面工程施工方案等。审查重点应为施工方案的选择：施工顺序、主要分部工程的施工方法、施工机械的选择、工程施工的流水组织。

⑦安全保证措施审核

安全保证措施主要有以下几个方面：质量保证措施，安全保证措施、安全文明保证措施、环境保护措施等。这些保证措施必须得有专门的组织机构进行针对性的管理。

安全施工措施应贯彻安全操作规程，对于施工过程中可能发生安全问题的各个施工环节进行预测，并且有针对性地提出预防措施以保证安全施工，安全技术措施应注意以下方面：

a. 预防自然灾害，包括防雷电、防暴雨水淹、防土坡滑动、泥石流和坍塌等；

b. 冬期、雨季等季节性安全施工方案（措施）；

c. 高空作业和立体交叉作业的防护措施，要严格确定合理的施工顺序，制订预防坠落措施；确保结构施工过程中的稳定；工人在施工过程中正确使用安全用具等；

d. 施工过程中防火防爆措施；

e. 安全用电和机电设备的保护措施，事实证明触电事故是施工中常见的安全事故之一，用电不当还会引发火灾，应予以足够重视；

f. 新工艺、新技术和新结构的采用，由于缺乏经验，处理不当易引发安全事故，应制订有针对性的、行之有效的安全技术措施，来确保施工安全；

g. 有生产安全事故应急救援预案，配备必要的应急救援器材、设备。

6. 施工组织设计的审核程序

（1）在工程项目开工前约定的时间内，承包单位必须完成施工组织设计的编制及内部自审批准工作，填写《施工组织设计（方案）报审表》报送项目监理机构。

（2）总监理工程师在约定的时间内，组织专业监理工程师审查，提出意见后，由总监理工程师审核签认。需要承包单位修改时，由总监理工程师签发书面意见，退回承包单位修改后再报审，总监理工程师重新审查。

（3）已审定的施工组织设计由项目监理机构报送建设单位。

（4）承包单位应按审定的施工组织设计文件组织施工。如需对其内容做较大的变更，应在实施前将变更内容书面报送项目监理机构审核。

（5）规模大、结构复杂或属新结构、特种结构的工程，项目监理机构对施工组织设计审查后，还应报送监理单位技术负责人审查，提出审查意见后由总监理工程师签发，必要时与建设单位协商，组织有关专业部门和有关专家会审。

（6）规模大，工艺复杂的工程、群体工程或者分期出图的工程，经建设单位批准可分阶段报审施工组织设计；技术复杂或采用新技术的分项、分部工程，承包单位还应编制该分项、分部工程的施工方案，报项目监理机构审查。

（四）施工质量计划

施工质量计划是质量策划结果的一项管理文件。对工程建设而言，施工质量计划主要是针对特定的工程项目，为完成预定的质量控制目标，编制专门规定的质量措施、资源和活动顺序的文件。施工质量计划是具有对外作为针对特定工程项目的质量保证，对内作为针对特定工程项目质量管理的依据的作用。

施工质量计划应由自控主体，即施工承包企业进行编制。在平行承发包方式下，各承包单位应分别编制施工质量计划；在总分包模式下，施工总承包单位应编制总承包工程范围的施工质量计划，各分包单位编制相应的分包范围的施工质量计划，作为施工总承包方质量计划的深化和组成。施工质量计划的内容应包含：

（1）工程特点及施工条件分析；

（2）履行施工承包合同所必须达到的工程质量总目标及其分解目标；

（3）质量管理组织机构、人员和资源配置计划；

（4）确定施工工艺与操作方法的技术方案和施工任务的流程组织方案；

（5）施工材料、设备等的质量管理及控制措施；

（6）施工质量检验、检测试验工作的计划安排及其实施方法与接收准则；

（7）施工质量控制点及其跟踪控制的方式和要求；

（8）记录的要求等基本内容。

（五）施工预算

1. 编制施工图预算

施工图预算是技术准备工作的主要组成部分之一，这是按照施工图确定的工程量、施工组织设计所拟定的施工方法、建筑工程预算定额及其取费标准，由施工单位编制的确定建筑安装工程造价的经济文件，它是施工企业签订工程承包合同、工程结算、建设银行拨付工程价款、进行成本核算、加强经营管理等各方面工作的重要依据。

2. 编制施工预算

施工预算是根据施工图预算、施工图纸、施工组织设计或施工方案、施工定额等文件进行编制的，它直接受施工图预算的控制。它是施工企业内部控制各项成本支出、考核用工、"两算"对比、签发施工任务单、限额领料、基层进行经济核算的依据。

三、施工现场准备的质量管理

施工现场准备工作包括：施工现场工程测量控制；施工平面布置；施工材料的质量控制；施工机械设备的质量控制；做好"三通一平"工作。

（一）施工现场工程测量控制

施工承包单位对建设单位给定的原始基准点、基准线和标高等测量控制点进行复核。测量放线是工程施工的第一步。施工测量质量的好坏，直接地影响工程质量，若测量控制基准点或标高有误，则会导致建筑物或结构的位置或高程出现误差，从而影响整体质量；若设备的基础预埋件定位测量失准，则会造成设备难以正确安装的质量问题等。因此，工程测量控制可以说是施工质量控制的一项最基础的工作，也是施工准备阶段的一项重要内容。

（二）施工平面布置

施工平面布置的依据：

1. 施工总平面图

施工总平面图是指整个工程建设项目的施工场地总平面布置图，是全工地施工部署在空间上的反映和时间上的安排。

2. 单位工程施工平面图

单位工程施工平面图是针对单位工程施工而进行的施工场地平面布置。

建设单位按照合同约定并结合承包单位施工的需要，事先划定并提供给承包单位占有和使用现场有关部分的范围。如果在现场的某一区域内需要不同的施工承包单位同时或先后施工、使用，就应根据施工总进度计划的安排，规定他们各自占用的时间和先后顺序，并在施工总平面图中详细注明各工作区的位置及占用顺序，监理工程师要检查施工现场总体布置是否合理，是否有利保证施工的正常、顺利进行，是否有利于保证其质量。

（三）施工准备阶段材料的质量控制

施工材料的质量控制对整个工程的质量起着举足轻重的作用。在施工准备阶段，从材料的采购、抽样送检和检查验收几个方面进行质量控制：

1. 材料质量控制的要求

（1）合理组织材料采购，确保施工正常进行；
（2）加强材料检查验收，减少施工材料损失；
（3）严格把关材料检验，保证施工材料质量。

2. 材料质量控制的依据

（1）有关建筑材料质量管理的各项法规、规章；
（2）建筑材料的特性、质量标准及主要质量指标；
（3）建筑材料的质量检测方法和抽样要求；

（4）建筑材料常见的质量问题和处理办法。

3. 材料采购的质量控制

目前在工程建设中，材料采购有两种方式：

第一种是由工程施工承包单位负责，工程施工承包单位一般是由招标方式确定，一个工程可能由几家施工单位分标段承包施工，材料的采购质量控制的难度加大。

第二种材料采购方式是主要材料由业主单位采购，这种方式，既可以控制材料质量和工程质量，也可以规范采购行为、统一采购渠道，这种采购方式是目前很多工程项目采取的方式。

材料采购时应首先考核其产品质量、企业信誉，再比较价格。材料供货单位宜相对稳定，同一品种材料的供货单位不宜过多，特别是水泥、钢筋原材料，供货单位应尽量稳定。在材料的采购过程中，要重视材料的使用认证，防止错用或使用不合格的材料。由于建筑材料市场的供求变化，钢材、水泥两大材料常常呈现供不应求的情况。因此，凡是对计划进场的材料，建设单位都要会同施工单位对其生产厂家的资质及质量保证措施予以审核，并对订购的产品样品要求其提供质保书，根据质保书所列项目对其样品的质量进行再检验，样品不符合规范标准的不能订购其产品。

4. 材料验收的质量控制

对构成工程实体的物资进入施工现场，由物资管理人员及施工队材料员共同验收，验收内容包括：物资名称、规格型号、数量、批次、炉（批）号、外观质量、产品标识、出厂合格证、质量证明书和检测报告等。

（1）材料到场验收应确认实物与货单相符。应包装完整，标识清晰。袋装水泥无散包、受潮、结块；钢筋无散捆、混装、严重变形或锈蚀等情况。到场材料的品种、规格、数量正确无误。

（2）对用于工程的主要材料，进场时必须具备正式的出厂合格证的材质化验单。材料出厂合格证的内容必须齐全并且符合要求。材料的品种、规格、数量、生产厂名、生产日期、生产炉（批）号、出厂日期、规范规定的主要技术指标等主要内容无遗漏。

5. 材料检验的质量控制

材料质量检验的目的，是通过一系列的检测手段，将所取得的材料数据与材料的质量标准相比较，借以判断材料质量的可靠性，能否使用于工程中；同时，还有利于掌握材料信息。材料质量抽样和检验的方法应该符合《建筑材料质量标准与管理规程》，要能反映该批材料的质量性能。

按《建筑工程检测试验技术管理规范》（JGJ190-2010）规定，到场原材料在使用前应抽样进行现场复试，复试合格才能用于工程。同时必须符合《工程建设标准强制性条文》中规定的试验项目。现场抽样复试工作可以由业主（监理）单位做，也可以由用料单位做。但取样人员应经过培训，熟悉有关规范中原材料的性能和取样的具体要求，能按规定的方法和数量抽取试样，送有资质的试验室试验。

根据材料信息和保证资料的具体情况，材料质量检验程度分免检、抽检和全检验三种：

（1）免检

就是免去质量检验过程。对有足够质量保证的通常材料，以及经实践证明质量长期稳定且质量保证资料齐全的材料，可予免检。

（2）抽检

就是按随机抽样的方法对材料进行抽样检验。当对材料的性能不清楚、对质量保证资料有怀疑，或对成批生产的构配件，均应按一定比例进行抽样检验。

（3）全检验

凡对进口的材料、设备和重要工程部位的材料，以及贵重的材料，均应进行全部检验，以确保材料和工程质量。

对施工材料进行抽样检测时，要保证抽样复检频次，这是因为如果对材料抽样复检频次不足，抽检不符合规范要求，容易使不合格材料混入进场，产生严重的工程质量问题，并且会对以后的原材料的追溯造成影响。

（四）施工准备阶段机械设备的质量控制

施工机械设备是实现施工机械化的重要物质基础，是现代施工中必不可少的设备，对施工项目的质量有直接的影响。为此，施工机械设备的选用，必须综合考虑施工场地的条件、建筑结构形式、机械设备性能、施工工艺和方法、施工组织与管理、建筑经济等各种因素，进行多方面比较，使之合理装备、配套使用、有机联系，以充分发挥机械设备的效能，力求获得较好的综合经济效益。

在施工准备阶段对机械设备的质量控制，应该着重从机械设备的选型、机械设备的主要性能参数两方面予以控制：

1. 机械设备的选择

机械设备的选择应本着因地制宜、因工程制宜，按照技术上先进、经济上合理、生产上适用、性能上可靠、使用上安全、操作及维修方便的原则，贯彻执行机械化、半机械化与改良工具相结合的方针，突出施工与机械相结合的特色，使其具有工程的适用性，具有保证工程质量的可靠性，具有使用操作的方便性和安全性。

2. 机械设备的主要性能参数

机械设备的主要性能参数是选择机械设备的依据，要可以满足施工需要和保证质量的要求。

（五）做好"三通一平"工作

确保施工现场水通、电通、道路通和场地平整，是建筑工程开工前一项十分重要的工作。虽然此项工作应由建设单位承担，但施工单位应密切配合促使工作顺利进行。建设单位也可以把场区内的"三通一平"委托施工单位承担，此项费用不包括在投标报价之内。施工单位可以采用测定方格网计算平整场地的土方量，计算"三通一平"的费用，并且与建设单位签订"三通一平"的协议。

1. 施工现场场地平整

规划施工场地的平整工作，应根据设计总平面图、勘测地形图、场地平整施工方案等技术文件进行,应尽量做到填挖方量趋于平衡,总运输量最小,便于机械化施工和充分利用建筑物挖方填土。并应防止利用地表土、软弱土层、草皮、建筑垃圾等作填方。

2. 修建现场道路

尽量利用原有道路设施或拟建永久性道路解决现场道路问题,以节约临时工程费用,缩短施工准备工作时间。当不具备上述条件时,应使临时道路的布置确保运输和消防用车行车畅通。临时道路的等级,可根据交通流量及所用车种决定。

3. 施工临时用水、用电

施工临时用水、用电应本着尽量利用正式永久性设施的原则,做到技术上可行、安全上可靠、经济上合理、条件上可能。

四、物资准备

物资准备的内容主要包括:建筑材料的准备、构(配)件、制品的加工及建筑安装机具。

(一)建筑材料

建筑材料的准备主要是根据施工预算进行分析,按照施工进度计划要求,按材料名称、规格、使用时间、材料储备定额和消耗定额进行汇总,编制出材料需要量计划,为组织备料、确定仓库、场地堆放所需的面积和组织运输等提供依据。

(1)根据施工预算、分部(项)工程施工方法和施工进度的安排,拟定国拨材料、统配材料、地方材料、构(配)件及制品、施工机具和工艺设备等物资的需要量计划;

(2)根据各种物资需要量计划,组织货源,确定加工、供应地点及供应方式,签订物资供应合同;

(3)按照施工总平面图的要求,组织物资按计划时间进场,在指定地点,按规定方式进行储存或堆放。

(二)构(配)件、制品的加工

根据施工预算提供的构(配)件、制品的名称、规格、质量和消耗量,确定加工方案和供应渠道以

及进场后的储存地点和方式,编制出其需要量计划,为组织运输、确定堆场面积等提供依据。

(三)建筑安装机具

根据采用的施工方案,安排施工进度,确定施工机械的类型、数量和进场时间、确定施工机具的供应办法和进场后的存放地点和方式,编制建筑安装机具的需要量计划,为了组织运输,确定堆场面积等提供依据。

（四）物资准备控制要点

（1）做好建筑材料需要量计划和货源安排。对国家调拨材料的统配物资应及早办理计划指标的申请，对地方材料要落实货源办理订购手续。对于特殊材料要组织人员提早采购。

（2）对钢筋混凝土预制构件、钢构件、铁件、门窗等做好加工委托或生产安排。

（3）做好施工机械和机具的准备、对已经有的机械机具做好维修试车工作；对尚缺的机械机具要立即订购、租赁或制作。

五、施工准备质量管理的意义

（一）遵循建筑施工程序

"施工准备"是建筑施工程序的一个重要阶段。现代工程施工是十分复杂的生产活动，其技术规律和社会主义市场经济规律要求工程施工必须严格按建筑施工程序进行。只有认真做好施工准备工作，才可取得良好的建设效果。

（二）降低施工风险

就工程项目施工的特点而言，其生产受外界干扰及自然因素的影响较大，因而施工中可能遇到的风险就多。只有充分做好施工准备工作、采取预防措施，加强应变能力，才能有效地降低风险损失。

（三）创造工程开工和顺利施工条件

工程项目施工中不仅需要耗用大量材料，使用许多机械设备、组织安排各工种人力。涉及广泛的社会关系，而且还要处理各种复杂的技术问题，协调各种配合关系。因而需要通过统筹安排和周密准备，才能使工程顺利开工，开工后能连续顺利地施工且能得到各方面条件的保证。

（四）提高企业经济效益

认真做好工程项目施工准备工作，能调动各方面的积极因素，合理组织资源进度、提高工程质量、降低工程成本，进而提高企业经济效益和社会效益。

第四节 施工过程的质量管理

一、施工现场质量管理

由于建筑工程质量的形成过程是一个系统的过程，所以施工阶段的现场质量管理也是一个由对投入原材料的质量控制开始，直到工程完成、竣工验收为止的全过程的系统控制过程。

施工现场的质量管理主要包括：对参与施工的人员的管理，对工程使用的原材料、构配件的质量管理，对于施工机械设备的质量管理。

（一）人员管理

1. 项目经理的职责

（1）负责贯彻执行各种规章制度，负责所属工地的技术、质量、安全以及施工组织、人员安排等各项工作；

（2）负责图纸、技术资料、施工方案、技术要求、质量安全措施等项目工作的交底工作，负责进行技术复核，隐蔽工程验收，参加分项分部和单位工程质量的评定工作；

（3）组织所属施工现场的质量安全检查，严格监督检查施工人员按照施工规范，安全操作规程；

（4）负责工地资金、设备，周转材料的筹、管、养、用、修，以及材料、加工件的购进，保管耗用，发现问题及时解决；

（5）遵守协议，讲求信用，保证按时交工，不甩项目，不留尾巴，做到工完场清，文明施工；

（6）经常对职工进行安全教育，工程开工前，结合实际，按照工种，分部位向班组进行安全技术交底，发现隐患，及时采取措施工进行处理。

2. 施工员的职责

（1）承担施工任务，负责各分项技术交底，技术指导及工地管理；

（2）参与图纸绘审，编制施工方案，办理工程变更手续；

（3）严守施工操作规程，严抓质量，确保安全，负责对新工人进行上岗前的技术培训；

（4）组织各施工班组完成任务，对施工中的有关问题及时解决，保证工程施工进展；

（5）认真做好隐蔽工程记录，负责工程竣工后的决算上报；

（6）努力钻研技术，提高施工组织能力和管理水平。

3. 质检员的职责

（1）在项目负责人领导下，负责检查监督施工组织设计的质量保证措施的实施，组织建立各级质量体系；

（2）严格监督进场材料的质量、型号和规格，监督班组操作是否符合规定；

（3）按照规范规定的分部、分项工程的验收标准，对不符合要求分项、分部工程提出返工意见；

（4）提出工程质量通病的防治措施，提出了制订新工艺、新技术的质量保证措施；

（5）对工程的质量事故进行分析，提出处理意见。

4. 安全员的职责

（1）在项目经理的领导下，督促本部职工认真贯彻执行国家颁布的安全法规及企业规章制度，发现问题及时制止，纠正和向领导及时汇报；

（2）参加本单位承担工程的安全技术措施制定及向班组逐条进行的安全技术交底验收，并且履行签字手续；

（3）深入现场每道工序，掌握安全重点部位的情况，检查各种防护设施，纠正违章指挥，冒险蛮干，执罚要以理服人，坚持原则，秉公办事；

（4）参加项目经理组织的定期安全检查，查出的问题要督促在限期内整改完毕，发现危及职工生命的重大隐患，有权制止作业，组织职工撤离危险区域；

（5）发生工伤事故，要协助保护好现场，及时填表上报，认真负责参与工伤事故的调查，不隐瞒事故情节，真实地向有关领导汇报情况。

5. 材料员的职责

（1）掌握单位工程的材料计划，按时、按计划完成购料任务，保证材料供应；

（2）建筑材料、构配件产生的产品、半成品应签订购料合同，并按标准进行验收，不合格产品不准进场；

（3）认真核对材料计划，按材料数量、规格质量进行检验，凡进入场的材料均应有出厂合格证，否则，不予进场；

（4）材料员应具有一定的专业知识，并且持证上岗；

（5）遵守职业道德，加强责任心，实事求是，不弄虚作假，负责将购置材料入库。

（二）工程材料的质量管理

施工现场对工程材料的使用是实行跟踪管理，做到全过程质量控制的重要环节，也是做好跟踪管理的难点所在。要在原材料质量合格的前提下，保证使用过程正确、规范、可追溯，做到控制使用，进行材料的跟踪管理。

工程材料的质量管理的具体内容包括：

（1）材料进场管理

这是现场材料管理的重要环节，通过进场管理，让材料能够分期分批有秩序的入场，保障施工生产需要。

（2）制定材料管理制度

包括建立材料目标管理制度、材料供应及使用制度。规定验收、保管、发放、回收和核算管理程序；制定施工现场材料安全管理措施，制定建筑垃圾回收、分拣处理办法等。

（3）材料的存放

材料按平面布置图堆放，并且尽量做到按图就位，符合堆放制度。材料堆放实行标准化、定置化管理。库存材料堆放按保管要求明确分区，不同品种、规格的材料有明显标识。不合格材料必须单独堆放，并标明不合格品：标明"退货"或"降级使用"。材料仓库或现场堆放的材料必须有必要的防火、防雨、防潮、防风、防损坏等措施。当不能堆放到指定地点时，临时存放在不影响生产、生活的地点，并在24小时内处理。

(三) 施工机械设备的质量管理

施工中的机械设备主要分成三类：一类为小型设备，包括卷扬机、切断机、弯曲机、木工机、切割机、对焊机、电焊机等；一类为中型设备，包括混凝土搅拌机、混凝土配料机、混凝土搅拌站、井字吊篮等；一类为租赁设备。

在施工阶段中进行施工机械设备的质量管理，就是对机械设备进行科学合理的使用、保养和维修，保证机械设备处于完好和最佳的技术状态，提高了机械设备的劳动生产率，从而提高工程质量。

工程机械设备质量管理的主要内容包括：

1. 建立机械设备管理机构

施工企业应建立健全施工机械设备管理机构，配备专业的技术管理人员，进行专业的机械设备管理工作。

2. 建立机械设备管理制度

这是机械设备管理的一个根本制度，是对机械设备的使用所做的统一规定和管理办法。它包括：

（1）技术操作规程

它是正确的机械设备操作运转的技术规定。

（2）保养维修制度

它是保证机械设备在适时进行保养及修理，保持机械设备的状态，延长机械设备的使用寿命的规定。包括机械设备的检查、保修及保养办法等。

（3）岗位责任制度

机械设备由专人负责，保证落实机械设备的岗位责任。有多班作业时，按照规定的交接班制度进行交接班作业，明确责任。

（4）操作人员持证上岗制度

施工机械设备的操作人员要持证上岗，并严格遵守安全操作规程，须做到"四懂三会"，即懂原理、懂构造、懂性能、懂用途、会操作、会维修、会检查排除故障。

（5）机械安全管理制度

这是对机械设备保证安全使用所做的规定，以及机械设备发生事故后的处理要求和管理办法。

二、施工工序的质量管理

建筑工程项目的施工过程是由一系列相互关联、相互制约的施工工序所构成的。建筑工程中每一个分部、单位工程的基本组成单位都是工序。例如模板工程，它的施工工序包括拼拆及安装（立模和支撑）、修理、涂脱模剂等工序；钢筋工程包括除锈、制作、电焊、绑扎等工序；混凝土工程包括混凝土的拌制、运输、浇筑、捣固及养生等工序；以上都是不同专业的施工工序。

施工工序质量是工程项目的基础，直接影响了工程项目的整体质量。要保证工程项目的质量,必须进行施工工序的质量管理。

(一)施工工序质量管理的内容

建筑工程施工工序质量管理主要包括建筑工程施工工序活动条件的管理及施工工序活动效果的管理两个方面。

1. 施工工序活动条件的管理

施工工序活动条件的管理,主要是指对影响建筑工程施工工序质量的各因素进行管理。即根据工程设计质量标准、材料质量标准、机械设备技术性能标准、操作规程等,通过检查、测试、试验、跟踪监督等方法对各种生产要素及环境条件进行管理的过程。

2. 施工工序活动效果的管理

施工工序活动效果的管理,主要指对建筑工程每道工序完成的工程产品是否达到有关质量标准进行管理-即通过实测、统计、分析、判断、认可或纠偏等方法,使施工工序产品的质量特征和特性指标达到设计要求和施工验收标准的管理过程。

从质量管理的角度来看,这两者是互为关联的:一方面要管理工序活动条件的质量,即每道工序投入品的质量(即人、材料、机械、和环境的质量)是否符合要求;另一方面又要管理工序活动效果的质量,就是每道工序施工完成的工程产品是否达到有关质量标准。

(二)施工工序质量管理的措施

1. 安全技术交底

认真的熟悉图纸和参加图审,掌握设计要求并结合操作过程和验收规范、安全规程和质量标准、工艺要求。通过技术交底,要让每个操作者都知道,分部、分项工程的施工程序、方法、操作要点、主要指标、以及完成的数量和时间等具体内容以及安全规程和质量标准、安全措施、施工组织、平面管理、文明施工、节约降耗等方面的要求。

2. 严格遵守施工工艺规程

施工工艺和操作规程,是进行施工操作的依据和法规,是确保了工序质量的前提。

3. 施工工序现场管理

在工序施工过程中,应对施工操作人员、材料、施工机械及机具、施工方法及施工工艺、施工环境等因素进行跟踪监督和检查,检查上述因素是否处于良好的受控状态,是否能保证质量要求,如发现问题应及时采取措施加以纠正。

4. 工序质量交接检查

工序交接检查是指前一道工序完工后,经过检查合格才能进行下一道工序的作业。在上一道工序作业完成后,在施工班组进行质量自检、互检合格的基础上,进行工序质量的交接检查。

(1)认真执行"三检"制度,"自检""互检""验检"。并在自检的基础上进行报验建设、监理单位验收检查。

（2）各工序按标准进行质量控制，每道工序完成后进行检查。各工种、专业间相互进行交接检，并形成记录，未经建设、监理单位检查认可不得进行下道工序施工。

（3）当每道工序完成后，施工单位按规范要求进行自检，合格后填写报验单报送监理。对待检验的工序进行现场检查或实验室检测。把结果填写到检验批表，作为该工序的质量认证。合格后进行下道工序，反之进行整改至合格。

（4）分部工程所含的分项工程质量均合格，技术资料完整，观感质量符合要求，自检完成后报验监理，由监理单位组织有关部门对分部工程的检查验收。

三、施工成品保护管理

施工现场随着施工进行，成品保护工作显得尤为重要，做好成品保护工作，是在施工过程中要对已完工分项进行保护。一旦成品造成损坏，将会增加修复工作，带来工、料浪费，工期拖延及经济损失。因此成品保护是施工质量管理的重要组成部分，是保证工期，避免工料浪费，保证生产顺利进行的主要环节。

（一）施工成品保护工作的内容

（1）建立成品保护工作的专门组织机构，进行成品保护责任划分，并落实到岗，落实到人；

（2）制定成品保护的重点内容和成品保护的实施计划；

（3）分阶段制定成品保护措施方案和实施细则；

（4）制定成品保护的检查制度、交叉施工管理制度、交接制度、考核制度及奖罚责任制度等。

（二）施工成品保护管理的措施

切实加强成品保护管理，特别是加强施工阶段的成品保护管理，落实岗位责任制，合理安排施工工序，杜绝或减少人为的丢失且损坏。

1. 加强现场管理

（1）编制成品保护细则，合理安排施工顺序，避免工序间相互干扰，凡下道工序对上道工序会产生污染的，在上道工序工作完成后，及时采取保护措施，一旦发生成品损伤或污染，及时处理或清除；

（2）凡在成品或半成品区域施工或装卸、运输，设专人管理，防止被撞或被刮；

（3）有效采用成品保护的护、包、盖、封措施，对已完工程进行保护；

（4）浇筑混凝土时，操作人员不准直接站在钢筋上振捣，未达到设计强度80%以上的混凝土面不准堆放材料、机具。

2. 主要分部分项工程成品保护措施

（1）测量定位

定位桩采取桩周围浇筑混凝土固定；搭设了保护架，悬挂明显标志以提示，水准引测点尽量引测到周围永久建筑物上或围墙上，标识明显，不准堆放材料遮挡。

（2）土方工程

对临建建筑物、构筑物及各种管线要事先勘察清楚，进行观测并制定保护措施。

（3）砌筑工程

在砌筑过程中，水电专业及时配合预埋管线，来避免后期剔凿对结构质量造成隐患，墙面要随砌随清理，防止砂浆污染，雨季施工时要用塑料布及时覆盖已施工完的墙体。在构造柱、梁、模板支设时，严禁在砌体上硬撑、硬拉。

（4）整体楼地面

整体楼地面工程施工时，要加强对水电的各类管线、木门框的成品保护。整体楼地面面层压光后，要加强养护和封闭保护，养护期间严禁上人施工，严禁在已完成的面层上拌制砂浆。在操作墙面涂料时，为了防止其对地面的污染，必须在上层覆盖一层木屑进行成品保护。

（5）混凝土工程

混凝土浇筑完毕后未达到设计标准前，严禁上人踩踏或进行下道工序施工。在没有达到设计强度之前严禁在楼板处集中堆放模板、木方、门架等集中荷载。

（6）防水工程

底板垫层、屋面防水施工时，严禁穿硬底带钉的鞋在上面行走，防水层施工完毕后，办理交接手续；及时做防水保护层。对地下室外墙混凝土工程混凝土浇筑完毕后，拆模时要注意不得碰坏施工企口缝并且对该部分成品采取有针对性的保护措施。

（三）施工成品保护管理的方法

施工成品保护的方法主要可以概括为：

1. 覆盖

即对成品进行覆盖。对于楼地面成品主要采取覆盖措施，以防止成品损伤。如采取铺沙、木板、加气板等覆盖，以防操作人员踩踏和物体磕碰；高级地面用苫布或棉毡覆盖。其他需要防晒、保温养护的项目，也要采取适当的措施覆盖。

2. 遮护

即采取搭棚等措施对施工成品进行遮护。

3. 封闭

即在施工成品四周采取围护措施，限制人流、车辆等进入。对于楼梯地面工程，施工后可在楼梯口暂时封闭，待达到上人强度并采取保护措施后再开放；室内墙面、天棚、地面等房间内的装饰工程完成后，应立即锁门以进行保护。

4. 封堵

即将有关排水、电气等管道事先进行封堵，防止杂物和泥土等堵塞孔道。

5. 包裹

即对成品进行包裹等工作，可以采用泡沫板、布条及包装箱等对成品进行包裹保护。

6. 巡逻看护

即对已完产品实行全天候的巡逻看护。

第六章 建筑工程质量检验与控制

第一节 质量检验与抽样

一、质量检验的定义与任务

质量是指产品满足用户要求的程度。用户对产品质量的要求可以定量表示的性质称为质量特性，不能定量表示而只能定性表示的性质称作质量特征。质量特征可以在图纸和有关技术文件上用文字说明。

质量特性通常用质量指标来表示。一个产品常常需要用多个质量指标来反映它的质量。测量质量指标所得到的数值称为质量特征值（或数据）。质量检验就是对于产品的一项或多项质量特性进行观察、测量及试验，并将结果与规定的质量标准进行比较，判断每项质量特性合格与否的一种活动。

质量检验的基本任务就是按程序和相关文件规定对产品形成的全过程包括原材料进货、作业过程、产品实现的各阶段、各过程的产品质量，依据技术标准、图样、作业文件的技术要求进行质量符合性检验，以确认是否符合规定的质量要求；对检验确认符合规定质量要求的产品给予接受、放行、交付，并出具检验合格凭证；对检验确认不符合规定质量要求的产品按程序实施不合格品控制、剔除、标志、登记并且有效隔离不合格品。

二、质量检验的作用和条件

（一）把关作用

把关是质量检验最基本的作用，也称为质量保证职能。工程施工是一个复杂的过程，人、机械、材料、施工方法、环境等要素都可能对其产生影响，各个工序不可能处于绝对的稳定状态，质量特性的波动客观存在。只有通过质量检验并实行严格把关，做到不合格的原材料不投产，不合格的设备不安装，不合格的半成品不进入下道工序，不合格的工程不投入使用，才能真正保证工程质量。尽管随着生产技术和管理工作的完善，可以减少检验工作量，但检验工作是不可取代的。

（二）预防作用

质量检验不仅起着把关作用，而且起着预防作用，具体表现在：对原材料、半成品、前道工序的把关检验，对后续的生产过程起到预防的作用；通过检验收集到的数据，可进行工序能力测定，绘制控制图，如发现工序能力不足或生产过程出现异常，能及时采取技术、组织措施提高工序能力，消除异常状态，预防不合格品的产出。

（三）报告作用

报告作用也称信息反馈作用。为了使各级管理者及时掌握生产过程中的质量状态，评价和分析质量体系的有效性，质量检验部门必须把检验结果（特别是计算所得的指标）以报告的形式反馈给有关管理部门，以便其做出正确的评价和决策。

（四）改进作用

通过对检验收集的数据进行分析，找出了质量问题发生的主要原因，提出改进措施，使质量不断提高。

质量检验是质量管理不可缺少的一项工作，它要求企业必须具备三个方面的条件：足够数量的、符合要求的检验人员，可靠、完善的检测手段，明确且清晰的检验标准。

三、质量检验的步骤

（1）根据产品技术标准明确检验项目和各个项目质量要求；

（2）采用适当的方法和手段，借助一般量具或使用机械、电子仪器设备等测定产品；

（3）把测试得到的数据同标准和规定的质量要求相比较；

（4）根据比较的结果，判断单个产品或批量产品是否合格；

（5）记录所得到的数据，并且把判定结果反馈给有关部门。

四、质量检验的主要管理制度

我国在长期质量管理实践中，已经形成了一套行之有效的质量检验的管理原则和制度,如三检制、重点工序双岗制、留名制、质量复查制、追溯制、质量统计和分析制、不合格品管理制、质量检验考核制等,下面重点介绍三检制。

三检制是指操作者的自检、工人之间的互检和专职检验人员的专检相结合的一种检验制度。

(一)自检

自检是指生产者对自己所生产的产品,按图纸、工艺和合同中规定的技术标准自行检验,并就产品是否合格做出判断。这种检验充分体现了生产工人必须对自己生产的产品质量负责的原则。通过自我检验,生产者也能充分了解自己生产的产品在质量上存在的问题,寻找出现问题的原因,进而采取改进措施,这也是工人参与质量管理的重要形式。

(二)互检

互检就是生产工人之间相互进行检验,主要有下道工序对上道工序的半成品进行抽检;同一施工工序交接班时进行相互检验;小组质量员或班组长对本小组工人的产品进行抽检等。

(三)专检

专检就是由专业检验人员进行的检验。专职检验人员对产品的技术要求、工艺知识和检验技能都比生产工人熟练,所用检测仪器也较为精密,检验结果相对可靠,检验效率也较高。

五、全数检验和抽样检验

质量检验可以按不同的标准进行分类:按检验后检验对象的完整性分为破坏性检验、非破坏性检验;按生产过程分为进场检验、工序检验、完工检验;按供需关系分为第一方检验、第二方检验、第三方检验;按检验目的分为生产检验、验收检验、监督检验、验证检验、仲裁检验;按检验的数量划分为全数检验、抽样检验。

全数检验即全面逐个检查产品批的每个单位产品质量,将所有产品一一分成合格品或不合格品。全数检验适用于检查费用低、检查项目少、非破坏性检验及绝对不允许存在不合格品的情况。

全数检验在批量生产中不但浪费人力、物力,而且难免发生错检、漏检;另外有些产品需进行破坏性检验,如钢筋的强度、灯泡的寿命等,无法进行全数检验。这时,从产品批中抽取部分或少数的单位产品做质量检验,然后根据统计理论对产品的质量进行分析估计,判断产品批的质量,称为抽样检验。从产品批中抽取部分或少数样品作为检验样品称为抽样。抽样检验适用于产品数量多、连续生产、破坏性检验、允许有某种程度的不合格品存在、检验时间长、费用高的情况。

抽样检验时的"一批产品"称为总体(母体),组成总体(母体)的单位产品的数量叫批量,习惯用符号 N 表示;抽出来检查的部分称为样本,样本中包含的单位产品数量叫样本容量，习惯用 n 表示。

单位产品数量根据实施抽样检查的需要而划分。单位产品不符合产品技术标准、工艺文件、图纸所规定的技术要求即构成缺陷，有一个或一个以上缺陷的单位产品称为不合格品。

第二节　工程质量统计分析

一、质量数据的统计推断原理

数据是质量控制的基础，质量管理的一个重要原则是"一切用数据说话"。质量数据的统计分析就是将收集的工程质量数据进行整理，发现存在的质量问题，经过统计分析找出规律，进一步分析影响质量的原因，来采取相应的对策与措施，使工程质量处于受控状态。

在生产稳定的、正常的条件下，质量数据的特征值具有二重性，即波动性与统计规律性。质量数据在平均值附近波动，一般呈现正态分布。

质量数据的统计推断就是运用质量统计方法在生产过程中（工序活动中）或一批产品中，通过对样本的检测，获得样本质量数据信息，以概率论和数理统计原理为基础，对总体的质量状况做出分析和判断。

二、质量数据的分类和收集

（一）质量数据的分类

质量数据根据其特点，可以分为计量值数据及计数值数据。

1. 计量值数据

计量值数据是可以连续取值的数据，属于连续型变量，其特点是在任意两个数值之间都可以取精度较高一级的数值。它通常由测量得到，如强度、几何尺寸、标高、位移等。此外，一些质量特性指标，也可由专家主观评分、划分等级而使之数量化，得到计量值数据。

2. 计数值数据

计数值数据是只能按 0，1，2…数列取值计数的数据，属于离散型变量，一般由计数得到。计数值数据又可分为计件值数据和计点值数据。

（1）计件值数据，表示达到某一质量标准的产品个数，例如总体中合格品数、一级品数。

（2）计点值数据，表示个体（单件产品、单位长度、单位面积、单位体积等）上的缺陷数、质量问题点数等，如检验钢结构构件涂料涂装质量时，构件表面的焊渣、焊疤、油污、毛刺的数量等。

（二）质量数据的收集

1. 全数检验

全数检验是对总体中的全部个体逐一观察、测量、计数及登记，从而获得对总体质量水平评价结论的方法。

全数检验一般比较可靠，能提供大量的质量信息，但要消耗很多人力、物力，特别是不能用于破坏性检验和过程质量控制，应用上具有局限性。在有限总体中，对重要的检测项目，当可采用简易快速的不破损检验方法时可选用全数检验方案。

2. 随机抽样检验

抽样检验是按照随机抽样的原则，从总体中抽取部分个体组成样本，根据对样品检测的结果，推断总体质量水平的方法，随机抽样检验的常用方法如下：

（1）简单随机抽样

简单随机抽样又称纯随机抽样、完全随机抽样，是对总体不进行任何加工，直接进行随机抽样，获取样本的方法。

一般的做法是对全部个体编号，然后采用抽签、摇号、随机数字表等方法确定中选号码，其对应的个体即为样品。这种方法常用于总体差异不大，或对总体了解甚少的情况。

（2）分层抽样

分层抽样又称分类或分组抽样，是将总体按与研究目的有关的某一特性分为若干组，然后在每组内随机抽取样品组成样本的方法。

由于对每组都有抽取，样品在总体中分布更具代表性，特别适用在总体比较复杂的情况，如研究混凝土浇筑质量时，可以按生产班组分组、按浇筑时间（白天、黑夜或季节）分组或按原材料供应商分组后，再在每组内随机抽取个体组成样本。

（3）系统抽样

这种方法是采取每隔一定的时间或空间抽取一个样本的方法，因其第一个样本是随机的，又称为机械随机抽样。这种方法主要用于工序间的检验。

（4）二次抽样

二次抽样又称二次随机抽样，当总体很大时，先将总体分为若干批，首先从这些批中随机地抽几批，再随机地从抽中的几批中抽取所需的样品，例如对批量很大的砖的抽样就可按二次抽样进行。

三、质量数据的特征值

统计推断就是根据样本的数据特征值来分析、判断总体的质量状况。常用的样本质量特征值有均值 $\bar{x}$、中位数 $\tilde{x}$、极值 x_{imax} 和 x_{imin}、极差 R_i、标准偏差 σ 和 S、变异系数 C_v。

1. 均值 $\bar{x}$

样本的均值又称为样本的算术平均值，它表示数据集中位置。

$$\bar{x} = \frac{1}{n}(x_1 + x_2 + \cdots + x_n) = \frac{1}{n}\sum_{i=1}^{n} x_i$$

（6-1）

式中

x_i —— 第 i 个样品的数值；

n —— 样品的数量。

2. 中位数 $\tilde{x}$

先将样本中的数据按大小排列，样本为奇数时，中间的一个数即中位数；样本为偶数时，中间两数的平均值即中位数，中位数也表示数据的集中位置，通常用 $\tilde{x}$ 表示。

3. 极值 x_{imax} 和 x_{imin}

一个样本中的最大值和最小值称为极值，第 i 个样本的最大值用 x_{imax} 表示；第 i 个样本的最小值用 x_{imin} 表示。

4. 极差 R_i

样本中最大值与最小值之差称作极差，第 i 个样本的极差用 R_i 表示，即：

$$R_i = x_{imax} - x_{imin}$$

（6-2）

极差永远为正，它表征了数据分散程度。

5. 标准偏差 σ 和 S

总体的标准偏差用 σ 表示，即

$$\sigma = \sqrt{\frac{\sum_{i=1}^{N}(x_i - \mu)^2}{N}}$$

（6-3）

式中

N —— 总体大小；

μ —— 总体均值。

样本的标准偏差用 S 表示，即

$$S = \sqrt{\frac{\sum_{i=1}^{n}(x_i - \bar{x})^2}{n}} \quad (n \geqslant 50)$$

$$S = \sqrt{\frac{\sum_{i=1}^{n}(x_i - \overline{x})^2}{n-1}} \ (n<50)$$

（6-4）

式中

n —— 样本大小；

$\overline{x}$ —— 样本均值。

6. 变异系数 C_v

变异系数表示数据的相对波动大小，就是相对的分散程度，用 C_v 表示：

$$C_v = \frac{S}{\overline{x}} \ \text{（样品）或} \ C_v = \frac{\sigma}{\mu} \ \text{（总体）}$$

（6-5）

式中符号意义同前。

四、质量数据波动的特征

（一）质量数据波动的必然性

即使在生产过程稳定、正常的条件下，同一样本内的个体（或产品）的质量数据也不相同。个体（或产品）的差异性表现为质量数据的波动性、随机性。究其原因，产品质量不可避免地受到人员、机械设备、材料、环境及工艺方法等因素的影响，同时这些因素自身也在不断变化。

（二）质量数据波动的原因

在数理统计上，引起质量数据波动的原因根据对质量的影响程度，可分为偶然性原因和系统性原因。

1. 偶然性原因

偶然性原因即随机性原因。在生产过程中有大量不可避免的、难以测量及控制的或者在经济上不值得消除的因素，这些影响因素变化微小且随机发生，使工程质量产生微小的波动，但这种波动在允许偏差范围内，属于正常的波动，一般不会因此造成废品。例如，原材料的规格、型号都符合要求，只是材质不均匀；自然条件如温度、湿度的正常微小变化等都属偶然性原因。

2. 系统性原因

系统性原因是指一些具有规律性，且对工程质量影响较大的因素，它们会导致质量数据离散性过大，出现产品质量异常波动，产生次品或废品等。系统性原因对质量产生负面影响，在生产过程中应及时监控、识别和处理。例如，工人未遵守操作规程、机械设备发生故障或过度磨损、原材料规格或型号有显著差异等，属于系统性原因。

(三) 质量数据波动的规律性

在对大量统计数据的研究中，人们归纳、总结出许多分布类型，如一般计量值数据服从正态分布，计件值数据服从二项分布，计点值数据服从泊松分布等。

当生产处于正常的、稳定的情况下，质量数据具有波动性和统计规律性，一般符合正态分布规律。正态分布曲线如图 6-1 所示，它具有下列特征：

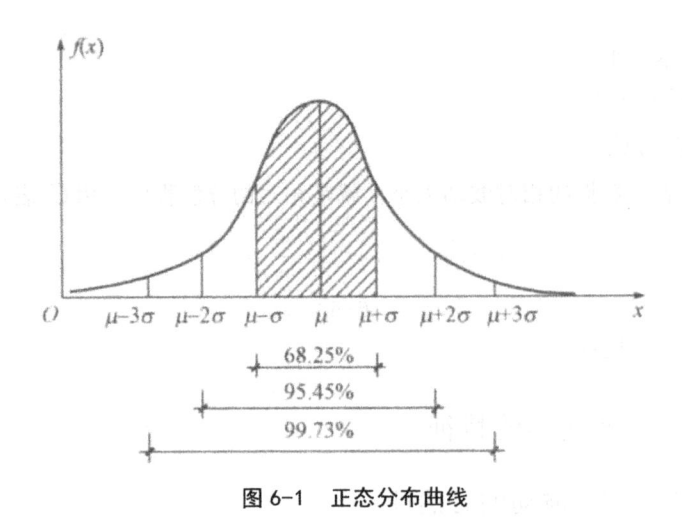

图 6-1　正态分布曲线

（1）分布曲线对称于 $x = \mu$。
（2）当 $x = \mu$ 时，曲线位于最高点。
（3）曲线下所包围的面积为 1，$\mu \pm 3\sigma$ 所围成的面积为 99.73%。

总体呈正态分布用 $N(\mu, \sigma^2)$ 表示，σ^2 称为总体的方差；样本呈正态分布用 $N(\bar{x}, S^2)$ 表示，S^2 称为样本的方差。

由数理统计知识可知，总体服从正态分布时，其样本均值的分布也服从正态分布。即使总体不服从正态分布，当样本 n≥4 时，样本均值的分布也接近于正态分布。在分析质量问题时，只要样本足够大，都可以近似地按正态分布来处理。

五、质量统计分析方法

统计质量管理是把数理统计方法应用于产品生产过程的抽样检验，研究样本质量特性数据的分布规律，分析和推断生产过程质量总体状况，改变了传统的质量控制方式，为工业生产的事前质量控制和过程控制提供了有效的科学手段。

由于建筑业是现场型的单件性建筑生产，数理统计方法直接在现场施工过程工序质量检验中的应用受到某些客观条件的限制，但是它在进场材料的抽样检验、试块试件的检测试验等方面仍然有广泛的应用，尤其是应用数理统计原理发明的调查表法、分层法、排列图法、因果分析图法、直方图法及控制图法等定量和定性方法，都对施工现场质量管理有很高的应用价值。

（一）调查表法

调查表法是一种利用表格进行数据收集和统计的方法。利用调查表可以对数据进行整理，并可粗略地进行原因分析。表格形式可根据需要自行设计。

利用调查表收集数据简便灵活、便于整理、实用有效。根据使用的目的不同，常用的检查表有工序分布检查表、缺陷位置检查表、不良项目检查表及不良原因检查表等。

（二）分层法

在对工程质量状况做调查和问题分析时，分门别类地进行质量数据的收集、整理、分析，以便准确、有效地找出产生质量问题原因的方法，称为分层法。

分层法应用的关键在于如何进行类别和层次的划分。层次类别划分越明确、越细致，就能越有效地找出问题及其原因。根据管理需要和统计目的的不同，通常按照以下类别分层：

（1）按施工时间分，如月、日、白天、夜间、季节；
（2）按地区部分分，如区域、城市、乡村、楼层、外墙、内墙；
（3）按产品材料分，如规格、品种、产商、产地；
（4）按检测方法分，如方法、仪器、试验人、取样方法；
（5）按作业组织分，如班组、分包商、工人；
（6）按工程类型分，如住宅、办公楼、宾馆；
（7）按合同结构分，如总承包、专业分包、劳务分包。

经过第一次分层调查和分析，找出主要问题的所在以后，还可以针对这个问题再次进行分层调查分析，一直到分析结果满足到管理者需要为止。

（三）排列图法

排列图法是分析影响质量的主要因素和次要因素的一种有效方法，具有直观、主次分明的特点，在质量管理数据分析过程中有广泛的应用。

排列图由两个纵坐标、一个横坐标、矩形区域和曲线组成。左侧的纵坐标是频数或件数，右侧的纵坐标是累计频率，横轴是项目（或影响因素），按项目频数大小顺序在横轴上自左向右画长方形，其高度为频数，并根据右侧纵坐标画出累计频率曲线。

实际应用中，通常按累计频率划分为0～80%、80%～90%、90%～100%三部分，与其对应的影响因素分为A、B、C三类。A类为主要因素，应该进行重点管理；B类为次要因素，应做次重点管理；C类为一般因素，应该做常规或适当加强管理。

（四）因果分析图法

因果分析图法，也称为质量特性要因分析法，即对每一个质量特性（质量问题）绘制因果分析图，逐层深入排查可能原因，确定其中最主要原因，进行有的放矢的处置和管理。因果分析图因其形状又被称为树枝图、鱼刺图等。

因果分析图由质量特性（质量问题）、要因、主干、支干等组成。因果分析图绘制方法一般为：将要分析的问题放在图形的右侧，画出带箭头的主干，指向右侧；从人员、设备、材料、方法、环境等5个方面的大原因进行分析，对具体问题来讲，这

5个方面的原因不一定同时存在；对上述5个方面的原因进一步分解，得出中原因、小原因或更小原因，它们之间的关系也用带箭头的线表示。

因果分析图应用时的注意事项：

（1）一个质量特性（质量问题）使用一张图分析；

（2）因果分析图通常以QC（质量控制）小组活动的方式进行，要集思广益，共同分析；

（3）必要时可以邀请小组以外的有关人员参与，广泛听取意见；

（4）分析时要充分发表意见，层层深入，排除所有可能的原因；

（5）在充分分析的基础上，由各参与人员采用投票或其他方式从中选择1～5项最主要原因，进行针对性重点处置和管理，最主要原因用一定的记号标示。

（五）直方图法

以频数作为纵坐标，以数据值作为横坐标，来横坐标的每一数据与相邻数据的间隔或每一区间为底边，以该数据或该区间的频数为柱高，各自绘制直方形，得到直方图，即频数分布图。通过观察直方图的分布形状，掌握数据分布的集中或离散状况，了解统计数据的分布特征，掌握质量能力状态，分析生产过程质量是否处于正常、稳定和受控状态以及质量水平是否保持在公差允许的范围内。直方图法属于静态分析方法，不能反映质量特征的动态变化，并且绘制直方图时，需要收集较多的数据（一般应大于50个），否则难以正确反映总体的分布特征。

1. 直方图的绘制方法

（1）确定组数 k

确定组数的原则是分组的结果能正确反映数据的分布规律。组数应根据数据的多少来确定，组数过少，会掩盖数据的分布规律；组数过多，会使数据过于零乱分散，也不能显示质量的分布状况，通常可根据表6-1的参考值确定。

表6-1 数据分组参考值

数据总数 n	数据组数 k	数据总数 n	数据组数 k
50以下	5～7	100～250	7—12
50～100	6～10	250以上	10～20

（2）计算极差。为了将数据的最大值和最小值都包含在直方图内，并防止数据落在组界上，测量单位（即测量精确度）为 δ 时，将最小值减去半个测量单位，最大值加上半个测量单位来计算极差。

$$R' = \left(x_{max} + \frac{\delta}{2}\right) - \left(x_{min} - \frac{\delta}{2}\right)$$

（6-6）

式中

R' —— 计算极差；

x_{max} —— 数据最大值；

x_{min} —— 数据最小值；

δ —— 测量精确度。

（3）确定组距

组距 h 是组与组之间的间隔，各个组的组距应相等。

$$h = \frac{R'}{k}$$

（6-7）

式中

h —— 组距；

R' —— 计算极差；

k —— 组数。

所求得的 h 应为测量单位的整数倍，如果不是整数倍应调整为整数倍。

（4）确定组的上下界

第一组的下界为 $\left(x_{min} - \frac{\delta}{2}\right)$，第一组的上界为 $\left(x_{min} - \frac{\delta}{2}\right) + h$。

（5）编制频数分布表，计算各组的频数。按上述分组范围，将统计数据计入各组的频数，填入表中。

（6）绘制频数（频率）直方图。

2. 直方图的观察分析

直方图的分析包括分布形状观察分析、分布位置观察分析两部分。

（1）分布形状观察分析

数理统计研究证明，当随机抽样方案合理且样本数量足够大时，在生产能力处于正常、稳定状态时，质量特性检测数据趋于正态分布。因而正常直方图呈正态分布，其形状特征是中间高、两边低及对称。将绘制好的直方图形状与正态分布图的形状进行对比分析：一看形状是否相似；二看分布区间的宽窄。直方图的分布形状及分布区间宽窄是由质量统计数据的平均值和标准偏差决定的。常见直方图的形状如图 6-2 所示。

直方图分布形状分析如下：

①对称分布（正态分布），如图 6-2（a）所示，说明生产过程正常，质量稳定。

②偏态分布，如图 6-2（b）、图 6-2（c）所示，一般由公差原因造成的偏态分布，应属于正常生产情况；但若是由于技术上、习惯上的原因所出现的偏态分布，则应属于异常生产情况。

③锯齿分布，如图 6-2（d）所示，造成这种状态的原因可能是分组组数不当，组距不是测量单位的整倍数或测试时所用方法和读数有问题。

④孤岛分布，如图 6-2（e）所示，造成这种状态的原因往往是短期内不熟练的

工人替班所造成的。

⑤陡壁分布，如图 6-2（f）所示，这种分布往往是剔除不合格品、等外品或超差返修后造成的。

⑥双峰分布，如图 6-2（g）所示，它是两种不同分布混在一起检查的结果，如把两台设备或两个班组的数据混在一起绘制直方图就会出现这种情况。

⑦平峰分布，如图 6-2（h）所示，它是生产过程中有缓慢变化的因素起主导作用的结果。

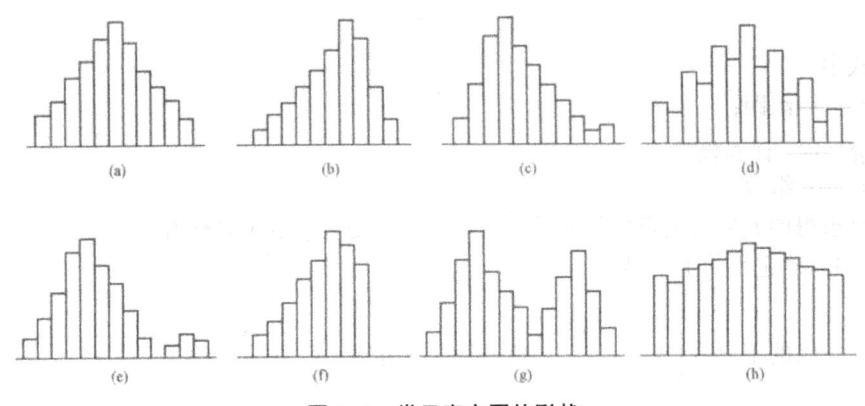

图 6-2 常见直方图的形状

（a）对称分布；（b）、（c）偏态分布；（d）锯齿分布；
（e）孤岛分布；（f）陡壁分布；（g）双峰分布：（h）平峰分布

（2）分布位置观察分析

生产过程的正常、稳定和受控，必须在公差标准的上、下限范围内达到质量的要求。直方图的位置观察是指将直方图的分布位置与质量控制标准的上、下限范围进行比较分析，分析生产质量情况，来分析原因，采取措施，常见直方图分布位置如图 6-3 所示。

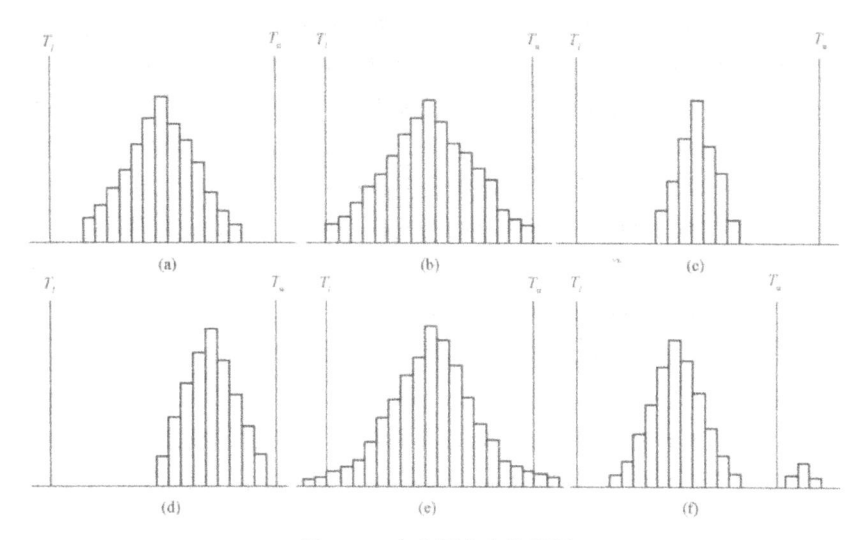

图 6-3 直方图分布位置图

注：图中 Tl 为公差下限，Tu 为公差上限

①如图 6-3（a）所示，该直方图呈正态分布，分布范围集中并且全部在公差带内，平均值在中间，两侧均留有余地，生产稍有波动也不会超出公差界限，说明生产正常、稳定，满足质量要求。

②如图 6-3（b）所示，该直方图呈正态分布，分布充满公差带，两侧均没有余地，生产稍有波动就会超出公差带，出现不合格品，应努力减小分散范围，或在可能的情况下增大公差带。

③如图 6-3（c）所示，该直方图呈正态分布，分布非常集中，分布范围距公差带较远，生产即使发生较大波动也不会出现不合格的现象，说明生产正常、稳定，但不经济。

④如图 6-3（d）所示，该直方图太偏向公差带一侧，稍有不慎就可能在上限超差，出现不合格品，应采取措施使分布移向公差带中心。

⑤如图 6-3（e）所示，该直方图呈正态分布，但是分布过于分散，已经超出公差范围，出现了不合格品，应设法减小分散程度。

⑥如图 6-3（f）所示，该直方图大部分正常，有小部分超差，可能是不熟练工人临时替班造成的，应查明原因，予以消除。

（六）控制图法

前面介绍的直方图、排列图和因果分析图，都是反映数据（量化的产品质量）在某一时刻（或某一间隔时间内）的静止状态。然而，在生产过程中不但需要了解过去的生产状况，而且还要了解现在的生产状况，预测和控制未来的生产状况，这就需要一种数据随时间变化的统计方法。控制图就是描述生产过程中产品质量随时间波动状态的图形。

前面已经提到引起质量波动的原因分为偶然原因和系统原因。偶然原因是对产品质量经常起作用的因素，又叫随机因素，如原材料的微小差异、机械的微小振动、工人操作的微小变化等。一般来讲，尽管随机因素比较多，但它们对产品质量的波动影响很小，不易避免也难以消除，不必加以控制。偶然原因造成的质量波动称作正常波动。

系统原因是可以避免的因素，如基准误差、机具过度磨损、机具安装误差、界限量规基准尺寸误差等。由系统原因引起的误差称为系统误差或条件误差。系统误差对产品的质量波动影响很大，容易识别，而且能够避免，所以应严加控制。因此控制系统误差造成的质量波动就成了控制图的主要任务。

根据数理统计原理，得到控制图稳定状态的判断规则：

1. 点超界

控制图上点基本没有超出控制界限的判断规则为：连续 25 点中，无 1 个点超出控制界限；连续 35 个点中，最多有 1 个点超出了控制边界；连续 100 个点中，最多有 2 个点超出了控制边界。

2. 点排列

控制图上连续点排列无缺陷，即连续点随机分布。排列缺陷是指连续 7 个点位于中心线同一侧或连续 7 个以上的点呈上升或下降趋势；点趋近任一控制线或点排列有明显的周期性。

当点没有超界，而且排列无缺陷时，就可说明生产过程是稳定的。

第三节　工程项目施工质量控制

一、工程项目施工质量控制原理

工程项目施工质量的控制就是工程施工形成的工程实体满足建设工程项目决策、设计文件和施工合同所确定的预期使用功能和质量标准。工程施工是工程设计意图形成工程实体的阶段，是最终形成工程产品质量和工程使用价值的重要时期，因此施工阶段的质量控制是工程项目质量控制的重点。

（一）控制

控制就是控制者对控制对象施加主动影响（或作用），其目的是为保持事物状态的稳定性或促使事物由一种状态向另一种状态转换。控制这个概念具有丰富的内涵：首先，控制是一种有目的的主动行为，没有明确的目的，就谈不上控制；其次，控制行为必须有控制主体和控制对象，控制主体决定控制的目的并向控制对象提供条件、发出指令，而控制对象直接实现控制目的，其运行效果反映出控制的效果；再次，控制对象的行为必须有可描述和可量测的状态变化；

（二）反馈

反馈是把施控系统的信息作用（输入）到被控系统后产生的结果再返送回来，并且对信息地再输出发生影响的过程。

（三）前馈

与反馈相对应的是前馈，前馈是指施控系统根据已有的可靠信息分析预测得出被控系统将要产生偏离目标的输出时，预先向被控系统输入纠偏信息，

（四）控制过程和主要的控制环节

控制始于计划，在工作开始前应先制订计划，然后按计划投入人力、材料、机具、信息等，工作开展后不断输出实际的状况和实际的质量、进度、投资、安全等指标。由于受到系统内外各种因素的影响，这些输出的指标可能与相应的计划指标发生偏离。控制人员应广泛收集与控制指标相关的信息并将这些信息进行整理、分类和综合，提出工作状况报告；控制部门根据这些报告将工作实际完成的质量、进度、投资、安全等指标与计划指标进行对比，以确定是否产生了偏差。如果计划运行正常，就按原计划继续运行；如果有偏差或预计将要产生偏差，就要采取纠正措施，如改变投入或修改计划，使计划呈现一种新的状态，工程按新的计划进行，开始的一个新的循环过程。这样的循环一直持续到工作的完成。

控制循环过程的主要环节有投入、转换、反馈、对比及纠正。

1. 投入

投入指根据计划要求投入人力、财力、物力。

2. 转换

转换主要指工程项目由投入到产出的过程，也就是工程施工的过程。

3. 反馈

反馈指反馈工程施工中的各种信息，如质量、进度、投资及安全实际施工情况，还包括对工程未来的预测信息。

4. 对比

对比指将实际目标值与计划目标值进行比较，以确定是否产生偏差以及偏差的大小；同时还要分析偏差产生的原因，以便找到消除偏差的措施。

5. 纠正

纠正即纠正偏差，指根据偏差的大小和产生偏差的原因，有针对性地采取措施进行纠正。

（五）工程项目施工质量控制方式

工程项目施工经过施工准备→开工→施工、安装→竣工验收→交付全过程，质量控制应贯彻全方位、全过程的质量管理思想。根据不同的施工阶段，质量控制分为施工准备控制（事前控制）、施工过程控制（事中控制）、竣工验收控制（事后控制）。

1. 施工准备控制（事前控制）

施工准备控制指在各工程对象正式施工活动开始前，对各项准备工作及影响质量的各种因素进行主动控制，这是确保施工质量的先决条件。在工程开工前，编制施工质量计划，明确质量目标，制定施工方案，设置质量管理点，落实质量责任，分析了可能导致质量目标偏离的各种影响因素，针对这些因素制定有效的预防措施，防患于未然；还应将长期形成的先进技术、管理方法和经验智慧创造性地应用于工程项目。

2. 施工过程控制（事中控制）

施工过程控制指在施工过程中对实际投入的生产要素质量及作业技术活动的实施状态和结果进行的控制，包括作业者发挥技术能力过程的自控行为和来自有关管理者的监控行为。事中控制也称为过程质量控制，目标是确保工序质量合格，杜绝质量事故发生。事中控制的关键是坚持质量标准，重点是工序质量、工作质量和质量控制点的控制。

3. 竣工验收控制（事后控制）

竣工验收控制指对于通过施工过程所完成的具有独立功能和使用价值的最终产品（单位工程或整个工程项目）及有关方面（如工程资料）的质量进行控制。

二、施工过程的质量控制

施工过程的质量控制是指施工过程中间产品及最终产品的控制。只有施工过程中间产品的质量均符合要求，才可以保证最终单位工程产品的质量。

（一）施工过程质量控制的程序

工程项目施工一般经过施工准备阶段、基础施工阶段、主体施工阶段、装饰和设备安装施工阶段、附

属设施及工程收尾施工阶段。每一个施工阶段又由许多相互关联、相互制约的施工工序组成，如某砖混结构墙下混凝土条形基础施工阶段可由测量放线→场地平整→井点降水→土方开挖→基槽验收→基础垫层施工→基础模板架立→基础钢筋绑扎→基础混凝土浇筑→基础墙体砌筑→基础构造柱、圈梁施工（钢筋绑扎、模板架立、混凝土浇筑）→基础隐蔽验收→土方回填等施工工序组成。建筑施工企业必须按照工程设计、施工技术标准和合同的约定，按选定的施工方法组织每一道工序的施工。施工工序的质量控制是施工过程质量控制的基础和核心。

根据《中华人民共和国建筑法》及相关法律、法规的规定，在工程施工阶段，监理工程师（建设单位）对工程施工质量进行全过程和全方位的监督、检查与控制。当一个检验批、分项工程、分部工程完成后，承包单位首先需要自检并填写相应的质量验收记录表。确认质量符合要求后，承包单位再向项目监理机构提交报验申请表及相关自检资料。项目监理机构现场检查及对相关资料进行审核，符合了要求方予以签认验收；否则令施工（承包）单位进行整改或作返工处理。

施工企业作为建筑产品的生产者和经营者，应全面履行企业的质量责任，向建设

单位提供合格的工程产品。在生产过程中，前道工序的作业者应向后道工序的作业者提供合格的作业成果（中间产品），只有上一道工序被确认质量合格后，方能准许下一道工序施工；供应商应根据供货合同约定的质量标准和要求提供合格的产品，供应商是工程质量的自控主体，不可以因为监控主体——监理工程师的存在和监控责任的实施而减轻或免除其质量责任。

（二）施工过程质量控制的原则

1. 坚持质量第一

工程项目使用周期长，直接关系人民生命财产的安全和社会经济建设的成果，而施工阶段是直接形成工程质量的关键阶段，更应坚持质量第一的原则，不合格工序产品未经整改或返工处理后重新验收，不允许下道工序开工。

2. 坚持以人为核心

人是质量的创造者，要充分发挥人的主动性及创造性，增强责任感，增强质量意识，以人的工作质量保证工序质量和工程质量。

3. 坚持预防为主

坚持预防为主就是重点做好质量的事前控制，通过对影响工程质量的因素如工作质量、工序质量的事前预控来保证工程质量。

4. 坚持质量标准

坚持质量标准就是以合同规定的质量验收标准为依据，一切用数据说话，严格检查，做好质量监控。

（三）施工工序质量控制的内容

施工工序质量控制主要包括施工工序条件质量控制及工序施工效果质量控制。

1. 施工工序条件控制

施工工序条件是指从事工序活动的各生产要素质量及生产环境条件。工序施工条件控制就是控制工序活动的各种投入要素质量和环境条件质量，控制手段主要有检查、测试、试验、跟踪监督等。工序条件控制主要依据有设计质量标准、材料质量标准、机械设备技术性能标准、施工工艺标准和操作规程等。

2. 施工工序效果控制

施工工序效果主要反映工序产品的质量特征和特性指标。对施工工序效果的控制就是控制产品的质量特征和特性指标，使之达到设计质量标准以及施工质量验收标准的要求。施工工序效果控制属于事后控制，其控制的主要手段有实测获取数据、统计分析、认定质量等级和纠正质量偏差。

（四）施工工序质量控制的步骤

（1）进行工序作业技术交底。其内容包括作业技术要领、质量标准、施工依据、与前后工序的关系等。

（2）检查施工工序、程序的合理性、科学性，防止工序流程错误，导致工序质量失控。检查内容包括施工总体流程和具体施工工序的先后顺序。在正常的情况下，要坚持先准备后施工、先深后浅、先土建后安装、先验收后交工等原则。

（3）检查工序施工条件，即每道工序投入的材料，使用的工具、设备及操作方法及环境条件等是否符合技术交底的要求。

（4）检查工序施工中人员操作程序、操作质量是否符合质量规程要求。

（5）检查工序施工中间产品的质量，即工序质量、'分项工程质量。

（6）对工序质量符合要求的中间产品（分项工程）及时进行工序验收或隐蔽工程验收。

（7）质量合格的工序经验收后可进入下道工序施工，未经验收合格的工序，不得进入下道工序施工。

（五）施工过程质量控制的关键工作

从对人、材料、机械、方法、环境的控制，到施工过程中对施工工序质量的控制，到最后的工程验收，施工质量控制是一个复杂的系统工程。在这个系统工程中，关键性的控制工作如下：

1. 严把开工关

为保证工程质量，工程开工时应做好以下工作：

（1）建立符合要求的项目质量管理体系、技术管理体系和质量保证体系，做到组织机构完整，制度齐全，专职管理人员和特种作业人员资格证、上岗证完备。

（2）编制施工组织设计（施工组织设计中包括施工方案、质量计划、资源需要量计划）。

（3）施工现场准备。场地障碍物清理、平整，水通、路通、电通及电信通。按施工组织设计要求搭设临时设施，现场工程定位放样等。

（4）组织施工人员、材料、机械进场。

（5）进行设计交底和图纸会审。

（6）熟悉工程施工环境。工程施工环境包括现场环境，场地自然条件、气象、水文地质、工程地质、周边环境保护要求（场地周边道路、管线、相邻建筑物的保护要求）；工程所在地的技术经济环境，主要材料、成品、半成品、机械设备的供应情况，模板、防水等专业分包情况；工程所在地的社会环境、文化及习俗等；工程质量管理环境，建设单位、监理、质量监督管理部门的要求。

（7）办理各种施工证件。

（8）向监理工程师报验，监理工程师审核批准后工程开工。

2. 做好质量控制点的预控

质量控制点就是为了保证施工质量，将对施工质量影响大的特殊工序、操作、施工顺序、技术、材料、机械、自然条件、施工环境等，作为质量控制的重点来预控。施工单位应在工程施工前列出质量控制点的名称或控制内容、检验标准及方法等，提交项目监理机构审查批准后，对其实施质量预控。

3. 做好工序交接验收

工序交接是指施工作业活动中一种必要的技术停顿、作业方式的转换及作业活动效果的中间确认。每道工序完成后，施工承包单位应该按下列程序进行自检：

（1）作业活动者在其作业结束之后自检。

（2）不同工序交接、转换时由相关人员进行交接检查。

（3）施工承包单位专职质量检查员检查。

施工承包单位自检确认合格后，再由监理工程师进行复核确认。施工承包单位专职质量检查员没有检查或检查不合格的工序，监理工程师有权拒绝检查。

4. 做好隐蔽工程验收

隐蔽工程验收是在检查对象被覆盖之前对其质量进行的最后一道检查验收，是工程质量控制的一个关键环节。建筑工程施工中常见的隐蔽工程验收项目有基础施工之前对地基质量尤其是地基承载力的检查；基坑回填土之前对基础施工质量的检查；混凝土浇筑之前对钢筋的检查（包括模板的检查）；混凝土墙体施工之前对敷设在墙内的电线、管道质量的检查；防水层施工之前对基层质量的检查；建筑幕墙施工挂板之前对龙骨系统的检查；屋面板与屋架（梁）埋件的焊接检查；避雷引下线及接地引下线的连接；覆盖之前对直埋于楼地面的电缆、封闭之前对敷设于暗井道、吊顶及楼板垫层内的设备管道的检查等。

隐蔽工程应按以下程序进行验收：

（1）隐蔽工程施工完毕，承包单位按有关技术规程、规范、施工图纸进行自检。自检合格后，填写报验申请表，并附有关证明材料、试验报告、复试报告等，报送监理工程师。

（2）监理工程师收到报验申请表后首先应对质量证明材料进行审查，并在合同规定的时间内到现场进行检查（检测或核查），施工承包单位的专职质量检查员及相关施工人员应随同一起到现场。

（3）经现场检查，如果符合质量要求，监理工程师及相关人员在报验申请表及隐蔽工程检查记录上签字确认，准予承包单位隐蔽、覆盖，进入下一道工序施工。如经现场检查发现质量不合格，则监理工程师指令承包单位进行整改，等整改完毕经自检合格后，再报监理工程师进行复查。

5. 做好检验批、分项工程、分部工程的质量验收。

6. 做好施工质量档案跟踪工作。施工质量跟踪档案是施工期间实施质量控制活动的全过程记录，包括各自的有关文件、图纸、试验报告、质量合格证、质量自检单、质量验收单、各工序的质量记录、不符合项报告和处理情况等，还包括监理工程师对质量控制活动的意见和承包单位对这些意见的答复与处理结果。施工质量跟踪档案不仅对工程施工期间的质量控制有重要作用，而且可以为追溯工程质量情况以及工程维修管理提供大量有用的资料信息。

7. 做好施工成品质量保护。已完工建设工程的成品保护，是为了避免已完成品受到来自后续施工以及其他方面的污染和损坏。在施工顺序安排时，要防止施工顺序安排不当或交叉作业造成相互干扰、污染和损坏；成品形成之后，可采取防护、覆盖、封闭、包裹等措施进行保护。

三、施工质量的政府监督

《建筑法》及《建设工程质量管理条例》明确规定，国家实行建设工程质量监督管理制度，由政府行政主管部门设立专门机构对建设工程质量行使监督职能，其目的是保证建设工程质量，保证建设工程的使用安全及环境质量。

（一）政府质量监督的性质、职能与权限

1. 政府质量监督的性质

政府质量监督的性质属于行政执法行为，是政府为了保证建设工程质量，保护人民群众生命和财产安全，维护公共利益，依据国家法律、法规和工程建设强制性标准，对责任主体和有关机构履行质量责任行为以及工程实体质量进行的监督检查。

国务院建设行政主管部门对全国建设工程质量实行统一监督管理，国家铁路、交通、水利等有关部门按照国务院规定的职责分工，负责对全国有关专业建设工程质量的监督管理。县级以上地方人民政府建设行政主管部门对本行政区域内的建设工程质量实施监督管理。县级以上地方人民政府交通、水利等有关部门在各自的职责范围之内，负责对本行政区域内的专业建设工程质量进行监督管理。

2. 政府质量监督的职能

政府对建设工程的质量监督职能如下：

（1）监督工程建设的各方主体（包括建设单位、施工单位、材料设备供应单位、设计勘察单位和监理单位等）的质量行为是否符合国家法律、法规及各项制度的规定。

（2）监督检查工程实体的施工质量，尤其是地基、基础、主体结构、主要设备安装等涉及结构安全和使用功能的施工质量。

（3）监督工程质量验收。

3. 政府质量监督的权限

县级以上人民政府建设行政主管部门和其他有关部门履行监督检查职责时，有权采取下列措施：

（1）要求被检查的单位提供有关工程质量的文件和资料。

（2）进入被检查单位的施工现场进行检查。

（3）发现影响工程质量的问题时需责令改正。

（二）政府质量监督的委托实施

建设工程质量监督管理，可以由建设行政主管部门或其他有关部门委托的建设工程质量监督机构实施。建设工程质量监督机构必须接受国务院建设行政主管部门或省、自治区、直辖市人民政府建设行政主管部门的考核，经考核合格后，方可实施质量监督。工程质量监督机构的主要工作内容如下：

（1）对责任主体和有关机构履行质量责任行为的监督检查。

（2）对工程实体质量的监督检查。

（3）对施工技术资料、监理资料以及检测报告等有关工程质量的文件和资料的监督检查。

（4）对工程竣工验收的监督检查。

（5）对混凝土预制构件及预拌混凝土质量的监督检查。

（6）对责任主体和有关机构违法、违规行为的调查取证和核实，提出了处罚建议或按委托权限实施行政处罚。

（7）提交工程质量监督报告。

（8）随时了解和掌握本地区工程质量状况。

（9）其他内容。

（三）政府对项目质量监督的内容

1. 受理质量监督申报

在工程项目开工前，监督机构受理建设单位建设工程质量监督申报手续，并对建设单位提供的文件资料进行审查，审查合格，签发有关质量监督文件。建设单位凭工程质量监督文件，向建设行政主管部门申领施工许可证。根据我国《建筑工程施工许可管理办法》规定，必须要申请领取施工许可证的建筑工程未取得施工许可证的，一律不得开工。

建设单位办理质量监督申报手续时，需提供下列资料：

（1）施工图设计文件审查报告和批准书。

（2）中标通知书和施工、监理合同。

（3）建设单位、施工单位和监理单位工程项目的负责人和机构组成。

（4）施工组织设计和监理规划（监理实施细则）。

（5）其他需要的文件资料。

建设单位在办理工程质量监督申报时，需要填写工程质量监督注册登记表、建筑工程安全质量监督申报表。

工程质量监督机构在规定的工作日内，在工程质量监督注册登记表中加盖公章，并交付建设单位。进行工程质量监督注册后，工程质量监督机构确定监督工作负责人，发给建设单位工程质量监督通知书，并且制订工程质量监督计划。

2. 开工前的质量监督

监督机构在工程开工前，召开项目参与各方代表参加的首次监督会议，公布监督方案，提出监督要求，并进行第一次监督检查，重点检查工程参与各方的质量保证体系和相关证书、手续等，具体内容为：

（1）检查项目参与各方质量保证体系的组织机构、质量控制方案、措施和质量责任制等制度建设情况。

（2）审查按建设程序规定的工程开工前必须办理的各项建设行政手续。

（3）审查施工组织设计、监理规划等文件及其审批手续。

（4）审查各参与方的工程经营资质证书及相关人员的资格证书。

（5）检查的结果记录保存。

3. 施工过程中的质量监督

（1）常规检查

在工程建设过程中，监督机构按照监督方案对项目施工情况进行不定期的检查，其中在基础和结构阶段每月安排监督检查，检查内容为工程参与各方的质量行为及质量责任制的履行、工程实体质量和质量控制资料。

（2）主要部位验收监督

对建设工程项目结构主要部位（如桩基、基础、主体结构），除了进行常规检查外，还要在分部工程验收时进行监督，验收合格后方可进行后续工程的施工；未经监督检查并确认合格，不得进行后续工程的施工。建设单位应将施工、设计、监理、建设方分别签字的质量验收证明在验收后3天内报工程质量监督机构备案。

（3）质量问题查处

对在施工过程中发生的质量问题、质量事故进行查处。根据质量检查状况，对查实的问题签发"质量问题整改通知单"或"局部暂停施工指令单"，对问题严重的单位，也可根据问题性质发出"临时收缴资质证书通知书"。

（4）竣工阶段的质量监督

①做好竣工验收前的质量复查。对了质量监督检查中提出质量问题的整改情况进行复查，了解其整改情况。

②参与竣工验收会议。对竣工工程的质量验收程序、验收组织与方法及验收过程是否坚持质量标准等进行监督。

③编制单位工程质量监督报告。在竣工验收之日起5天内提交质量监督报告至竣工验收备案部门，对不符合验收要求的责令改正。对存在的问题进行处理，并提出书面报告。

④建立工程质量监督档案。建设工程质量监督档案按单位工程建立，要求归档及时，资料记录等各类文件齐全，经监督机构负责人签字后归档，按照规定年限保存。

第四节 工程质量问题分析和处理

一、工程质量问题分类和处理方法

工程项目建设与工业生产相比有很大的差别，一般要经过可行性研究、决策、设计、施工及竣工验收等阶段，且工程项目具有单件性、勘察的复杂性、规划设计的预设性、建筑材料与设备的多样性、工程施工的流动性、科学技术的发展性、组织项目建设内外协作关系的多元性，智力指挥与手工操作的交叉性，其中任何一个环节、任何一个管理单位出现问题，都有可能会引起质量问题。

（一）建筑工程质量问题分类

1. 工程质量缺陷

根据我国质量管理体系标准的规定，凡是工程产品没有满足某个规定要求，就称为质量不合格；而未满足某个与预期或规定用途有关的要求，称为质量缺陷。质量缺陷按其程度可分为严重缺陷和一般缺陷，严重缺陷是指对结构构件的受力性能或安装使用性能有决定性影响的缺陷；通常缺陷是指对结构构件的受力性能或安装使用性能无决定性影响的缺陷。

2. 工程质量通病

工程质量通病是指各类影响工程质量结构、使用功能和外形观感的常见质量损伤。

3. 工程质量事故

工程质量事故指由于建设、勘察、设计、施工、监理等单位违反工程质量有关法律、法规和工程建设标准，造成工程产生结构安全、重要使用功能等方面的质量缺陷，导致人身伤亡或者重大经济损失的事故。

根据工程事故造成的人员伤亡或直接经济损失，把工程质量事故分为特别重大事故、重大事故、较大事故和一般事故四个等级：

（1）特别重大事故，是指造成 30 人以上死亡，或 100 人以上重伤，或者 1 亿元以上直接经济损失的事故。

（2）重大事故，是指造成 10 人以上 30 人以下死亡，或者 50 人以上 100 人以下重伤，或者 5 000 万元以上 1 亿元以下直接经济损失的事故。

（3）较大事故，是指造成 3 人以上 10 人以下死亡，或者 10 人以上 50 人以下重伤，或者 1 000 万元以上 5 000 万元以下直接经济损失的事故。

（4）一般事故，是指造成 3 人以下死亡，或者 10 人以下重伤，或者 100 万元以上 1 000 万元以下直接经济损失的事故。

上述文中所称"以上"包括本数，所称"以下"不包括本数。根据事故划分标准，质量问题的覆盖范围大为扩大。

（二）常见的工程质量问题

工程质量问题表现的形式多种多样，根据危害程度，工程质量问题分作质量缺陷、质量通病、质量事故等。

常见的质量缺陷，如混凝土结构质量缺陷分为尺寸偏差缺陷和外观缺陷，混凝土外观质量缺陷分为露筋、蜂窝、空洞、夹渣、疏松、裂缝、连接部位缺陷、外形缺陷、外表缺陷等。

常见的质量通病有：地基基础工程中地基沉降变形及桩身质量（地基处理强度）不符合要求；地下防水工程中防水混凝土结构裂缝、渗水，柔性防水层空鼓、裂缝、渗漏水；砌体工程中砌体裂缝、砌筑砂浆饱满度不符合规范要求，砌体标高、轴线等几何尺寸偏差；混凝土结构工程中混凝土结构裂缝，混凝土保护层偏差，混凝土构件的轴线、标高等几何尺寸偏差；楼地面工程中楼地面起砂、空鼓、裂缝，楼梯踏步阳角开裂或脱落、尺寸不一致，厨、卫间楼地面渗漏水，底层地面沉陷；装饰装修工程中外墙空鼓、开裂、渗漏，顶棚裂缝、脱落，门窗变形、渗漏及脱落，栏杆高度不够、间距过大、连接固定不牢、耐久性差，玻璃安全度不够；屋面工程中找平层起砂、起皮，屋面防水层渗漏；给水排水及采暖工程中管道系统渗漏，管道及支吊架锈蚀，卫生器具不牢固和渗漏，排水系统水封破坏，排水不畅，保温（绝热）不严密，管道结露滴水，采暖效果差，存在消防隐患；电气工程中防雷、等电位联结不可靠，接地故障保护不安全，电导管引起墙面、楼地面裂缝，电导管线槽及导线损坏，电气产品无安全保证，电气线路连接不可靠，照明系统未进行全负荷试验；通风排烟工程中风管系统泄漏、系统风量和风口风量偏差大；电梯工程中电梯导轨码架和地坎焊接不饱满，电控操作和功能安全保护不可靠；智能建筑工程中系统功能可靠性差、故障多，调试和检验偏差大，接地保护不可靠；建筑节能工程中外墙外保温裂缝、保温效果差，外窗隔热性能达不到要求等。

常见的质量事故有：倾倒事故、开裂事故、错位事故、边坡支护事故、沉降事故、功能事故、安装事故及管理事故等。

（三）工程质量问题产生的原因

产生工程质量问题的原因多种多样，主要有下列一些：

1. 违背基本建设程序

基本建设程序是工程项目建设客观规律的反映，违背基本建设程序，不按建设程序办事，就会出现质量问题。例如，未进行可行性研究就进行项目的设计施工，竣工后发现和预期设想差距巨大，项目全部或部分的功能不能发挥作用，造成巨大的经济损失；边设计、边施工；无图施工；不经竣工验收就交付使用等。

2. 地质勘察原因

未认真进行地质勘察或勘探时钻孔深度、间距、范围不符合规定要求，造成对基岩起伏、土层分布、水文地质或周边地下环境的误判，从而采用不合理的基础方案、基坑支护方案、周边环境保护方案，造成地基不均匀沉降、失稳、上部结构开裂、倾斜、倒塌、支护结构失效、周边环境破坏等质量问题。

3. 设计计算问题

采用不合理的结构方案，计算简图与实际受力情况不符，荷载组合漏项，内力计算不准确，构造措施不到位，都可以产生质量问题。

4. 施工与管理问题

许多工程质量事故，往往由施工和管理原因所造成。

（1）不按图施工

未认真读图理解、掌握设计意图，施工中生搬硬套、盲目施工。如建筑中设置的后浇带，有单独解决收缩变形问题的后浇带，也有单独解决地基沉降问题的后浇带，还有起复合作用的后浇带（即一条后浇带既解决收缩变形问题又解决沉降变形问题），在施工时应准确把握设计意图，选择合理的后浇带封闭时间。如果是单独解决收缩变形问题的后浇带，应在收缩变形基本稳定后就可封闭后浇带；如果是单独解决地基沉降问题的后浇带，应在地基沉降基本稳定后封闭后浇带；若是起复合作用的后浇带，应待收缩变形、沉降变形基本稳定后才能封闭后浇带。

（2）不按有关施工验收标准、规范、规程施工

如土方回填时，不分层回填、分层压实；现浇结构不按规定位置和方法留设施工缝，不达规定的强度即拆除模板；砌体不按选定的组砌方式砌筑；搭设脚手架时，不按规定设置剪刀撑、扫地杆等。

（3）现场施工操作质量差

如用插入式振捣器捣实混凝土时，不按"插点均布、快插慢拔、上下抽动、层层扣搭"的操作方法，致使混凝土振捣不实、整体性差；搭设扣件式脚手架时，扣件螺栓未扭紧；模板接缝不严等。

（4）施工管理混乱

施工单位质量管理体系不完善，检验制度不严密，质量控制不严格，质量管理措施落实不力，检测仪器、设备管理不善而失准以及材料检验不严等。

5. 使用不合格的建筑材料和建筑设备

如钢筋直径缩水，有害物含量高，冷加工性能差，都会影响构件性能；水泥安定性不良，造成混凝土开裂等。

6. 自然环境因素

空气温度、湿度、暴雨、大风、洪水、雷电、日晒及浪潮等，均可能成为质量问题的诱因。

7. 使用不当

对建筑物或设施使用不当也易造成质量问题。如擅自改变建筑物的使用功能，把办公房改为库房；未经校核验算进行建筑加层；装饰时随意拆除承重构件等。

（四）工程质量问题的处理方法

工程出现质量问题之后，根据处理方法不同，分成质量缺陷处理、质量事故处理。

1. 质量问题原因分析

产生质量问题的原因多种多样，可能是一种，也可能是多种。出现质量问题以后，应根据质量问题的特征表现、工程现场的实际情况条件进行具体分析，找出原因，制定专项处理方案进行处理。工程质量问题原因分析的步骤如下：

（1）进行细致的现场调查研究，观察记录全部实况，充分了解与掌握质量问题的现象和特征。

（2）收集调查与质量问题有关的全部设计和施工资料，分析工程在施工或者使用过程中所处的环境及面临的各种条件。

（3）找出可能产生质量问题的所有因素。

(4) 分析、比较和判断，找出最有可能造成质量问题的原因。

(5) 进行必要的计算分析或模拟试验予以论证、确认。

2. 工程质量缺陷的处理

(1) 一般缺陷处理

根据现场缺陷情况确定缺陷的类别，例如为一般缺陷，则由施工单位按规范的施工方法进行修整。

(2) 严重缺陷处理

当质量问题确定为严重缺陷时，应认真分析缺陷产生的原因，施工单位应制定专项修整方案，报监理单位和设计单位论证及批准后方可实施，不得擅自处理。缺陷信息、缺陷修整方案等相关资料应及时归档，做到可追溯。

3. 工程质量事故的处理。

(1) 事故处理的依据

①质量事故的实况资料

资料包括质量事故发生的时间、地点，质量事故状况的描述，质量事故发展变化的情况，有关质量事故的观测记录、事故现场状态的照片或录像，事故调查组调查研究获得的第一手资料。

②有关合同及合同文件

这部分包括工程承包合同、设计委托合同、设备与器材购销合同、监理合同和分包合同等。

③有关技术文件和档案

这部分主要是有关的设计文件（如施工图纸和技术说明），与施工有关技术文件、档案和资料（如施工方案、施工计划、施工记录、施工日志、有关建筑材料的质量证明资料、现场制备材料的质量证明资料、质量事故发生之后对事故状况的观测记录、试验记录或试验报告等）。

④相关的建设法律、法规

这部分主要包括《建筑法》和与工程质量及事故处理有关的法规，以及勘察、设计、施工、监理等单位资质管理方面的法规，从业者资格管理方面的法规，建筑市场方面的法规，建筑施工方面的法规，标准化管理方面的法规。

(2) 事故报告

工程质量事故发生以后，施工项目负责人应按法定的时间和程序，及时向建设单位负责人、施工企业报告事故的状况，同时根据事故的具体状况，组织在场人员果断采取应急措施保护现场；及时通知救护人员到达现场，防止伤亡扩大；做好现场记录、标志、拍照等，为后续的事故调查保留客观且真实的场景。

质量事故报告应包括下列内容：

①事故发生的时间、地点、工程项目名称、工程各参建单位名称。

②事故发生的简要经过、伤亡人数（包括下落不明的人数）和初步估计的直接经济损失。

③事故的初步原因。
④事故发生后采取的措施及事故控制情况。
⑤事故报告单位、联系人及联系方式。
⑥其他应当报告的情况。

事故报告后出现新情况，以及事故发生之日起30日内伤亡人数发生变化时，应该及时补报。

没有造成人员伤亡、直接经济损失没有达到100万元，但是社会影响恶劣的工程质量问题，参照相关规定执行。

（3）事故调查

事故调查是搞清质量事故原因、有效进行技术处理、分清质量事故责任的重要手段。事故调查包括现场施工管理组织的自查和来自企业的技术、质量管理部门的调查。此外，根据事故的性质需要接受政府建设行政主管部门、工程质量监督部门以及检察部门、劳动部门等的调查，现场施工管理组织应积极配合，如实提供情况和资料。

住房和城乡建设主管部门应当按照有关人民政府的授权和委托，组织或参与事故调查组对事故进行调查，并履行相关职责。

事故调查应力求及时、客观、全面，以便为事故的分析与处理提供正确的依据，调查结果应整理成事故调查报告。事故调查报告应当包括以下内容：

①事故项目及各参建单位概况；
②事故发生经过和事故救援情况；
③事故造成的人员伤亡和直接经济损失；
④事故项目有关质量检测报告和技术分析报告；
⑤事故发生的原因和事故性质；
⑥事故责任的认定和事故责任者的处理建议；
⑦事故防范和整改措施。

事故调查报告应附具有关证据材料。事故调查组成员应当在事故调查报告之上签名。

事故调查组应在事故情况调查的基础上进行事故原因分析，避免情况不明就主观推断事故的原因。特别是对涉及勘察、设计、事故、材料和管理等方面的质量事故，事故原因错综复杂，应进行仔细分析、去伪存真，找出事故的主要原因，必要时组织对事故项目进行检测鉴定和专家技术论证。

（4）事故处理

事故处理包括两大方面：事故的技术处理，解决施工质量缺陷问题；事故的责任处罚，根据事故性质、损失大小、情节轻重对责任单位和责任人做出相应行政处分直至追究刑事责任等。

事故的技术处理应建立在原因分析的基础上，广泛听取专家及有关方面的意见，经过科学论证，制定事故处理方案。事故处理应做到安全可靠、不留隐患、满足生产和使用要求、施工方便、经济合理；重视消除造成事故原因，注意综合治理；正确确定事故处理的范围，选择合理的处理方法和时间；加强事故处理的检查验收工作，认真复查事故处理的实际情况；确保工程项目在事故处理期间的安全。

（5）施工质量事故处理的基本方法

①加固处理

通过对危及承载力的质量缺陷的加固处理，让建筑结构恢复或提高承载力，重新满足结构安全和可靠性的要求，使建筑产品能继续使用或改为其他用途。

②返工处理

当工程质量缺陷不具备补救可能性时，则必须采取返工处理方案。

③限制使用

当工程质量缺陷无法修补、加固、返工时，不得已时可做出结构卸荷或减荷以及限制使用的决定。

④报废处理

出现质量事故的工程，通过分析、实践，采取各种处理方法仍不能满足规定的质量要求或标准时，则必须予以报废处理。

（6）事故处理的鉴定验收

工程质量事故按施工处理方案处理以后，是否达到预期的目的，是否依然存在隐患，应通过检查鉴定和验收做出确认。事故处理的质量检查鉴定，应严格按施工验收规范和相关的质量标准的规定进行，必要时还应通过实际量测、试验和仪器检测等方法获取必要的数据，以便准确地对事故处理的结果做出鉴定。事故处理后，必须尽快提交完整的事故处理报告，其内容包括事故调查的原始资料、测试的数据；事故原因分析、论证；事故处理的依据；事故处理的方案及技术措施；实施质量处理中有关的数据、记录、资料；检查验收记录；事故处理结论等。

常见事故处理结论如下：

①事故已排除，可以继续施工。

②隐患已消除，结构安全有保证。

③经修补处理后，完全能够满足使用要求。

④基本上满足使用要求，但使用时应附加限制条件，如限制荷载等。

⑤对耐久性的结论。

⑥对建筑物外观影响的结论。

⑦对短期内难以做出结论的，可以提出进一步观测、检验意见。

二、建筑工程常见质量问题分析及处理

工程质量问题产生是一个系统性的过程，从项目前期调研、可行性研究、设计、施工到竣工验收并投入使用，可能由一种因素或多种因素作用，应根据工程的实际情况具体问题具体分析。下面是常见质量问题分析处理。

（一）基坑边坡塌方

1. 现象

在土方开挖过程中，局部或大面积土方塌方，基坑内无法继续施工，对施工人员生命构成威胁，危害基坑周边环境安全。

2. 原因

由于土质及外界因素的影响，造成土体内抗剪强度降低或土体剪应力的增加，让土体剪应力超过了土体抗剪强度。

引起土体抗剪强度降低的原因有：

（1）因风化、气候等影响使土质松软。
（2）黏土中的夹层因浸水而产生润滑作用。
（3）饱和的细砂、粉砂土等因受震动而液化。

引起土体内剪应力增加的原因有：

（1）基坑上边缘附近存在荷载（堆土、材料、机具等），尤其是动荷载。
（2）雨水、施工用水渗入边坡，增加土的含水量，从而增加土体自重。
（3）有地下水时，地下水在土中渗流产生一定的动水压力。
（4）水浸入土体裂缝内产生静水压力。

3. 防治措施

（1）保证边坡坡度按设计要求施工。
（2）控制边坡荷载，尤其是动荷载满足设计要求。
（3）降低地下水水位。
（4）排除地面水。
（5）做好基坑边坡的巡视检查工作，尤其是在雨季。
（6）必要时可适当放缓边坡或设置支护。

（二）混凝土强度等级偏低，不符合设计要求

1. 现象

混凝土标准养护试块或现场检测强度按规范标准评定达不到设计的要求强度等级。

2. 原因

（1）配置混凝土所用原材料的材质不符合国家标准的规定。
（2）混凝土配合比试验报告不合理。
（3）拌制混凝土时原材料计量偏差大。
（4）拌制混凝土原料与试验室级配试验材料不一致。
（5）混凝土搅拌、运输、浇筑及养护施工工艺不符合规范要求。

3. 防治措施

（1）拌制混凝土所用水泥、砂、石和外加剂等均应合格。
（2）混凝土配合比应由有资质的检测单位进行试配。

（3）配制混凝土时应按质量比进行计量投料，根据现场砂石含水量进行施工配合比换算，且计量准确。

（4）拌制混凝土的原料应与配合比试验材料一致。

（5）根据混凝土的种类选择合理的混凝土搅拌机械。

（6）控制混凝土的拌制质量。投料顺序为：粗集料—水泥—细集料。水；控制混凝土的进料容量、搅拌速度、搅拌时间等。

（7）混凝土的运输和浇筑应在混凝土初凝前完成。

（8）控制混凝土的浇筑和振捣质量。混凝土浇筑应分层浇筑，分层振捣，正确留置施工缝；振捣器应均匀分布，不得漏振，但是也不得过振，使混凝土出现分层离析现象。

（9）控制混凝土的养护质量。

（三）混凝土表面缺陷

1. 现象

拆模后混凝土表面出现麻面、露筋、蜂窝及孔洞等。

2. 原因

（1）模板表面不光滑、安装质量差，接缝不严、漏浆，模板表面污染未清除。

（2）木模板在混凝土入模之前没有充分湿润，钢模板脱模剂涂刷不均匀。

（3）钢筋保护层垫块厚度或放置间距、位置等不当。

（4）局部配筋、铁件过密，阻碍混凝土下料或者无法正常振捣。

（5）混凝土坍落度、和易性不好。

（6）混凝土搅拌时间过短，水泥浆包裹集料不充分。

（7）混凝土浇筑方法不当，不分层或分层过厚，布料顺序不合理等。

（8）混凝土浇筑高度超过规定要求，且未采取措施并导致混凝土离析。

（9）混凝土漏振或振捣不实。

（10）混凝土拆模过早。

3. 防治措施

（1）模板使用前应进行表面清理，保持表面清洁光滑；钢模还应保证边框平直。

（2）模板架立时接缝应严密，防止漏浆，必要时可用胶带加强。

（3）模板支撑构造合理，在模板接缝处有足够的刚度，保证混凝土浇筑后接缝处模板变形小、不漏浆。

（4）在混凝土浇筑前充分湿润模板，钢模板在浇筑前均匀涂刷脱模剂。

（5）按混凝土搅拌制度制备混凝土，保证混凝土的搅拌时间。

（6）混凝土分层布料、分层振捣、防止漏振。

（7）对局部配筋或铁件处，应事先制定处理措施，保证混凝土能顺利通过，浇筑密实。

(四)混凝土柱、墙、梁等构件尺寸、轴线位置偏差大

1. 现象

混凝土柱、墙、梁等构件外形尺寸、轴线位置偏差超过规范允许偏差值。

2. 原因

(1) 没有按施工图进行放线或放线误差过大。

(2) 模板的承载能力和刚度不足。

(3) 支架承载能力和刚度不足,基座移位,受力变形大。

3. 防治措施

(1) 施工前必须按图放线,认真进行校对复核,并确保构件尺寸、轴线与标高准确。

(2) 模板及其支架必须具有足够的承载能力、刚度和稳定性,确保在混凝土浇筑及养护过程中不跑模、胀模,变形在允许范围内。

(3) 确保模板支撑基座牢固坚实。

(4) 在混凝土施工过程中安排工人看模,发现问题及时解决。

(五)混凝土收缩裂缝

1. 现象

裂缝多出现在新浇筑并暴露于空气中的结构构件表面,有塑性收缩、沉陷收缩、干燥收缩、碳化收缩、凝结收缩等收缩裂缝。

2. 原因

(1) 混凝土原材料质量不合格,如集料含泥量大等。

(2) 水泥或掺加料用量超出规范规定。

(3) 混凝土水灰比、坍落度偏大,和易性差。

(4) 混凝土浇筑、振捣质量差,养护不及时或者养护措施差。

3. 防治措施

(1) 选用合格的原材料。水泥进场时应对其品种、级别、包装、批次、出厂日期和进场数量等进行检查,并对强度、安定性及其他必要的性能指标进行复验;应采用减水率高、分散性能好、对混凝土收缩影响较小的外加剂,其减水率不应低于12%;矿物掺和料的质量应符合相关标准规定,掺量应根据试验确定;粗集料颗粒级配与粗细程度、颗粒形态和表面特征、强度、坚固性、含泥量、有害物质及碱集料反应指标应符合现行国家标准和有关规定;细集料应选用级配良好、质地坚硬及颗粒洁净的砂。

(2) 优化混凝土配合比,并确保混凝土的制备质量。

(3) 确保混凝土振捣密实,并在混凝土初凝前进行二次抹压。

(4) 在变形敏感区域设置温度收缩钢筋。例如在外墙阳角处楼板设置放射形钢筋;在建筑物两端开间及变形缝两侧的现浇板设置双层双向钢筋,钢筋直径不应小于

8mm，间距不应大于100mm；梁腹板高度大于等于450mm时，应在梁两侧面设置腰筋。

（5）控制保护层厚度，防止温度收缩，使钢筋偏离正确位置。

（6）确保混凝土及时养护，并且保证混凝土养护质量要求。

（六）填充墙砌筑不当，与主体结构交接处裂缝

1. 现象

框架梁底、柱边出现裂缝。

2. 原因

不同材料交接处温度变形不一致引起开裂。

3. 防治措施

（1）填充墙砌至接近梁底时，应留有一定的空隙，填充墙砌筑完并间隔15d以后，方可将其补砌、挤紧；补砌时，对双侧竖缝用高强度等级的水泥砂浆嵌填密实。

（2）填充墙拉结筋应满足砖模数要求，不应折弯压入砖缝；拉结筋宜采用预埋法留置。

（3）填充墙采用粉煤灰砖、加气混凝土砌块等材料砌筑时，框架柱与墙的交接处宜用15mm×15mm木条预先留缝，在加贴网片前浇水湿润，再用1∶3水泥砂浆嵌实。

（4）抹灰前，在不同材料交接处，必须要铺设抗裂钢丝网或玻纤网，与各基体间的搭接宽度不应小于150mm。

（七）屋面防水层渗漏

1. 现象

屋面防水层渗漏。

2. 原因

屋面防水层直接暴露在自然环境中，影响其防水性能的因素众多，温度变化、阳光照射、屋面结构性能、防水材料质量、施工质量等均对防水层有重要的影响，因此屋面防水层渗漏原因多种多样，且具有很强的隐蔽性，应根据现场情况具体问题具体分析，找出主要原因，采取针对性处理措施，屋面防水层渗漏可能的原因有：

（1）屋面防水层空鼓、开裂。

（2）防水材料质量不合格，易老化。

（3）防水节点处理不到位。

（4）卷材搭接接缝不符合要求。

（5）基层潮湿，隔汽排气不畅通，长期使用造成防水层空鼓和开裂。

3. 防治措施

防水层破坏以后，雨水沿屋面薄弱处渗流，有时影响范围很大，破坏处和渗漏处有时距离较长，因此在处理渗漏时常常需要适当扩大范围。

（1）屋面工程施工前，应编制详细施工方案，经审批后实施。

（2）防水材料应符合相关规定。

（3）基层清理干净、干燥，做好隔汽层，不应在雨天、大雾天及雪天施工。

（4）在卷材大面积铺贴前，应先做好节点密封处理、附加层和屋面排水集中部位（如屋面与落水口连接处、檐口、天沟、檐沟、屋面转角处、板端缝等）细部构造处理。

（5）卷材搭接宽度应符合相关规定；高聚物改性沥青防水卷材和合成高分子防水卷材的搭接缝宜用材料性能相容的密封材料封严；叠层铺贴时，上下层卷材间的搭接缝应错开；防水层收头应牢固。

（6）做好防水层保护层。

（八）防水混凝土结构裂缝、渗水

1. 现象

防水混凝土结构裂缝、渗水，变形缝渗、漏水，后浇带施工缝渗、漏水。

2. 原因

（1）混凝土原材料质量不稳定例如砂含泥量高、粒径小，级配不良，外加剂质量不稳定等。

（2）混凝土搅拌时间短，搅拌不均匀。

（3）混凝土振捣局部漏振，局部密实度不够。

（4）混凝土构件温度变化大，产生收缩裂缝。

（5）防水混凝土养护不够。

（6）防水构造措施如模板对拉螺栓、施工缝不到位。

（7）在支模和钢筋绑扎的过程中，掉入模板内的杂物未清理。

（8）钢筋过密、内外模板狭窄，混凝土浇捣困难，施工质量不易保证。

（9）混凝土下料方法不当，导致混凝土分层离析。

（10）浇筑流线不合理，如在浇筑新混凝土时，先浇筑的混凝土已初凝。

3. 防治措施

（1）根据渗漏情况、水压大小，采用促凝胶浆或氰凝灌浆堵漏。

（2）保证原材料的质量，集料粒径、级配、含泥量应满足相关要求，外加剂掺和料应按规范复试，符合要求后使用，其掺量应经试验确定。

（3）控制混凝土搅拌时间，提高混凝土搅拌质量。

（4）合理规划混凝土浇筑流线，保证了在下层混凝土初凝前完成上层混凝土浇筑。

（5）分层浇筑，分层振捣，防止漏振，提高混凝土的密实度。

（6）保证防水构造措施质量。对拉螺栓应加焊止水环；拆模后应将留下的凹槽封堵密实，并在迎水面涂刷防水涂料。

（7）后浇带施工缝浇筑混凝土前，应将已硬化混凝土表面浮浆和杂物清除并充分湿润和冲洗干净。浇筑混凝土时，先铺一层水泥砂浆，之后浇筑混凝土，并细致捣实。

（8）混凝土浇筑前清理模板内杂物。

（9）浇筑混凝土前应考虑混凝土内外温差的影响，采取适当的预防混凝土收缩措施。

（10）防水混凝土水平构件表面宜覆盖塑料薄膜或双层草袋浇水养护，竖向构件应该采用喷涂养护液进行养护，养护时间不少于14d。

（11）地下工程施工时，应保持地下水位低于防水混凝土500mm以上，并应排除地下水。

（12）底板、顶板不宜留施工缝，墙体不应留设垂直施工缝。墙体水平施工缝不应留设在剪力与弯矩最大处或底板与侧墙交接处，应该留在高出底板300mm的墙体上。

（九）建筑装饰装修工程常见质量问题

1. 现象

建筑装饰装修工程常见的施工质量问题有空、裂、渗、观感效果差等。

2. 原因

建筑装饰工程量大、工作面多、工期长、质量要求高，组织管理难度大，产生质量问题的原因多种多样，应结合工程实际情况，从影响工程质量的人员、材料、机械、施工方法、环境条件等方面进行分析，主要原因如下：

（1）企业缺乏施工技术标准和施工工艺规程。

（2）施工人员操作技能不够。

（3）装饰材料质量不符合设计要求，存在用次充好现象。

（4）施工机具不能满足施工工艺要求。

（5）在施工过程中质量检查、验收控制不到位。

（6）施工操作标准化程度低。

（7）施工工序安排不合理，后续的施工对先期施工产品产生不利影响，成品保护不够。

（8）盲目抢工期、降低成本。

3. 防治措施

（1）在装修施工过程中，加强检查验收，发现问题及时返修、处理。

（2）合理预防，制定质量预防措施。

第七章 建筑工程施工质量验收

第一节 建筑工程施工质量验收概述

一、基本术语

建筑工程质量管理应以"突出质量策划、完善技术标准、强化过程控制及坚持持续改进"为指导思想，以提高质量管理要求为核心，力求在有效控制工程制造成本的前提下，使工程质量在施工过程中始终处于受控状态，质量验收是质量管理的重要环节，现行的质量验收规范中涉及众多术语，如《建筑工程施工质量验收统一标准》（GB 50300-2013）中给出了17个专业术语，正确理解相关术语的含义，有利于正确把握现行施工质量验收规范的执行。

（一）建筑工程

建筑工程是为新建、改建或扩建房屋建筑物和附属构筑物设施所进行的规划、勘察、设计和施工、竣工等各项技术工作和完成的工程实体及与其配套的线路、管道、设备等的安装工程。

其中，"房屋建筑物"的建造工程包括厂房、剧院、旅馆、商店、学校、医院及住宅等，其新建、改建或扩建必须兴工动料，通过施工活动才能实现；"附属构筑物设施"是指与房屋建筑配套的水塔、自行车棚、水池等；"线路、管道、设备的安装"是指与房屋建筑及其附属设施相配套的电气、给排水、暖通、通信、智能化、电梯等线路、管道及设备的安装活动。

（二）检验

对检验项目中的性能进行量测、检查、试验等，并且将结果与标准规定要求进行比较，以确定每项性能是否符合所进行的活动。

（三）进场检验

对进入施工现场的建设材料、构配件、设备和器具等，按相关标准规定要求进行检验，并对产品达到合格与否作出确认的活动。

（四）见证检验

在监理单位或建设单位的监督下，由施工单位有关人员现场取样，并送至具备相应资质的检测单位所进行的检测。涉及结构安全的试块、试件以及有关材料，应按规定进行见证取样检测。

（五）复验

建筑材料、设备等进入施工现场后，在外观质量检查和质量证明文件核查符合要求的基础上，按照有关规定从施工现场抽取试样送至试验室进行检验的活动。

（六）检验批

按统一的生产条件或按规定的方式汇总起来供检验用的，由一定数量样本组成的检验体。

检验批是工程质量验收的基本单元（最小单位）。检验批通常按下列原则划分：

1. 检验批内质量基本均匀一致，抽样应符合随机性和真实性的原则。
2. 贯彻过程控制的原则，按施工次序、便于质量验收和控制关键工序的需要划分检验批。

（七）验收

建筑工程在施工单位自行质量检查评定的基础上，参与建设活动的有关单位共同对检验批、分项、分部、单位工程的质量进行抽样复验，根据相关标准以书面形式对工程质量达到合格和否作出确认。

（八）主控项目

建筑工程中对安全、节能、环境保护和主要使用功能起决定性作用的检验项目。主控项目是对检验批的基本质量起决定性影响的检验项目，主控项目和一般项目的区别是：对有允许偏差的项目，如果是主控项目，则其检测点的实测值必须在给定的允许偏差范围内，不允许超差。如果有允许偏差的项目是一般项目，允许有20%的检测点的实测值超出给定的允许偏差范围，但是最大偏差不得大于给定允许偏差值的1.5倍。监理单位应对主控项目全部进行检查，对于一般项目可根据施工单位质量控制情况确定检查项目。

（九）一般项目

除主控项目以外的检验项目。

（十）抽样方案

根据检验项目的特性所确定的抽样数量和方法。

（十一）计数检验

通过确定抽样样本中不合格的个体数量，对于样本总体质量作出判定的检验方法。

（十二）计量检验

以抽样样本的检测数量计算总体均值、特征值或推定值，并以此判断或评估总体质量的检验方法。

（十三）错判概率

合格批被判为不合格批的概率，即合格批被拒收的概率，用 α 表示。

（十四）漏判概率

不合格批被判为合格批的概率，即不合格批被误收的概率，用 β 表示。

（十五）观感质量

通过观察和必要的测试所反映的工程外在质量和功能状态。

（十六）返修

对施工质量不符合标准规定的部位采取整修等措施。

（十七）返工

对工程质量不符合标准规定的部位采取的更换、重新制作及重新施工等措施。

二、施工质量验收的基本规定

1. 施工现场质量管理应有相应的施工技术标准、健全的质量管理体系、施工质量检验制度及综合施工质量水平评定考核制度。

施工现场质量管理检查记录应由施工单位填写，总监理工程师进行检查，并作出检查结论。

建筑工程施工单位应建立必要的质量责任制度，对建筑工程施工的质量管理体系提出了较全面的要求，建筑工程的质量控制应为全过程的控制。施工单位应推行生产控制和合格控制的全过程质量控制，应有健全的生产控制和合格控制的质量管理体系。这里不仅包括原材料控制、工艺流程控制、施工操作控制、每道工序质量检查、各道相关工序之间的交接检验以及专业工种之间等中间交接环节的质量管理和控制要求，还应包括满足施工图设计和功能要求的抽样检验制度等。

施工单位通过内部的审核与管理者的评审，找出了质量管理体系中存在的问题和薄弱环节，并制订改进的措施和跟踪检查落实等措施，使单位的质量管理体系不断健全和完善，是该施工单位不断提高建筑工程施工质量的保证。

同时，施工单位还应重视综合质量控制水平，从施工技术、管理制度、工程质量控制和工程质量等方面制订对施工企业综合质量控制水平的指标，以达到提高整体素质和经济效益。

2. 未实行监理的建筑工程，建设单位相关人员应履行《建筑工程施工质量验收统一标准》（GB 50300-2013）中涉及的监理职责。

3. 建筑工程施工质量的控制应符合下列规定：

①建筑工程采用的主要材料、成品、半成品、建筑构配件、器具及设备应进行现场验收。凡涉及安全、节能、环境保护和主要使用功能的重要材料、产品，应按各专业工程施工规范、验收规范和设计文件等规定进行复验，并经监理工程师检查认可。

②各施工工序应按施工技术标准进行质量控制，每道施工工序完成后，经施工单位自检符合规定后，才能进行下道工序施工。各专业工种之间的相关工序应进行交接检验，并记录。

③对于监理单位提出检查要求的重要工序，应经监理工程师检查认可，才能进行下道工序施工。

4. 符合下列条件之一时，可按相关专业验收规范的规定适当调整抽样复验、试验数量，调整后的抽样复验、试验方案应由施工单位编制，并报监理单位审核确认。

①同一项目中由相同施工单位施工的多个单位工程，使用同一生产厂家的同品种、同规格、同批次的材料、构配件、设备。

②同一施工单位在现场加工的成品、半成品、构配件用在同一项目中的多个单位工程。

③在同一项目中，针对同一抽样对象已有检验成果可以重复利用。

5. 当专业验收规范对工程中的验收项目未做出相应规定时，应由建设单位组织监理、设计、施工等相关单位制定专项验收要求。涉及安全、节能及环境保护等项目的专项验收要求应由建设单位组织专家论证。

6. 检验批的质量检验，应根据检验项目的特点在下列抽样方案中进行选择：

①计量、计数的抽样方案。

②一次、二次或多次抽样方案。

③根据生产连续性和生产控制稳定性情况，尚可以采用调整型抽样方案。

④对重要的检验项目，当可采用简易快速的检验方法时，可选用全数检验方案。

⑤经实践检验有效的抽样方案。

7. 检验批抽样样本应随机抽取，满足分布均匀、具有代表性的要求，抽样数量不应低于有关专业验收规范及表 7-1 的规定。

表 7-1 检验批最小抽样数量

检验批的容量	最小抽样数量	检验批的容量	最小抽样数量
2～15	2	151～280	13
16～25	3	281～500	20
26～50	5	501～1 200	32
51～90	6	1 201～3 200	50
91～150	8	3 201～10 000	80

明显不合格的个体可不纳入检验批，但必须进行处理，使其满足有关专业验收规范的规定，对处理的情况应予以记录并重新验收。

8. 计量抽样的错判概率 α 和漏判概率 β 可按下列规定采取。

①主控项目：对应于合格质量水平的 α 和 β 均不应该超过 5%。

②一般项目：对应于合格质量水平的 α 不宜超过 5%，β 不宜超过 10%。

抽样检验必然存在这两类风险，通过抽样检验的方法使检验批 100% 合格是不合理的也是不可能的，在抽样检验中，两类风险的控制范围分别是：供方风险 α=1%～5%，使用方风险 β=5%～10%。

第二节 建筑工程施工质量验收的划分

一、施工质量验收层次划分的目的

工程施工质量验收涉及工程施工过程质量验收及竣工质量验收，是工程施工质量控制的重要环节。根据工程特点，按项目层次分解的原则合理划分工程施工质量验收层次，将有利于对工程施工质量进行过程控制和阶段质量验收，特别是不同专业工程的验收批的确定，将直接影响到工程施工质量验收工作的科学性、经济性、实用性和可操作性。因此，对施工质量验收层次进行合理划分非常必要，这有利于工程施工质量的过程控制及最终把关，确保工程质量符合有关标准。

二、施工质量验收划分的层次

随着我国经济发展和施工技术的进步，工程建设规模不断扩大，技术复杂程度越来越高，出现了大量工程规模较大的单体工程及具有综合使用功能的综合性建筑物。由于大型单体工程可能在功能或结构上由若干个单体组成，且整个建设周期较长，可能出现已建成可使用的部分单体需先投入使用,或先将工程中一部分提前建成使用等情况,需要进行分段验收。再加上对规模特别大的工程进行一次验收也不方便,因此标准规定,可将此类工程划分为若干个子单位工程进行验收。同时,为了更加科学地评价工程施工质量和有利于对其进行验收,根据了工程特点,按结构分解的原则将单位或子单位工程又划分为若干个分部工程。在分部工程中,按相近工作内容和系统又划分为若干个子分部工程。每个分部工程或子分部工程又可划分为若干个分项工程。每个分项工程又可划分为若干个检验批。检验批是工程施工质量验收的最小单位。

三、单位工程

根据《建筑工程施工质量验收统一标准》(GB 50300-2013)的规定,单位工程应按下列原则划分:

1. 具备独立施工条件并能形成独立使用功能的建筑物及构筑物为一个单位工程,如:一个学校中的一栋教学楼,某城市的广播电视塔等。

2. 规模较大的单位工程,可将其能形成独立使用功能的部分划分为一个子单位工程。子单位工程的划分一般可根据工程的建筑设计分区、使用功能的显著差异、结构缝的设置等实际情况,在施工前由建设、监理及施工单位自行商定,并据此收集整理施工技术资料和验收。

3. 室外工程可根据专业类别和工程规模划分单位(子单位)工程,室外工程的单位工程、子单位工程、分部工程可按表 7-2 划分。

表 7-2 室外工程划分

单位工程	子单位工程	分部(子分部)工程
室外设施	道路	路基、基层、面层、广场与停车场、人行道、人形地道、挡土墙、附属构筑物
	边坡	土石方、挡土墙、支护
附属建筑及室外环境	附属建筑	车棚、围墙、大门、挡土墙
	室外环境	建筑小品、亭台、水景、连廊、花坛、场坪绿化、景观桥
室外安装	给水排水	室外给水系统、室外排水系统
	供热	室外供热系统
	供冷	供冷管道安装
	电气	室外供电系统、室外照明系统

四、分部工程

根据《建筑工程施工质量验收统一标准》(GB 50300-2013)的规定,分部工程应按下列原则划分：

1. 分部工程的划分应按专业性质、建筑部位确定。

一般工业与民用建筑工程的分部工程包括：地基与基础、主体结构、建筑装饰装修、建筑屋面、建筑给水排水及采暖、建筑电、智能建筑、通风与空调、电梯及建筑节能等十个分部工程。

公路工程的分部工程包括路基土石方工程、小桥涵工程、大型挡土墙、路面工程、桥梁基础及下部构造、桥梁上部构造预制和安装等。

2. 当分部工程较大或较复杂时，可按材料种类、施工特点、施工程序、专业系统及类别等划分为若干分部工程。如建筑装饰装修分部工程可分为地面、门窗、吊顶工程；建筑电气工程可划分为室外电气、电气照明安装和电气动力等子分部的工程。

五、分项工程

根据《建筑工程施工质量验收统一标准》（GB 50300-2013）的规定，分项工程可按主要工种、材料、施工工艺、设备类别等进行划分。如钢筋混凝土结构工程中按主要工种钢筋工程、模板工程和混凝土工程等分项工程，按照施工工艺分为现浇结构、预应力、装配式结构等分项工程。

建筑工程分部工程、分项工程的具体划分见表7-3。

表7-3 建筑工程分部工程、分项工程划分

序号	分部工程	子分部工程	分项工程
1	地基与基础	土方工程	土方开挖，土方回填，场地平整
		基坑支护	排桩，重力式挡土墙，型钢水泥土搅拌墙，土钉墙与复合土钉墙，地下连续墙，沉井与沉箱，钢或混凝土支撑，锚杆，降水与排水
		地基处理	灰土地基，砂和砂石地基、土工合成材料地基，粉煤灰地基，强夯地基，注浆地基，预压地基，振冲地基，高压喷射注浆地基，水泥土搅拌桩地基，土和灰土挤密桩地基，水泥粉煤灰碎石桩地基，夯实水泥土桩地基，砂桩地基
		桩基础	先张法预应力管桩，混凝土预制桩，钢桩，混凝土灌注桩
		地下防水	防水混凝土，水泥砂浆防水层，卷材防水层，涂料防水层，塑料防水板防水层，金属板防水层，膨润土防水材料防水层；细部构造；锚喷支护，地下连续墙，盾构隧道，沉井，逆筑结构；渗排水、盲沟排水，隧道排水，坑道排水，塑料排水板排水；预注浆、后注浆，裂缝注浆
		混凝土基础	模板、钢筋、混凝土，后浇带混凝土，混凝土结构缝处理
		砌体基础	砖砌体，混凝土小型空心砌块砌体，石砌体，配筋砌体
		型钢、钢管混凝土基础	型钢、钢管焊接与螺栓连接，型钢、钢管与钢筋连接，浇筑混凝土
		钢结构基础	钢结构制作，钢结构安装，钢结构涂装

序号	分部工程	子分部工程	分项工程
2	主体结构	混凝土结构	模板，钢筋，混凝土，预应力、现浇结构，装配式结构
		砌体结构	砖砌体，混凝土小型空心砌块砌体，石砌体，配筋砖砌体，填充墙砌体
		钢结构	钢结构焊接，紧固件连接，钢零部件加工，钢构件组装及预拼装，单层钢结构安装，多层及高层钢结构安装，空间格构钢结构制作，空间格构钢结构安装，压型金属板，防腐涂料涂装，防火涂料涂装、天沟安装、雨棚安装
		型钢、钢管混凝土结构	型钢、钢管现场拼装，柱脚锚固，构件安装，焊接、螺栓连接，钢筋骨架安装，型钢、钢管与钢筋连接，浇筑混凝土
		轻钢结构	钢结构制作，钢结构安装，墙面压型板，屋面压型板
		索膜结构	膜支撑构件制作，膜支撑构件安装，索安装，膜单元及附件制作，膜单元及附件安装
		铝合金结构	铝合金焊接，紧固件连接，铝合金零部件加工，铝合金构件组装，铝合金构件预拼装，单层及多层铝合金结构安装，空间格构铝合金结构安装，铝合金压型板，防腐处理，防火隔热
		木结构	方木和原木结构，胶合木结构，轻型木结构，木结构防护

序号	分部工程	子分部工程	分项工程
3	建筑装饰装修	地面	基层，整体面层，板块面层，地毯面层，地面防水，垫层及找平层
		抹灰	一般抹灰，保温墙体抹灰，装饰抹灰，清水砌体勾缝
		门窗	木门窗安装，金属门窗安装，塑料门窗安装，特种门安装，门窗玻璃安装
		吊顶	整体面层吊顶、板块面层吊顶、格栅吊顶
		轻质隔墙	板材隔墙，骨架隔墙，活动隔墙，玻璃隔墙
		饰面板	石材安装，瓷板安装，木板安装，金属板安装，塑料板安装、玻璃板安装
		饰面砖	外墙饰面砖粘贴，内墙饰面砖粘贴
		涂饰	水性涂料涂饰，溶剂型涂料涂饰，美术涂饰
		裱糊与软包	裱糊、软包
		外墙防水	砂浆防水层，涂膜防水层，防水透气膜防水层
		细部	橱柜制作与安装，窗帘盒和窗台板制作与安装，门窗套制作与安装，护栏和扶手制作与安装，花饰制作与安装
		金属幕墙	构件与组件加工制作，构架安装，金属幕墙安装
		石材与陶板幕墙	构件与组件加工制作，构架安装，石材与陶板幕墙安装
		玻璃幕墙	构件与组件加工制作，构架安装，玻璃幕墙安装
4	屋面工程	基层与保护	找平层，找坡层，隔汽层，隔离层，保护层
		保温与隔热	板状材料保温层，纤维材料保温层，喷涂硬泡聚氨酯保温层，现浇泡沫混凝土保温层，种植隔热层，架空隔热层，蓄水隔热层
		防水与密封	卷材防水层，涂膜防水层，复合防水层，接缝密封防水
		瓦面与板面	烧结瓦和混凝土瓦铺装，沥青瓦铺装，金属板铺装，玻璃采光顶铺装
		细部构造	檐口，檐沟和天沟，女儿墙和山墙，水落口，变形缝，伸出屋面管道，屋面出入口，反水过水孔，设施基座，屋脊，屋顶窗

序号	分部工程	子分部工程	分项工程
5	建筑给水、排水及采暖	室内给水系统	给水管道及配件安装，给水设备安装，室内消火栓系统安装，消防喷淋系统安装，管道防腐，绝热
		室内排水系统	排水管道及配件安装，雨水管道及配件安装，防腐
		室内热水供应系统	管道及配件安装，辅助设备安装，防腐，绝热
		卫生器具安装	卫生器具安装，卫生器具给水配件安装，卫生器具排水管道安装
		室内采暖系统	管道及配件安装，辅助设备及散热器安装，金属辐射板安装，低温热水地板辐射采暖系统安装，系统水压试验及调试，防腐，绝热
		室外给水管网	给水管道安装，消防水泵接合器及室外消火栓安装，管沟及井室
		室外排水管网	排水管道安装，排水管沟与井池
		室外供热管网	管道及配件安装，系统水压试验及调试、防腐，绝热
		建筑中水系统及游泳池系统	建筑中水系统管道及辅助设备安装，游泳池水系统安装
		供热锅炉及辅助设备安装	锅炉安装，辅助设备及管道安装，安全附件安装，烘炉、煮炉和试运行，换热站安装，防腐，绝热
		太阳能热水系统	预埋件及后置锚栓安装和封堵，基座、支架、散热器安装，接地装置安装，电线、电缆敷设，辅助设备及管道安装，防腐，绝热

序号	分部工程	子分部工程	分项工程
6	通风与空调	送排风系统	风管与配件制作，部件制作，风管系统安装，空气处理设备安装，消声设备制作与安装，风管与设备防腐，风机安装，系统调试
		防排烟系统	风管与配件制作，部件制作，风管系统安装，防排烟风口、常闭正压风口与设备安装，风管与设备防腐，风机安装，系统调试
		除尘系统	风管与配件制作，部件制作，风管系统安装，除尘器与排污设备安装，风管与设备防腐，风机安装，系统调试
		空调风系统	风管与配件制作，部件制作，风管系统安装，空气处理设备安装，消声设备制作与安装，风管与设备防腐，风机安装，风管与设备绝热，系统调试
		净化空调系统	风管与配件制作，部件制作，风管系统安装，空气处理设备安装，消声设备制作与安装，风管与设备防腐，风机安装，风管与设备绝热，高效过滤器安装，系统调试
		制冷设备系统	制冷机组安装，制冷剂管道及配件安装，制冷附属设备安装，管道及设备的防腐与绝热，系统调试
		空调水系统	管道冷热（媒）水系统安装，冷却水系统安装，冷凝水系统安装，阀门及部件安装，冷却塔安装，水泵及附属设备安装，管道与设备的防腐与绝热，系统调试
		地源热泵系统	地埋管换热系统，地下水换热系统，地表水换热系统，建筑物内系统，整体运转、调试

序号	分部工程	子分部工程	分项工程
7	建筑电气	室外电气	架空线路及杆上电气设备安装，变压器、箱式变电所安装，成套配电柜、控制柜（屏、台）和动力、照明配电箱（盘）及控制柜安装，电线、电缆导管和线槽敷设，电线、电缆穿管和线槽敷设，电缆头制作、导线连接和线路电气试验，建筑物外部装饰灯具、航空障碍标志灯安装，庭院路灯安装，建筑照明通电试运行，接地装置安装
		变配电室	变压器、箱式变电所安装，成套配电柜、控制柜（屏、台）和动力、照明配电箱（盘）安装，裸母线、封闭母线、插接式母线安装，电缆沟内和电缆竖井内电缆敷设，电缆头制作、导线连接和线路电气试验，接地装置安装，避雷引下线和变配电室接地干线敷设
		供电干线	裸母线、封闭母线、插接式母线安装，桥架安装和桥架内电缆敷设，电缆沟内和电缆竖井内电缆敷设，电线、电缆导管和线槽敷设，电线、电缆穿管和线槽敷设，电缆头制作、导线连接和线路电气试验
		电气动力	成套配电柜、控制柜（屏、台）和动力、照明配电箱（盘）及控制柜安装，低压电动机、电加热器及电动执行机构检查、接线，低压电气动力设备检测、试验和空载试运行，桥架安装和桥架内电缆敷设，电线、电缆导管和线槽敷设，电线、电缆穿管和线槽敷线，电缆头制作、导线连接和线路电气试验，插座、开关、风扇安装
		电气照明安装	成套配电柜、控制柜（屏、台）和动力、照明配电箱（盘）安装，电线、电缆导管和线槽敷设，电线、电缆导管和线槽敷线，槽板配线，钢索配线，电缆头制作、导线连接和线路电气试验，普通灯具安装，专用灯具安装，插座、开关、风扇安装，建筑照明通电试运行
		备用和不间断电源安装	成套配电柜、控制柜（屏、台）和动力、照明配电箱（盘）安装，柴油发电机组安装，不间断电源的其他功能单元安装，裸母线、封闭母线、插接式母线安装，电线、电缆导管和线槽敷设，电线、电缆导管和线槽敷线，电缆头制作、导线连接和线路电气试验，接地装置安装
		防雷及接地安装	接地装置安装，避雷引下线和变配电室接地干线敷设，建筑物等电位连接，接闪器安装

序号	分部工程	子分部工程	分项工程
8	建筑智能化	通信网络系统	通信系统，卫星及有线电视系统，公共广播系统，视频会议系统
		计算机网络系统	信息平台及办公自动化应用软件，网络安全系统
		建筑设备监控系统	空调与通风系统，空气能量回收系统，室内空气质量控制系统，变配电系统，照明系统，给水排水系统，热源和热交换系统，冷冻和冷却系统，电梯和自动扶梯系统，中央管理工作站与操作分站，子系统通信接口
		火灾报警及消防联动系统	火灾和可燃气体探测系统，火灾报警控制系统，消防联动系统
		会议系统与信息导航系统	会议系统、信息导航系统
		专业应用系统	专业应用系统
		安全防范系统	电视监控系统，入侵报警系统，巡更系统，出入口控制（门禁）系统，停车管理系统，智能卡应用系统
		综合布线系统	缆线敷设和终接，机柜、机架、配线架的安装，信息插座和光缆芯线终端的安装
		智能化集成系统	集成系统网络，实时数据库，信息安全，功能接口
		电源与接地	智能建筑电源，防雷及接地
		计算机机房工程	路由交换系统，服务器系统，空间环境，室内外空气能量交换系统，室内空调环境，视觉照明环境，电磁环境
		住宅（小区）智能化系统	火灾自动报警及消防联动系统，安全防范系统（含电视监控系统、入侵报警系统、巡更系统、门禁系统、楼宇对讲系统、住户对讲呼救系统、停车管理系统），物业管理系统（多表现场计量及与远程传输系统、建筑设备监控系统、公共广播系统、小区网络及信息服务系统、物业办公自动化系统），智能家庭信息平台
9	建筑节能	围护系统节能	墙体节能、幕墙节能、门窗节能、屋面节能、地面节能
		供暖空调设备及管网节能	供暖节能、通风与空调设备节能，空调与供暖系统冷热源节能，空调与供暖系统管网节能
		电气动力节能	配电节能、照明节能
		监控系统节能	监测系统节能、控制系统节能
		可再生能源	太阳能系统、地源热泵系统

序号	分部工程	子分部工程	分项工程
10	电梯	电力驱动的曳引式或强制式电梯安装	设备进场验收，土建交接检验，驱动主机，导轨，门系统，轿厢，对重，安全部件，悬挂装置，随行电缆，补偿装置，电气装置，整机安装验收
		液压电梯安装	设备进场验收，土建交接检验，液压系统，导轨，门系统，轿厢，对重，安全部件，悬挂装置，随行电缆，电气装置，整机安装验收
		自动扶梯、自动人行道安装	设备进场验收，土建交接检验，整机安装验收

六、检验批

根据《建筑工程施工质量验收统一标准》（GB 50300-2013）的规定，检验批可根据施工、质量控制和专业验收的需要，按工程量、楼层、施工段及变形缝等进行划分。

施工前，应由施工单位制定分项工程和检验批的划分方案，并有监理单位审核。对于表 7-3 及相关专业验收规范未涵盖的分项工程和检验批，可以由建设单位组织监理、施工等单位协商确定。

多层和高层建筑的分项工程可按楼层或施工段来划分检验批，单层建筑的分项工程可按变形缝等划分检验批；地基基础的分项工程一般划分为一个检验批，有地下层的基础工程可按不同地下层划分检验批；屋面工程的分项工程可按不同楼层屋面划分为不同的检验批；安装工程一般按一个设计系统或设备组别划分为一个检验批；室外工程一般划分为一个检验批；散水、台阶及明沟等含在地面检验批中；地基基础中的土方工程、基坑支护工程及混凝土结构工程中的模板工程，虽不构成建筑工程实体，但因其是建筑工程施工中不可缺少的重要环节和必要条件，是对质量形成过程的控制，其质量关系到建筑工程的质量和施工安全，所以将其列入施工验收的内容。

第三节　建筑工程施工质量验收

建筑工程质量验收应划分为检验批、分项工程、分部（子分部）工程和单位（子单位）工程。《建筑工程施工质量验收统一标准》（GB 50300-2013）中仅给出了每个验收层次的验收合格标准，对于工程施工质量验收只设合格一个等级，若在施工质量验收合格后，希望评定更高的质量等级，可以按照另外制定的高于行业及国家标准的企业标准执行。

一、检验批

（一）检验批验收合格规定

1. 主控项目的质量经抽样检验均应合格。
2. 一般项目的质量经抽样检验合格。
3. 具有完整的施工操作依据、质量验收记录。

（二）检验批质量验收要求

1. 检验批验收，标准应明确

各专业施工质量验收规范中对各检验批中的主控项目及一般项目的验收标准都有具体的规定，但对有一些不明确的还须进一步查证，例如，规范中提出符合设计要求的仅土建部分就约有300处，这些要求应在施工图纸中去找，施工图中无规定的，应在开工前图纸会审时提出，要求设计单位书面答复并加以补充，供日后验收作为依据。另外，验收规范中提出按施工组织设计执行的条文就约有30处，因此，施工单位应按规范要求的内容编制施工组织设计，并报送监理审查签认，作为日后验收的依据。

2. 检验批验收，施工单位自检合格是前提

《建筑工程施工质量验收统一标准》（GB 50300-2013）的强制条文规定：工程质量的验收均应在施工单位自行检查评定的基础上进行。《中华人民共和国建筑法》第58条规定：建筑施工企业对工程的施工质量负责。建筑工程验收中，经常发现，施工单位自检表数字与实际的工程中存在较大的差距，这都是施工单位不严格自检造成。有些工程施工单位将"自控"与"监理"验收合二为一、这都是不正确的，这实际是对工程质量的极端不负责任。国家有关法律规定："施工单位违反工程建设强制性标准的，责令改正，处工程合同价款2%以上4%以下的罚款，造成的损失，情节严重的，责令停业整顿，降低资质等级或者吊销资质证书。

3. 检验批验收、报验是手续

《建设工程质量管理条例》中规定，未经监理工程师签字，建筑材料建筑构配件和设备不得在工程上使用或安装，施工单位不得进行下一道工序的施工。未经总监工程师签字，建设单位不拨付工程款，不进行竣工验收。《建设工程监理规范》（GB 50319-2013）规定，实行监理的工程，施工单位对工程质量检查验收实行报验制，并规定了报验表的格式。

通过报验，监理工程师可全面了解施工单位的施工记录、质量管理体系等…系列问题，便于发现问题，更好地控制检验批的质量，报验是施工单位要重视质量管理，对工程质量郑重其事，是质量管理中的必然程序。

4. 检验批验收，内容要全面，资料应完备

检验批验收，一定要仔细、慎重，对照规范、验收标准及设计图纸等一系列文件，应进行全面、细致地检查，对主控项目、一般项目中所有要求核查施工过程中的施工记录，隐蔽工程检查记录，材料、构配件、设备复验记录等，通过了检验批验收，消除发现的不合格项，避免遗留质量隐患。

检验批质量验收资料应包括如下资料：

（1）检验批质量报验表；

（2）检验批质量验收记录表；

（3）隐蔽工程验收记录表；

（4）施工记录；

（5）材料、构配件、设备出厂合格证及进场复验单；

（6）验收结论及处理意见；

（7）检验批验收，不合格项要有处理记录，监理工程师签署验收意见。

5. **检验批验收，验收人员即主体要合格**

检验批验收的记录，应由施工项目的专业质量检查员填写，监理工程师、施工方为专业质量检查员，只有他们才有权在检验批质量验收记录上签字。具有国家或省部级颁发监理工程师岗位证书的监理工程师，才算是合法的验收签字人。施工单位的专业质量检查员，应该是专职管理人员，是经总监理工程师确认的质量保证体系中的固定人员，并应持证上岗。

（三）检验批质量验收记录

检验批质量验收记录应由施工项目专业质量检查员填写，专业监理工程师组织项目专业质量检查员、专业工长等进行验收，并且填写检验批质量验收记录。

二、分项工程

分项工程由一个或若干个检验批组成，分项工程的验收是在所包含检验批全部合格的基础上进行的。

（一）分项工程验收合格规定

1. 所含检验批的质量均应验收合格。

2. 所含检验批的质量验收记录应完整。

分项工程的验收在检验批的基础上进行。一般情况下，两者具有相同或相近的性质，只是批量的大小不同而已。因此，将有关的检验批汇集构成分项工程。分项工程合格质量的条件比较简单，只要构成分项工程的各检验批的验收资料文件完整，并且均已验收合格，则分项工程验收合格。

（二）分项工程质量验收要求

分项工程质量的验收是在检验批验收的基础上进行的，是一种统计过程，没有时也有一些直接的验收内容，所以，在验收分项工程时应注意：

1. 核对检验批的部位、区段是否全部覆盖分项工程的范围，是否有缺漏的部位没有验收到。

2. 一些在检验批中无法检验的项目，在分项工程中直接验收，如砖砌体工程中的全高垂直度、砂浆强度的评定等。

3. 检验批验收记录的内容及签字人是否正确齐全。

（三）分项工程质量验收记录

分项工程质量应由专业监理工程师组织施工单位项目专业技术负责人等进行验收，并填写分项工程质量验收记录。

三、分部（子分部）工程

（一）分部（子分部）工程质量验收合格规定

1. 所含分项工程的质量均应验收合格。
2. 质量控制资料应完整。
3. 有关安全、节能、环境保护和主要使用功能的抽样检验结果应符合相应的规定。
4. 观感质量应符合要求。

（二）分部（子分部）工程质量验收要求

首先，分部工程所含各分项工程必须已验收合格且相应的质量控制资料齐全、完整，这是验收的基本条件。此外，由于各分项工程的性质不尽相同，因此，作为分部工程不能简单地组合而加以验收，尚须进行以下两方面的检查项目：

1. 涉及安全、节能、环境保护和主要使用功能等的抽样检验结果应符合相应规定，即涉及安全、节能、环境保护和主要使用功能的地基与基础、主体结构和设备安装等分部工程应进行有关见证检验或抽样检验。如建筑物垂直度、标高、全高测量记录，建筑物沉降观测测量记录，给水管道通水试验记录，暖气管道、散热器压力试验记录，照明全负荷试验记录等。总监理工程师应组织相关人员，检查各专业验收规范中规定检测的项目是否都进行了检测；查阅各项检测报告，核查有关检测方法、内容、程序、检测结果等是否符合有关标准规定；核查有关检测单位的资质，见证取样与送样人员资格，检测报告出具单位负责人的签署情况是否符合要求。

2. 观感质量验收，这类检查往往难以定量，只能用观察、触摸或简单量测的方式进行观感质量验收，并由验收人的主观判断，检查结果并不给出"合格"或"不合格"的结论，而是综合给出"好""一般""差"的质量评价结果。所谓"好"，是指在质量符合验收规范的基础上，能到达精致、流畅的要求，细部处理到位、精度控制好；所谓"一般"，是指观感质量检验能符合验收规范的要求；所谓"差"，是指勉强达到验收规范要求或有明显的缺陷，但不影响安全或使用功能的。评为"差"的项目能进行返修的应进行返修，不能返修的只要不影响结构安全和使用功能的可通过验收。有影响安全和使用功能的项目，不能评价且应返修后再进行评价。

（三）分部（子分部）工程质量验收记录

分部（子分部）工程完工后，由施工单位填写分部工程报验表，由总监理工程师组织施工单位项目负责人和有关的勘察、设计单位项目负责人等进行质量验收，并且填写分部工程质量验收记录。

四、单位（子单位）工程质量验收合格的规定

1. 所含分部（子分部）工程的质量均应验收合格。施工单位应在验收前做好准备，将所有分部工程的质量验收记录表及相关资料，及时地进行收集整理，在核查和整理过程中，应注意：

①核查各分部工程中所含的子分部工程是否齐全；
②核查各分部工程质量验收记录表及相关资料的质量评价是否完善；
③核查各分部工程质量验收记录表及相关资料的验收人员是否是规定的有相应资质的技术人员，并进行了评价和签认。

2. 质量控制资料应完整。虽然质量控制资料在分部（子分部）工程质量验收时就已检查过，但某些资料由于受试验龄期的影响或受系统测试的需要等，难以在分部工程验收时到位，因此，在单位（子单位）工程质量验收时，应全面核查所有分部工程质量控制资料，确保所收集到的资料能充分反映工程所采用的建筑材料、构配件和设备的质量技术性能，施工质量控制和技术管理状况，保证结构安全和使用功能的施工试验和抽样检测结果以及工程参建各方质量验收的原始依据、客观记录、真实数据和见证取样等资料的准确性，确保工程结构安全和使用功能，满足设计要求。

3. 所含分部工程中有关安全、节能、环境保护和主要使用功能等的检验资料应完整。

4. 主要使用功能的抽查结果应符合相关专业质量验收规范的规定。有的主要使用功能抽查项目在相应分部（子分部）工程完成后就可进行，有的则需要等单位工程全部完成后才能进行检测。这些检测项目应在单位工程完工，施工单位向建设单位提交工程竣工验收报告之前，全部进行完毕，并将检测报告写好。至于在竣工验收时抽查什么项目，应在检查资料文件的基础上由参加验收的各方人员商定，并用计量、计数的方法抽样检验，检验结果应符合有关专业验收规范的要求。

使用功能的检查是对建筑工程和设备安装工程最终质量的综合检验，也是用户最为关心的内容，体现了过程控制的原则，也将减少工程投入使用后的质量投诉和纠纷。

5. 观感质量应符合要求。观感质量验收不仅是对工程外表质量进行检查，同时也是对部分使用功能和使用安全所作的一次全面检查。如门窗启闭是否灵活、关闭后是否严密；又如室内顶棚抹灰层的空鼓、楼梯踏步高差过大等。观感质量验收须由参加验收的各方人员共同进行，最后共同协商确定是否通过验收。

第四节 建筑工程施工质量验收的程序与组织

一、检验批及分项工程

检验批由专业监理工程师组织项目专业质量检验员等进行验收；分项工程由专业监理工程师组织项目专业技术负责人等进行验收。

检验批和分项工程是建筑工程施工质量基础，因此所有检验批和分项工程均应由监理工程师或建设单位项目技术负责人组织验收。验收前，施工单位先填好"检验批和分项工程的验收记录（有关监理记录和结论不填）"，并由项目专业质量检查员和项目专业技术负责人分别在检验批合分项工程质量检验记录中相关栏目中签字，然后由监理工程师组织严格按规定程序进行验收。

二、分部工程

分部工程由若干个分项工程构成，分部工程验收是在其所含的分项工程验收的基础上进行的，分部工程应由总监理工程师（建设单位项目负责人）组织施工单位项目负责人和技术、质量负责人等进行验收；地基与基础、主体结构分部工程的勘察、设计单位工程项目负责人和施工单位技术、质量部门负责人也应参加相关分部工程验收。

验收前，施工单位应先对施工完成的分部工程进行自检，合格后填写分部工程报验表及分部工程质量验收记录，并报送项目监理机构申请验收。总监理工程师应组织相关人员进行检查、验收，对验收不合格的分部工程，应要求施工单位进行整改，自检合格后予以复查，对验收合格的分部工程，应该签认分部工程报验表及验收记录。

三、单位（子单位）工程

单位工程质量验收也称质量竣工验收，是建筑工程投入使用前的最后一次验收，也是最重要的一次验收。参建各方责任主体和有关单位及人员，应加以重视，认真做好单位工程质量竣工验收，把好工程质量关。

（一）预验收

当单位（子单位）工程达到竣工验收条件后，施工单位应依据验收规范、设计图纸等组织有关人员进行自检，并在自查、自评工作完成后，填写工程竣工报验单，并将全部竣工资料报送项目监理机构，申请竣工验收。总监理工程师应组织各专业监理工程师对竣工资料及各专业工程的质量情况进行全面检查，对检查出的问题，应督促施工单位及时整改。对需要进行功能试验的项目（包括单机试车和无负荷试车），监理工程师应督促施工单位及时进行试验,并对重要项目进行监督、检查,必要时请建设单位和设计单位参加;监理工程师应认真审查试验报告单并督促施工单位搞好成品保护和现场清理。

经项目监理机构对竣工资料及实物全面检查及验收合格后,由总监理工程师签署工程竣工报验单,并向建设单位提出质量评估报告。

(二)正式验收

建设单位收到工程验收报告后,应由建设单位(项目)负责人组织施工(含分包单位)、设计、监理等单位(项目)负责人进行单位(子单位)工程验收。单位工程由分包单位施工时,分包单位对所承包的工程项目应按规定的程序检查评定,总包单位应派人参加。分包工程完成后,应将工程有关资料交总包单位,建设工程经验收合格的,方可交付使用。

《建设工程质量管理条例》规定,建设工程竣工验收应当具备下列条件:

1. 完成建设工程设计和合同约定的各项内容;
2. 有完整的技术档案和施工管理资料;
3. 有工程使用的主要建筑材料、建筑构配件和设备的进场试验报告;
4. 有勘察、设计、施工及工程监理等单位分别签署的质量合格文件;
5. 有施工单位签署的工程保修书。

在竣工验收时,对某些剩余工程和缺陷工程,在不影响交付的前提下,经建设单位、设计单位、施工单位和监理单位协商,施工单位应在竣工验收后的限定时间内完成。

参加验收各方对工程质量验收意见不一致时,可请当地建设行政主管部门或工程质量监督机构协调处理。单位工程验收时,如有因季节影响需后期调试的项目,单位工程可先行验收。后期调试项目可约定具体时间另行验收,如一般空调制冷性能不能在冬季验收,采暖工程不能在夏季验收。

第八章 工程安全技术管理

第一节 施工组织设计的安全技术措施

施工组织设计的安全技术措施是指在施工项目生产活动中,根据施工项目工程特点、规模、结构复杂程度、工期、施工现场环境、劳动组织、施工方法、施工机械设备、变配电设施、架设工具以及各项安全防护设施等,对施工存在的不安全因素进行预测和分析,找出危险源(点),从技术及管理上采取措施加以防范,消除和控制危险隐患,防止事故发生,确保施工项目安全施工。

在编制施工组织设计或施工方案时,对主要的分部分项工程,如土石方工程、基础工程、砌筑工程、钢筋混凝土工程、钢结构工程、结构吊装工程及脚手架工程等都必须编制单独的分部分项工程施工安全技术措施;对使用新技术、新工艺、新设备、新材料的施工项目,必须考虑相应的施工安全技术措施;对于有毒、有害、易燃及易爆等项目的施工作业,还须考虑防止可能给施工人员造成伤害的安全技术措施。

一、安全技术措施的编制要求与内容

(一)安全技术措施编制的要求

施工组织设计安全技术措施的编制应符合下列要求:

1. "安全第一,预防为主,综合治理"的安全生产方针,应作为编制安全技术措施的指导思想

"安全第一"的思想把人身的安全放在了首位,安全为了生产,生产必须要保证安全,充分体现出以人为本的理念;"预防为主"则是实现"安全第一"的重要手段,

采取正确的措施和方法进行安全管理,从而减少甚至消除隐患,尽量地把事故消灭在萌芽状态,这也是安全技术管理的最重要的思想。

工程活动从开工到竣工是一个极其复杂的过程,尤其对技术难度大、作业危险性多、进度要求快的工程,更需要制定周密的安全技术措施,保证贯彻"安全第一,预防为主,综合治理"的安全生产方针。

2. 安全技术措施要有超前性

安全技术措施必须在工程开工前编制好,并经过审批。在工程图纸会审时即编审安全技术措施,全面考虑施工安全,包括用于该工程的各种安全设施、各种安全设施的落实等。当在施工过程中出现工程更改等情况变化时,安全技术措施必须及时进行调整、补充。

3. 安全技术措施要有针对性

编制安全技术措施的技术人员必须掌握工程概况、工程特点、施工方法、场地周边环境和施工条件等第一手资料,熟悉相关国家行业安全法规、标准等,有针对性地编制安全技术措施。

(1)针对不同工程的特点分析可能造成的危害,从技术上采取了措施,消除危险,保证施工安全。

(2)针对不同的施工方法,如立体交叉作业、滑模、网架整体提升吊装、大模板施工等可能给施工带来的不安全因素,从技术上采取措施,保证施工安全。

(3)针对使用的各种机械设备、变配电设施给施工人员可能带来的危险因素,从安全保险装置等方面应采取相应的技术措施。

(4)针对施工中有毒、有害、易爆、易燃等作业可能给施工人员造成的危害,从技术上应采取防护措施,防止伤害事故。

(5)针对施工场地及周围环境可能给施工人员或周围居民带来的危害,以及材料、设备运输带来的困难和不安全因素,采取技术措施,予以保护。

安全技术措施均应贯彻于全部施工工序之中,力求细致、全面、具体。例如,施工平面布置不当、暂设工程多次迁移、建筑材料多次转运,不仅影响施工进度、造成浪费,有的还留下了隐患;再如,易爆、易燃临时仓库及明火作业区、工地宿舍、厨房等定位及间距不当,可能酿成事故。只有把多种因素和各种不利条件考虑周全,有针对性措施,才能真正做到预防事故。

对大型群体工程或一些面积大、结构复杂的重点工程,除必须在施工组织总设计中编制施工安全技术总体措施外,还应编制单位工程或分部、分项工程安全技术措施,详细地制定出有关安全方面的防护要求和措施,确保该单位工程或者分部分项工程的安全施工。此外还应编制季节性施工安全技术措施。

(二)施工组织设计安全技术措施的内容

建筑工程可以分为两类:结构共性较多的称为一般工程;结构比较复杂、技术含量较高的称为特殊工程。对于这两类工程,应根据工程施工特点、不同的危险因素,按照有关标准的规定，结合施工经验、事故教训编制安全技术措施。

1. 危险性较大的分部分项工程编制专项施工方案

对危险性较大的分部分项工程应编制专项施工方案，如大型、复杂技术设备，大跨结构安装等，技术复杂、施工对象多变、工程质量要求高；对爆破、大型吊装、沉井、模板、高层脚手架和拆除工程等也必须编制专项施工方案，来指导安全施工。

2. 一般工程安全技术措施

（1）根据基坑、基槽、地下室挖土方的深度和土壤种类，选择土方开挖方法，确定设边坡坡度。采用土壁支撑时，要确定是采用连续支撑还是不连续支撑，防止土方塌方。

（2）模板、脚手架、吊篮、吊架的承载力设计及上下通道的主要安全技术措施。

（3）安全平网、密封网的架设要求、架设层次、段落。

（4）外用电梯的设置及井架、龙门架等垂直运输设备要求及防护技术措施。

（5）"四口、五临边"的防护和交叉施工作业场地的隔离防护措施。

（6）施工工程包括外架与高压输电线路时，必须搭设绝缘防护棚或防护网架。

（7）凡高于周围避雷设施的施工工程、暂设工程、井架、龙门架等金属构筑物，都须采取防雷措施。

（8）易燃、易爆、有毒作业场所，必须采取防火、防爆、防毒措施。

（9）在建工程与周围人行通道及民房的防护及隔离设施等。

3. 季节性施工安全技术措施

不同季节的气候对施工生产带来的不安全因素可能造成各种突发性事故。季节性施工安全技术措施，就是从防护、技术、管理等方面采取的防护措施。季节性施工主要指夏季、雨期和冬期施工。一般建筑工程可在施工组织设计或施工方案中编制季节性安全技术措施；季节性施工工期长的建筑工程，应单独编制季节性施工安全措施。

季节性施工安全措施的主要内容如下：

（1）夏季施工安全技术措施

夏季气候炎热，高温时间持续较长，要合理调整作息时间，避开高温时间工作，严格控制工人加班加点作业。高处作业时间要适当缩短，保证工人有充足的休息和睡眠时间，防止中暑。

此外，针对相对封闭和高温条件下的作业场所要做好通风和降温措施。对露天作业集中和固定的场所，应搭设歇凉棚，防止热辐射，并要经常洒水降温。高温、高处作业的工人，须经常进行健康检查，发现有作业禁忌证者，应及时调离岗位。

（2）雨期施工安全技术措施

雨期作业要做好防触电、雷击和台风的措施。电源线不得使用裸导线和塑料线，也不得沿地面敷设。配电箱必须防雨、防水，电器布置符合规定，电器元件不应破损，严禁带电明露。机电设备的金属外壳必须采取可靠的接地或者接零保护。使用手持电动工具和机械设备时必须安装合格的漏电保护器，工地临时照明灯、标志灯电压应符合有关规定。电气作业人员应穿绝缘鞋、戴绝缘手套。

高处建筑物的塔吊、井字架、龙门架、脚手架等应安装避雷装置，并做好脚手架、井字架、龙门架的排水工作，防止沉降、倾斜。

基坑、基槽应做好边坡稳定和降、排水工作，一旦出现了紧急情况，应马上停止土方施工。

（3）冬期施工安全技术措施

冬期施工，主要应做好防风、防火、防滑、防煤气中毒等工作。

凡参加冬期施工作业的工人，都应接受冬期施工安全教育，并由上级对其进行安全交底。六级以上大风或大雪、大雨、大雾天气时，应停止高处作业和吊装作业。沿海地区经常有大风，必须采取有效的安全技术措施。

制定好防滑措施，损坏的通道防滑条要及时补修。对斜道、通行道、爬梯等作业面上的霜冻、冰块、积雪要及时清除。

施工用电要加强检查和维修，防止触电和火灾。严格执行用火申请和管理制度，遵守消防规定，防止火灾发生。

现场脚手架安全网和暂设电气工程、土方、机械设备等安全防护，必须要按有关规定执行。施工人员必须能正确使用个人防护用品。

二、施工组织设计编制、审批

施工组织设计按编制对象可分为施工组织总设计、单位工程施工组织设计和施工方案。

（一）施工组织设计的编制原则

（1）符合施工合同或招标文件中有关工程进度、质量、安全、环境保护及造价等方面的要求。

（2）积极开发、使用新技术和新工艺，推广、应用新材料和新设备。

（3）坚持科学的施工程序，采用流水施工和网络计划等方法，科学配置资源，合理布置现场、采取季节性施工措施，实现均衡施工，达到合理的经济、技术目标。

（4）采取技术和管理措施，推广建筑节能和绿色施工。

（5）与质量、环境及职业健康安全三个管理体系有效结合。

（二）施工组织设计的编制依据

（1）与工程建设有关的法律、法规和文件。

（2）国家现行有关标准和技术经济指标。

（3）工程所在地区行政主管部门的批准文件、建设单位对施工的要求。

（4）工程施工合同或招标文件。

（5）工程设计文件。

（6）工程施工范围内的现场条件，工程地质及水文地质、气象等自然条件。

（7）与工程有关的资源供应情况。

（8）施工企业的生产能力、机具设备状况及技术水平等。

(三) 施工组织设计的内容

施工组织设计的内容包括编制依据、工程概况、施工部署、施工进度计划、施工准备与资源配置计划、主要施工方法、施工现场平面布置和主要管理计划等。

(四) 施工组织设计的编制、审批制度

(1) 施工组织设计应由项目负责人主持编制,可根据需要分阶段编制和审批。

(2) 施工组织总设计应由总承包单位技术负责人审批,单位工程施工组织设计应由施工单位技术负责人或其授权的技术人员审批;施工方案应由项目技术负责人审批;重点、难点分部分项工程和专项工程施工方案应由施工单位技术部门组织有关专家评审,施工单位技术负责人批准。

(3) 由专业承包单位施工的分部分项工程或专项工程的施工方案,应由专业承包单位技术负责人或其授权的技术人员审批;由总承包单位施工时,应由总承包单位项目技术负责人核准、备案。

(4) 规模较大的分部分项工程和专项工程的施工方案,应按单位工程施工组织设计进行编制和审批。施工组织设计应实行动态管理,并应在工程竣工验收后归档。

三、施工组织设计中安全技术措施的编制与实施

(一) 熟悉有关资料

编制安全技术措施应熟悉以下资料:

(1) 建筑安装工程安全技术操作规程、技术规范、标准及规章制度。

(2) 施工现场的安全规定。

(3) 工种工程施工安全规定。

(4) 防护用品和机具的安全规定。

(5) 作业人员的素质要求。

(6) 其他安全防护要求。

(二) 安全技术措施编制要点

施工组织设计的安全技术措施必须深入工程各阶段、各分部分项工程。

(1) 施工组织设计要在消灭安全隐患、改善劳动条件、减轻劳动强度和提高文明施工水平方面提出治理措施。

(2) 采用新工艺、新技术、新设备、新材料以及不同工种的工序转移都要制定相应的安全措施,并提出安全技术操作要求。

(3) 对于危险性较大的分部分项工程要编制专项施工方案。

(4) 易燃、易爆、有毒物品的存放位置要在设计中加以明确,并提出使用要求。

(5) 对工种工程施工,机械设备使用、安全防护即季节性施工,制定相应的安全技术措施。

施工组织设计审批后,任何涉及安全的设施和措施不得擅自更改。如需更改,必

须报原审批单位重新审批。

(三) 安全技术措施的实施

经批准的安全技术措施必须认真贯彻执行。为保证安全技术措施的实施，应从建立安全生产责任制、加强安全生产教育培训、做好安全生产检查等三个方面入手。

1. 安全生产责任制

安全生产责任制是指企业和施工现场各部门、各类人员所规定的在其各自职责范围内对安全生产应负责任的制度。建立安全生产责任制是施工安全技术措施实施的重要保证，是安全生产管理最重要、最基础和最核心的管理制度。企业和施工现场应根据法律、法规要求和规范性文件以及安全生产管理目标，提出各岗位的安全生产职责。安全生产责任应合理、有效、目标明确，以文件形式确立并做好责任交底，保证落实。

2. 安全生产教育培训

安全生产教育培训是安全生产三大措施之一，在安全生产管理中显得尤为重要。安全生产教育培训制度是企业和施工现场安全管理的一项重要的管理制度，应保证落实，并针对施工现场提出具体的管理要求。安全教育培训的要求如下：

（1）安全生产教育培训应体现全体性，要使全体员工都真正认识到安全生产的重要性和必要性，懂得安全生产和文明施工的科学知识，牢固树立"安全第一"的思想，自觉遵守各项安全生产法律、法规及规章制度。

（2）把安全知识、安全技能、设备性能、操作规程、安全法规等作为安全教育的主要内容。

（3）建立经常性的安全教育考核制度，考核成绩要记入员工档案。

（4）安全生产教育培训制度应用文件形式确立。

3. 安全生产检查

安全生产检查制度是落实安全生产责任、全面提高安全生产管理水平和操作水平的重要管理制度。施工现场安全生产检查的要求是落实企业安全生产检查制度，建立日常安全生产检查制度。

安全生产检查不仅仅是对"物"的安全因素进行检查，也应该对"人"的安全因素进行检查，最终目的是消除隐患。

第二节　安全技术交底

一、安全技术交底的作用及要求

安全技术交底是落实安全技术措施及安全生产管理要求的重要环节，是交底方向被交底方对预防和控制生产安全事故发生及减少其危害的技术措施、施工方法进行说明的技术活动,用于指导建筑施工行为。安全技术交底是操作者的指令性文件,因此,要求具体、明确、针对性强。安全技术交底通常由工程技术人员进行,专职安全管理人员参加。

安全技术交底的作用主要有:

(1) 让作业人员了解和掌握该作业项目的安全技术操作规程和注意事项,减少因违章操作而导致的事故;

(2) 做好安全技术交底也是安全管理人员自我保护的手段。

安全技术交底的依据包括国家有关法律法规和有关标准、工程设计文件、施工组织设计、专项施工方案和安全技术措施、安全技术管理文件等要求。

安全技术交底应针对施工过程中潜在的危险因素,明确安全技术措施内容和作业程序要求;对危险性较大的分部分项工程、机械设备及设施安装拆卸的施工作业,应单独进行安全技术交底。具体内容包括项目和分部分项工程的概况、施工过程的危险部位和环节及可能导致生产安全事故的因素、针对危险因素采取的具体预防措施、作业中应遵守的安全操作规程以及应注意的安全事项、作业人员发现事故隐患应该采取的措施和发生事故后应及时采取的避险和救援措施等。

施工单位应建立分级、分层次的安全技术交底制度。安全技术交底应有书面记录,交底双方应履行签字手续,书面记录应在交底者、被交底者及安全管理者三方留存备查。

二、安全技术交底的一般规定

(一) 安全生产六大纪律

(1) 进入现场应戴好安全帽,系好帽带;正确使用个人劳动防护用品。

(2) 2m以上的高处、悬空作业,必须系好安全带、扣好保险钩。

(3) 高处作业时,不准往下或向上乱抛材料和工具等物件。

(4) 各种电动机械设备应在有可靠、有效的安全接地和防雷装置后方可启动使用。

(5) 不懂电气和机械的人员,严禁使用和摆弄机电设备。

(6) 吊装区域非操作人员严禁入内,吊装机械性能应完好,把杆下方不准站人。

(二) 安全技术操作规程一般规定

1. 施工现场

(1) 参加施工的员工要熟悉本工种的安全技术操作规程。在操作中应坚守工作岗位,按规定操作。

(2) 特种作业人员,必须经过专门培训,取得建筑施工特种作业人员操作资格证书后方可上岗从事相应作业。

(3) 正确使用防护用品和防护设施。进入施工现场,应戴好安全帽。高空作业,应系好安全带。上下交叉作业有危险的出入口,要有防护棚或者其他隔离设施。距地面2m以上作业要有防护栏杆、挡板或安全网。安全帽、安全带、安全网要定期检查,不符合要求的,严禁使用。

（4）施工现场入口处、施工起重机械、临时用电设施、脚手架、出入通道口、楼梯口、电梯井口、孔洞口、桥梁口、隧道口、基坑边沿、爆破物及有害危险气体和液体存放处等危险部位，须设置明显的安全警示标志。安全警示标志必须符合国家标准。

2. 机电设备

（1）工作前应检查机械、仪表、工具等，并确认完好方可使用。

（2）机械和动力机械的机座应稳固，转动等危险部位要安装防护装置。

（3）电气设备和线路必须绝缘良好，电线不得与金属物绑在一起。各种电动机具应按规定接地、接零并设置单一开关。临时停电或停工休息时，必须拉闸上锁。

（4）电气、仪表和设备运转应严格按照安全技术措施进行。在架空输电线路下方作业时应停电；不能停电的，应有隔离防护措施。起重机不得在架空输电线路下面作业。在架空输电线路一侧作业时，起重机械任何部位与架空输电线路的安全距离应符合有关规定。

3. 高处作业

（1）高处作业中的安全标志、工具、仪表、电气设施和其他设备必须在施工前加以检查，确认完好后方能投入使用。

（2）高处、悬空作业人员及搭设高处作业安全设施的人员必须经过专业技术培训、持证上岗，并定期进行身体检查。

（3）施工中发现高处作业的安全技术设施存在缺陷和隐患时，必须及时解决；危及人身安全时，必须立即停止作业。

（4）施工作业场所有可能坠落的物件，应该一律先行撤除或加以固定。高处作业中所用的物料，均应堆放平稳，不妨碍通行和装卸，工具应随手放入工具袋，作业中的走道、通道板和登高用具应随时清扫干净，拆卸下的物件及余料、废料均应及时清理运走，不得任意乱置或向下丢弃，传递物件时禁止抛掷。

（5）因作业需要临时拆除或变动安全防护设施时，必须经施工负责人同意，并且采取相应的可靠措施，作业后应立即恢复。

（6）防护棚搭设与拆除时应设警戒区，并应派专人监护；严禁上下同时拆除。

（7）高处作业安全设施的构造和主要受力杆件的承载力及挠度计算按现行有关规范进行。

4. 季节施工

雨天和雪天进行高处作业时，必须采取可靠的防滑、防寒和防冻措施。凡水、冰、霜、雪均应及时清除。对进行高处作业的高耸建筑物，应事先设置避雷设施。遇有六级以下强风、浓雾等恶劣气候，不得进行露天攀登与高处悬空作业。暴风雪及台风、暴雨后，应对高处作业安全设施逐一加以检查，发现有松动、变形、损坏或者脱落等现象，应立即修理、完善。

(三) 施工现场安全防护

1. 临边作业

施工现场的临边是指尚未安装栏杆的阳台周边、无外架防护的屋面周边、框架工程楼层周边、上下跑道及斜道的两侧边、卸料平台的侧边等,具体的防护措施如下:

(1) 基坑周边,尚未安装栏杆或栏板的阳台、料台与挑平台周边,雨篷与挑檐边,无外脚手架的屋面与楼层周边及水箱与水塔周边等处,都必须设置防护栏杆。

(2) 头层墙高度超过3.2m的二层楼面周边以及无外脚手架的高度超过3.2m的楼层周边,必须在外围架设安全平网一道。

(3) 分层施工的楼梯口和梯段边,必须安装临时护栏。顶层楼梯口应随工程结构进度安装正式防护栏杆。

(4) 井架、施工用电梯,脚手架与建筑物通道的两侧边必须设防护栏杆。地面通道上部应装设安全防护棚。双笼井架通道中间应予分隔封闭。

(5) 除两侧设防护栏杆外,各类垂直运输接料平台口还应设置安全门或活动防护栏杆。

2. 洞口作业

施工现场的洞口主要指通道门、预留洞口、楼梯口、电梯井口等,具体防护措施如下:

(1) 板与墙的洞口必须设置牢固的盖板、防护栏杆、安全网或其他防坠落的防护设施。

(2) 电梯井口必须设防护栏杆或固定栅门;电梯井内应每隔两层并最多隔10m设一道安全网。

(3) 钢管桩、钻孔桩等桩孔上口,杯形、条形基础上口,未填土的坑槽以及人孔、天窗、地板门等处,均应按洞口防护设置稳固的盖件。

(4) 施工现场通道附近的各类洞口与坑槽等处,除了设置防护设施与安全标志外,夜间还应设红灯示警。

3. 建筑起重机械

建筑起重机械进入施工现场前,应具备特种设备制造许可证、产品合格证、特种设备制造监督检验证明、备案证明、安装使用说明书和自检合格证明,建筑起重机械有下列情形之一时,不得出租和使用:

(1) 属国家明令淘汰或禁止使用的品种、型号。

(2) 超过安全技术标准或制造厂规定的使用年限。

(3) 经检验达不到安全技术标准规定。

(4) 没有完整的安全技术档案。

(5) 没有齐全、有效的安全保护装置。

建筑起重机械具体防护措施如下:

(1) 建筑起重机械作业时,应在臂长的水平投影覆盖范围外设置警戒区域,并应有监护措施；起重臂和重物下方不得有人停留、工作或通行；不得用吊车、物料提升机载运人员。

（2）进入施工现场的井架、龙门架安全装置应包括上料口防护棚，层楼安全门、吊篮安全门、首层防护门，断绳保护装置或防坠装置，安全停靠装置，起重机限制器，上、下限位器，紧急断电开关、短路保护、过电流保护、漏电保护、信号装置、缓冲器等；井架和龙门架物料提升机不得和脚手架连接。

（3）塔式起重机各部位的栏杆、平台、扶栏、护圈等安全防护装置应配置齐全。升降作业应在白天进行，应有专人指挥，专人操作液压系统，专人拆装螺栓。根据使用说明书的要求，应定期对塔式起重机各工种机构、所有安全装置、制动器的性能及磨损情况、钢丝绳的磨损情况、绳端固定、液压系统、润滑系统、螺栓销轴连接处等进行检查。

（4）施工升降机应设置专用开关箱，馈电容量应满足升降机直接启动的要求，生产厂家配置的电气箱内应装设短路、过载、错相、断相以及零位保护装置。施工升降机周围应设置稳固的防护围栏。楼层平台通道应平整牢固，出入口应设防护门。升降机全行程不得有危害安全运行的障碍物；安装在建筑物内部井道中时，各楼层门应封闭并应有电气连锁装置；装设在阴暗处或夜班作业的施工升降机，在全行程上应有足够的照明，并应装设明亮的楼层编号标志灯。

（5）施工升降机的防坠安全器应在标定期限内使用，标定期限不应超过一年，使用中不得任意拆检、调整。施工升降机使用前，应该对防坠安全器进行坠落试验。在使用中每隔 3 个月，施工升降机应进行一次额定载重量的坠落试验，试验程序应按使用说明书规定进行。防坠安全器试验后及正常操作中，每发生 1 次防坠动作，应由专业人员进行复位。

（6）在风速达到 20m/s 及以上大风、大雨、大雾天气或导轨架、电缆等结冰时，施工升降机应停止运行并将吊笼降到底层，切断电源。恶劣天气过后，应对施工升降机安全装置等进行检查，确认正常后运行。

4. 现场临时用电

（1）建筑施工现场临时用电工程应用专用的电源中性点直接接地的 220/380V 三相四线制低压电力系统，须采用三级配电系统、TN-S 接零保护系统和二级漏电保护系统。

（2）配电箱、开关箱应有名称、用途、分路标记及系统接线图。箱门应配锁，并应由专人负责。配电箱、开关箱应由专业电工定期检查、维修。检查、维修时必须按规定穿绝缘鞋、戴绝缘手套，必须使用电工绝缘工具，并做检查、维修工作记录。

（3）对配电箱、开关箱进行定期维修、检查时，必须将其前一级相应的电源隔离开关、分闸断电，并悬挂"禁止合闸、有人工作"标志牌，严禁带电作业，配电箱、开关箱必须按照下列顺序操作：

①送电操作顺序：总配电箱 —— 分配电箱 —— 开关箱；

②停电操作顺序：开关箱 —— 分配电箱 —— 总配电箱。

出现电气故障的紧急情况可除外。

（4）施工现场停止作业1小时以上时，应将动力开关箱断电上锁。配电箱、开关箱内不得放置任何杂物，并应保持整洁，不应该随意挂接其他用电设备，严禁随意改动电器配置和接线。熔断器的熔体更换时，严禁采用不符合原规格的熔体代替。漏电保护器每天使用前应启动漏电试验按钮试跳一次，试跳不正常时严禁继续使用。配电箱、开关箱的进线和出线严禁承受外力，严禁与金属尖锐断口、强腐蚀介质和易燃、易爆物接触。

三、基坑支护工程安全技术管理

基坑支护是为主体结构地下部分施工而采取的临时措施，基坑支护应满足的功能要求是保证基坑周边建（构）筑物、地下管线、道路的安全及正常使用，保证主体地下结构的施工空间。

（一）基坑开挖

1. 基坑

基坑开挖应符合下列规定：

（1）当支护结构构件强度达到开挖阶段的设计强度时，方可向下开挖；对采用预应力锚杆的支护结构，应在施加预加力后，方可下挖基坑；对土钉墙，应在土钉、喷射混凝土面层的养护时间大于2d后，方可下挖基坑。

（2）应按支护结构设计规定的施工顺序和开挖深度分层开挖。

（3）锚杆、土钉的施工作业面与锚杆、土钉的高差不宜大于500mm。

（4）开挖时，挖土机械不得碰撞或损害锚杆、腰梁、土钉墙面、内支撑及其连接件等构件，不得损害已施工的基础桩。

（5）当基坑采用降水时，应在降水后开挖地下水位以下的土方。

（6）当开挖揭露的实际土层性状或地下水情况与设计依据的勘察资料明显不符或出现异常现象、不明物体时，应停止挖土，在采取相应的处理措施后方可继续开挖。

（7）挖至坑底时，应避免扰动基底持力土层的原状结构。

2. 软土基坑

软土基坑开挖除应满足上述规定外，尚应符合下列规定：

（1）应按分层、分段、对称、均衡、适时的原则开挖。

（2）当主体结构采用桩基础且基础桩已施工完成时，应根据开挖面下软土的性状限制每层开挖厚度，不得造成基础桩偏位。

（3）对采用内支撑的支护结构，宜采用局部开槽方法浇筑混凝土支撑或安装钢支撑；开挖到支撑作业面后，应及时进行支撑的施工。

（4）对重力式水泥土墙，沿着水泥土墙方向应分区段开挖，每一开挖区段的长度不宜大于40m。

当基坑开挖面上方的锚杆、土钉、支撑未达到设计要求时，严禁向下超挖土方。

采用锚杆或支撑的支护结构，在未达到设计规定的拆除条件时，严禁拆除锚杆或支撑。基坑周边施工材料、设施或者车辆荷载严禁超过设计要求的地面荷载限值。

（二）基坑维护

基坑开挖和支护结构使用期内，应按下列要求对基坑进行维护：

（1）雨期施工时，应在坑顶、坑底采取有效的截排水措施；对地势低洼的基坑，应考虑周边汇水区域的地面径流向基坑汇水的影响；排水沟、集水井应采取防渗措施。

（2）基坑周边地面宜做硬化或防渗处理。

（3）基坑周边的施工用水应有排放系统，不应渗入土体。

（4）当坑体渗水、积水或有渗流时，应及时进行疏导、排泄、截断水源。

（5）开挖至坑底后，应及时进行混凝土垫层和主体地下结构施工。

（6）主体地下结构施工时，结构外墙与基坑侧壁之间应及时回填。

支护结构或基坑周边环境出现规定的报警情况或其他险情时，应立即停止开挖并根据危险产生的原因和可能的发展采取控制或加固措施。危险消除后，方可继续开挖。必要时，应对危险部位采取基坑回填、地面卸土、临时支撑等应急措施。当危险由地下水管道渗漏、坑体渗水造成时，应及时采取截断渗漏水水源及疏排渗水等措施。

四、模板工程安全技术管理

（一）一般模板工程

1. 从事模板作业的人员，应经安全技术培训。从事高处作业人员，应定期体检，不符合要求的，不得从事高处作业。安装和拆除模板时，操作人员应佩戴安全帽、系安全带、穿防滑鞋。安全帽和安全带应定期检查，不合格者严禁使用。

2. 模板及配件进场应有出厂合格证或当年的检验报告，安装前应对所用部件（立柱、楞梁、吊环、扣件等）进行认真检查，不符合要求者不得使用。

3. 模板工程应严格按施工设计与安全技术措施规定施工。满堂模板、建筑层高 5m 及以上和梁跨大于或等于 10m 的模板在安装、拆除作业前，工程技术人员应以书面形式向作业班组进行施工操作的安全技术交底，作业班组应对照书面交底进行自检和上下班次的互检。

模板工程施工过程中的检查项目应符合下列要求：

（1）立柱底部基土应回填夯实。

（2）垫木应满足设计要求。

（3）底座位置应正确，顶托螺杆伸出长度应符合规定。

（4）立杆的规格尺寸和垂直度应符合要求，不要出现偏心荷载。

（5）扫地杆、水平拉杆、剪刀撑等的设置应符合规定，固定应可靠。

（6）安全网和各种安全设施应符合要求。

4. 在高处安装和拆除模板时，周围应设安全网或搭脚手架并应加设防护栏杆。在临街面及交通要道地区尚应设警示牌，派专人看管。

5. 作业时，模板和配件不得随意堆放。模板应放平放稳，严防滑落。脚手架或操作平台上临时堆放的模板不宜超过3层。连接件应放在箱盒或工具袋中，不得散放在脚手板上。脚手架或操作平台上的施工总荷载不得超过其设计值。对负荷面积大和高4m以上的支架立柱采用扣件式钢管、门式钢管脚手架时，除应该有合格证外，对所用扣件应用扭矩扳手进行抽检，合格后方可使用。

6. 多人共同操作或扛抬组合钢模板时，必须密切配合、协调一致、互相呼应。模板安装时，上下应有人接应，随装随运，严禁抛掷。不得将模板支搭在门窗框上，也不得将脚手板支搭在模板上。严禁将模板与上料井架及有车辆运行的脚手架或操作平台支成一体。

7. 支模过程中如遇中途停歇，应将已就位模板或支架连接稳固，不得浮搁或悬空。拆模中途停歇时，应将已松扣或已拆松的模板、支架等拆下运走，防止构件坠落伤人或作业人员扶空坠落。作业人员严禁攀登模板、斜撑杆、拉条或绳索等，也不得在高处的墙顶、独立梁或模板上行走。

8. 模板施工中应设专人负责安全检查，发现问题应报告有关人员处理，当遇险情时，应立即停工和采取应急措施，待排除险情后方可继续施工。

9. 在大风地区或大风季节施工时，模板应有抗风的临时加固措施。当钢模板高度超过15m时，应安设避雷设施，避雷设施的接地电阻不得大于4Ω。当遇大雨、大雾、沙尘、大雪或六级以上大风等恶劣天气时，应停止露天高处作业。五级及以上风力时，应停止高空吊运作业。雨、雪停止后，应该及时清除模板和地面上的积水或冰雪。

（二）滑升模板工程

滑升模板施工必须编制安全专项施工方案，且必须经专家论证。操作人员应严格按照专项施工方案组织施工。

（1）滑模平台在提升前应对全部设备装置进行检查，调试合格后方可使用，重点放在检查平台的装配、节点、电气及液压系统。

（2）平台内、外脚手架使用前应一律安装好轻质、牢固的安全网，并将安全网靠紧筒壁，经验收后方可使用。滑模施工工程应设置可靠楼梯或在建筑物内及时安装楼梯。

（3）滑模提升时，应统一指挥，并有专人监测千斤顶，出现不正常情况时，应立即停止滑升。待找出原因并制定措施后，方可继续滑升。

（4）滑模施工中应严格按施工方案要求分散堆载，平台不得超载或出现不均匀堆载现象。施工人员服从统一指挥，不得擅自操作液压设备和机械设备，应遵守施工安全操作规程有关规定。

（三）大模板工程

大模板工程必须编制安全专项施工方案，且必须要经专家论证后实施。

（1）平模存放时应满足自稳角的要求，两块大模板应采取板面对板面的方法存放，大模板存放在施工楼层时应有可靠的防倾倒措施，不得沿外墙周边放置或垂直于外墙存放。没有支撑或自稳角不足的大模板,要存放在专用的堆放架上或者平放,不得靠在其他模板或物件上,严防滑移、倾倒。

(2)模板起吊前应检查吊装用绳索、卡具和每一块模板上的吊环是否完整、有效,并拆除临时支撑,经检查无误后方可起吊。模板起吊前应将吊车的位置调整适当,做到稳起稳落、就位准确,禁止用人力搬动模板,严防模板大幅度摆动或碰到其他模板。

(3)在大模板拆装区域周围应设置围栏并悬挂明显的标示牌,禁止非作业人员入内。组装平模时,应及时用卡具或花篮螺栓将相邻模板连接好,防止倾倒。

(4)全现浇结构安装模板时,应将悬挑担固定,位置调整准确后,方可摘钩。外模安装后,立即穿好销杆,紧固螺栓。安装外模板的操作人员应系好安全带。在模板组装或拆除时,指挥、拆除、挂钩人员应站在安全可靠的地方进行操作,严禁人员随大模板起吊。

(5)大模板拆除后,应及时清除模板上的残余混凝土,并涂刷脱板模剂,模板要临时固定好。板面停放之间应留出50～60cm宽的人行道,模板上方要用拉杆固定。

(6)墙板就位前应根据设计标高找平。墙板平面布置就位后,使用花篮卡具卡在墙板上。待预留钢筋与预埋铁件焊牢后,方可以摘掉吊环卡具。

(四)爬升模板(爬模)工程

爬模工程必须编制安全专项施工方案,且必须经专家论证。

(1)爬模装置的安装、操作、拆除应在专业厂家指导下进行,专业操作人员应进行爬模施工安全、技术培训,合格后方可上岗操作。爬模工程应设专职安全员,负责爬模施工的安全监控并填写安全检查表。

(2)操作平台上应在显著位置标明允许荷载值,设备、材料及人员等荷载应均匀分布,人员、物料不得超过允许荷载。爬模装置爬升时不应堆放钢筋等施工材料,非操作人员应撤离操作平台。

(3)机械操作人员应按有关规定定期对机械、液压设备等进行检查、维修,确保使用安全。操作平台上应按消防要求设置灭火器,施工消防供水系统应随爬模施工同步设置。在操作平台上进行电、气焊作业时应有防火措施和专人看护。

(4)对后退进行清理的外墙模板应及时恢复停放在原合模位置,并应临时拉结固定。架体爬升时,模板距结构表面不应该大于300mm。

(5)遇有六级以上强风、浓雾、雷电等恶劣天气,应停止爬模施工作业并取可靠的加固措施。

(6)操作平台与地面之间应有可靠的通信联络。爬升和拆除过程中应分工明确、各负其责,应实行统一指挥。爬升和拆除指令只能由爬模总指挥一人下达,操作人员发现有不安全问题,应及时处理、排除并立即向总指挥反馈信息。爬模操作平台上应有专人指挥起重机械和布料机,防止吊运的料斗、钢筋等碰撞爬模装置或操作人员。

(7)爬模装置拆除时,参加拆除的人员必须系好安全带并扣好保险钩。每次起吊模板或架体前,操作人员必须离开。爬模施工现场必须有明显的安全标志,爬模安装、拆除时地面必须设围栏和警戒标志并派专人看守,严禁非操作人员入内。

五、钢结构工程安全技术管理

（1）钢结构施工前，应编制施工安全、环境保护专项方案及安全应急预案。作业人员应进行安全生产教育和培训。施工时，应为作业人员提供符合国家标准规定的合格劳动保护用品，并且培训和监督作业人员正确使用。

（2）多层及高层钢结构施工应采用人货两用电梯登高。对电梯尚未到达的楼层，应搭设合理的安全登高设施。钢柱吊装松钩时，施工人员宜通过钢挂梯登高，并应采用防坠器进行人身保护。钢挂梯应预先与钢柱可靠连接，并应随钢柱起吊。

（3）钢结构安装所需的平面安全通道应分层、连续搭设。平面安全通道宽度不宜小于600mm，且两侧应设置安全护栏或防护钢丝绳。在钢梁及桁架上行走的作业人员应佩戴双钩安全带。

（4）边长或直径为20～40cm的洞口应采用刚性盖板固定防护；对边长或直径为40～150cm的洞口应架设钢管脚手架、满铺脚手板等；边长或直径在150cm以上的洞口应张设密目安全网防护并加护栏。建筑物楼层钢梁吊装完毕后，应及时分区铺设安全网。楼层周边钢梁吊装完成后，应在每层临边设置防护栏，且防护栏高度不应低于1.2m。搭拆临边脚手架、操作平台、安全挑网等应可靠固定在结构上。

（5）吊装区域应设置安全警戒线，非作业人员禁止入内。吊装物吊离地面200～300mm时，应进行全面检查，确认无误后方能正式起吊。当风速达到10m/s时，宜停止吊装作业；当风速达到15m/s时，不应进行吊装作业。高空作业使用的小型手持工具和小型零部件应采取防坠落措施。

（6）高空焊接和气割作业时，应清除作业区下方的危险易燃物，并采取防火措施。施工用电应符合现行国家标准的规定。施工现场应有专业人员负责安装、维护和管理用电设备和电线路。

（7）每天吊装至楼层或屋面上的板材若未安装完，要采取牢靠的临时固定措施。压型钢板表面有水、冰、霜或雪时，应及时清除并应采取相应的防滑保护措施。

六、脚手架工程安全技术管理

脚手架安装与拆除人员必须是经考核合格、持证上岗的专业架子工。搭拆脚手架时，相关人员必须戴安全帽、系安全带、穿防滑鞋。

（一）扣件式钢管脚手架

（1）脚手架的构配件质量与搭设质量，应按规定进行检查验收，并且应确认合格后使用。钢管上严禁打孔。

（2）作业层上的施工荷载应符合设计要求，不得超载。不得将模板支架、缆风绳、泵送混凝土和砂浆的输送管等固定在架体上。严禁悬挂起重设备，严禁拆除或移动架体上的安全防护设施。

（3）满堂支撑架顶部的实际荷载不得超过设计规定。满堂脚手架与满堂支撑架在安装过程中应采取防倾覆的临时固定措施。满堂支撑架在使用过程中，应设有专人监护施工，当出现异常情况时，应立即停止施工，迅速撤离作业面上人员并采取确保安全的措施，查明原因，做出判断和处理。

（4）当有六级及以上大风、浓雾、雨或雪天气时应停止脚手架搭设和拆除作业。雨、雪后上架作业应有防滑措施并扫除积雪。夜间不宜进行脚手架搭设与拆除作业。

（5）脚手板应铺设牢靠、严实并应安全网双层兜底。施工层以下每隔10m应用安全网封闭。单、双排脚手架、悬挑式脚手架应用密目式安全网沿架体外围全封闭，密目式安全网宜设置在脚手架外立杆的内侧并应与架体绑扎牢固。

（6）在脚手架使用期间，严禁拆除主节点处的纵、横向水平杆，纵、横向扫地杆和连墙件。开挖脚手架基础下的设备基础或管沟时，必须对脚手架采取加固措施。临街搭设脚手架时，外侧应有防止坠物伤人的措施。

（7）在脚手架上进行电、气焊作业时，应有防火措施并派专人看守。工地临时用电线路的架设及脚手架接地、避雷措施等应按现行规定执行。

（8）搭拆脚手架时，地面应设围栏和警戒标志并且派专人看守，严禁非操作人员入内。

（二）门式钢管脚手架

1. 操作层上施工荷载应符合设计要求，不得超载。不得在脚手架上集中堆放模板、钢筋等物件。严禁在脚手架上拉缆风绳或固定、架设混凝土泵、泵管及起重设备等。

2. 施工期间不得拆除下列杆件：

（1）交叉支撑，水平架。

（2）连墙件。

（3）加固杆件：如剪刀撑、水平加固杆、扫地杆及封口杆等。

（4）栏杆。

作业需要临时拆除交叉支撑或连墙件时，应经主管部门批准并符合下列规定：

（1）交叉支撑只能在门架一侧局部拆除。临时拆除后，在拆除交叉支撑的门架上、下层面应满铺水平架或脚手板。作业完成后，应立即恢复拆除的交叉支撑；拆除时间较长时，还应加设扶手或安全网。

（2）只能拆除个别连墙件，在拆除前、后应采取安全措施，并应在作业完成后立即恢复；不得在竖向或水平向同时拆除两个及两个以上连墙件。

3. 六级及以上大风和雨、雪、雾天应停止脚手架的搭设、拆除及施工作业。在脚手架基础或邻近严禁进行挖掘作业。临街搭设的脚手架外侧应有防护措施，以防坠物伤人。沿脚手架外侧严禁攀登。

4. 脚手架与架空输电线路的安全距离、工地临时用电线路架设及脚手架接地避雷措施等应按有关规定执行。

5. 对脚手架应设专人负责进行经常检查和保修工作，对高层脚手架应定期做门架立杆基础沉降检查，发现问题应立即采取措施。

（三）碗扣式钢管脚手架

（1）作业层上的施工荷载应符合设计要求，不得超载，不得在脚手架上集中堆放模板、钢筋等物料。混凝土输送管、布料杆及塔架拉结缆风绳不得固定在脚手架上。

（2）脚手架使用期间，严禁擅自拆除架体结构杆件，如需拆除必须报请技术主管同意，确定补救措施后方可实施。严禁在脚手架基础及邻近处进行挖掘作业。

（3）遇六级及以上大风、雨雪、大雾天气时，应该停止脚手架的搭设与拆除作业。脚手架应与输电线路保持安全距离，施工现场临时用电线路架设及脚手架接地防雷措施等应按规定执行。

（四）盘扣式钢管支架

（1）模板支架混凝土浇筑作业层上的施工荷载不应超过设计值。混凝土浇筑过程中，应派专人在安全区域内观测模板支撑架的工作状态，发生异常时观测人员应及时报告施工负责人，情况紧急时应迅速撤离施工人员并进行相应加固处理。

（2）模板支撑架及脚手架使用期间，严禁擅自拆除架体结构杆件，如需拆除必须报请工程项目技术负责人以及总监理工程师同意，确定防控措施后方可实施。

（3）严禁在模板支架及脚手架基础开挖深度影响范围内进行挖掘作业。高支模区域内，应设置安全警戒线，不得上下交叉作业。

（4）在脚手架或模板支架上进行电气焊作业时，必须有防火措施和专人监护。模板支架及脚手架应与架空输线电路保持安全距离，工地临时用电线路架设及脚手架接地防雷击措施等应按规定执行。

（五）工具式脚手架

工具式脚手架主要包括附着式升降脚手架、高处作业吊篮和外挂防护架等。

1. 工具式脚手架安装前，应根据工程结构、施工环境等特点编制专项施工方案，并应经总承包单位技术负责人审批、项目总监理工程师审核后实施。专项施工方案应包括工程特点，平面布置情况，安全措施，特殊部位的加固措施，工程结构受力核算，安装、升降、拆除程序及措施，使用规定等内容。

2. 工具式脚手架专业施工单位应当建立健全安全生产管理制度，制定相应的安全操作规程和检验规程，制定设计、制作、安装、升降、使用、拆除及日常维护保养等的管理规定。

3. 施工现场使用工具式脚手架应由总承包单位统一监督，并应符合下列规定：

（1）安装、升降、使用、拆除等作业前，应向有关作业人员进行安全教育；并应监督对作业人员的安全技术交底。

（2）应对专业承包人员的配备和特种作业人员的资格进行审查。

（3）安装、升降、拆卸等作业时，应该派专人进行监督。

（4）应组织工具式脚手架的检查验收。

（5）应定期对工具式脚手架使用情况进行安全巡检。

4. 工具式脚手架的防坠落装置应经法定检测机构标定后方可使用，使用过程中，使用单位应定期对其有效性和可靠性进行检测，安全装置受冲击荷载后应进行解体检验。

5. 在工具式脚手架使用期间，不应拆除架体上的杆件、与建筑物连接的各类杆件（如连墙件、附墙支座）等。

6. 临街搭设时，外侧应有防止坠物伤人的措施。安装、拆除时，在地面应设围栏和警戒标志并派专人看守，非操作人员不得入内。

7. 工具式脚手架在施工现场安装完成后应进行整机检测。作业层上的施工荷载应符合设计要求，不得超载。不得将模板支架、缆风绳、泵送混凝土和砂浆的输送管等固定在架体上，不得用其悬挂起重设备。

8. 遇五级及以上大风和雨天，不得提升或下降工具式脚手架。工具式脚手架所使用的电气设施、线路及接地、避雷措施等应符合规定。

9. 当施工中发现工具式脚手架故障和存在安全隐患时，应及时排除，可能危及人身安全时，应停止作业，由专业人员进行整改，整改后的工具式脚手架应重新进行验收检查，合格后方可使用。

10. 剪刀撑应随立杆同步搭设，扣件螺栓拧紧力矩不应小于40N•m，且不应大于65N•m。

七、起重机械安全技术管理

建筑起重机械的装拆应由具有起重设备安装工程承包资质的单位施工，操作和维修人员应持证上岗。起重机械装拆方案的编制、审批和机械首次使用、升节、附墙等验收应按现行有关规定执行。

建筑起重机械的变幅限位器、力矩限制器、起重量限制器、防坠安全器、钢丝绳防脱装置、防脱钩装置以及各种行程限位开关等安全保护装置必须齐全有效，严禁随意调整或拆除。严禁利用限制器和限位装置代替操纵机构。

风速达到9.0m/s及以上或大雨、大雪、大雾等恶劣天气时，严禁进行建筑起重机械的安装、拆卸作业。风速达到12.0m/s及以上或大雨、大雪、大雾等恶劣天气时，应停止露天起重吊装作业。恶劣天气过后，重新作业前，应该先进行试吊，确认各种安全装置灵敏、可靠后，方可进行作业。

（一）塔式起重机

1. 塔式起重机的金属结构、轨道应有可靠的接地装置，接地电阻不应大于4Ω。高位塔式起重机应设置防雷装置。

2. 塔式起重机进行装拆作业前，应进行下列检查：

（1）混凝土基础、路基和轨道铺设应符合技术要求。

（2）应对所装拆塔式起重机的各机构、结构焊缝、重要部位螺栓、销轴、卷扬机构和钢丝绳、吊钩、吊具、电气设备、线路等进行检查，消除隐患。

（3）应对自升塔式起重机顶升液压系统的液压缸和油管、顶升套架结构、导向轮、顶升支撑（爬爪）等进行检查，确认其处在完好工况。

（4）装拆人员应使用合格的工具、安全带及安全帽。

（5）装拆作业中配备的起重机械等辅助机械应状况良好，技术性能应保证装拆作业条件。

（6）装拆现场的电源电压、运输道路、作业场地等应具备装拆作业条件。

（7）安全监督岗的设置及安全技术措施的贯彻落实已符合要求。

3. 塔式起重机安装过程中，应分阶段检查验收。各机构动作应正确、平稳、制动可靠、各安全装置应灵敏有效。在无载荷情况下，塔身的垂直度允许偏差为4/1 000。

4. 塔式起重机升降作业时，应符合下列规定：

（1）升降作业应有专人指挥，专人操作液压系统，专人拆装螺栓，非作业人员不得登上顶升套架的操作平台，操纵室内只准一人操作。

（2）升降作业应在白天进行。

（3）顶升前应预先放松电缆，电缆长度应大于顶升总高度并紧固好，下降时应适时收紧电缆。

（4）升降作业前，应对液压系统进行检查和试机，应在空载状态下将液压缸活塞杆伸缩3～4次，检查无误后，再将液压缸活塞杆通过顶升梁借助顶升套架的支撑，顶起荷载100～150mm，停10min，观察液压缸荷载是否有下滑现象。

（5）升降作业时，应调整好顶升套架滚轮与塔身标准节的间隙，并应按规定要求使起重臂和平衡臂处于平衡状态，将回转机构制动。当回转台与塔身标准节之间的最后一处连接螺栓（销轴）拆卸困难时，应将最后一处连接螺栓（销轴）对角方向的螺栓重新插入，再采取其他方法进行拆卸，不得用旋转起重臂的方法松动螺栓（销轴）。

（6）顶升撑脚（爬爪）就位后，应及时插上安全销，才能继续升降作业。

（7）升降作业完毕后，应该按规定扭力紧固各连接螺栓，应将液压操纵杆扳到中间位置，并切断液压升降机构电源。

5. 起重机的附着装置应符合下列规定

（1）附着建筑物的锚固点的承载能力应满足塔式起重机技术要求。附着装置的布置方式应按使用说明书的规定执行。当有变动时，应另行设计。

（2）附着杆件与附着支座（锚固点）应采取销轴铰接。

（3）安装附着框架和附着杆件时，应用经纬仪测量塔身垂直度，并且应利用附着杆件进行调整，在最高锚固点以下垂直度允许偏差为2/1000。

（4）安装附着框架和附着支座时，各道附着装置所在平面与水平面的夹角不得超过10°。

（5）附着框架宜设置在塔身标准节连接处，并应箍紧塔身。

（6）塔身顶升到规定附着间距时，应该及时增设附着装置。塔身高出附着装置的自由端高度，应符合使用说明书的规定。

（7）塔式起重机作业过程中，应经常检查附着装置，发现松动或异常情况时，应立即停止作业，故障未排除不得继续作业。

（8）拆卸塔式起重机时，应随着降落塔身的进程拆卸相应的附着装置。严禁在落塔之前先拆附着装置。

（9）附着装置的安装、拆卸、检查和调整应有专人负责。

（10）行走式塔式起重机做固定式塔式起重机使用时，应提高轨道基础的承载能力，切断行走机构的电源，并且应设置阻挡行走轮移动的支座。

6. 塔式起重机内爬升时应符合下列规定：

（1）内爬升作业时，信号联络应通畅。

（2）内爬升过程中，严禁进行塔式起重机的起升、回转、变幅等各项动作。

（3）塔式起重机爬升到指定楼层后，应立即拔出塔身底座的支撑梁或支腿，通过内爬升框架及时固定在结构上并顶紧导向装置或用楔块塞紧。

（4）内爬升塔式起重机的塔身固定间距应符合使用说明书要求。

（5）应对设置内爬升框架的建筑结构进行承载力复核，并应根据计算结果采取相应的加固措施。

7. 雨天后，对行走式塔式起重机，应检查轨距偏差、钢轨顶面的倾斜度、钢轨的平直度、轨道基础的沉降及轨道的通过性能等；对于固定式塔式起重机，应检查混凝土基础是否出现不均匀沉降。

8. 根据使用说明书的要求，应定期对塔式起重机各工作机构、所有安全装置、制动器的性能及磨损情况、钢丝绳的磨损及端头固定、液压系统、润滑系统、螺栓销轴连接处等进行检查。

9. 当同一施工地点有两台以上塔式起重机并可能互相干涉时，应制定群塔作业方案。两台塔式起重机之间的最小架设距离应保证低位塔式起重机的起重臂端部与另一台塔式起重机的塔身之间至少有 2m 的距离。处于高位塔式起重机的最低位置的部件（吊钩升至最高点或平衡重的最低部位）与低位塔式起重机中处于最高位置部件之间的垂直距离不应小于 2m。

10. 塔式起重机启动应并符合下列要求：

（1）金属结构和工作机构的外观情况应正常。

（2）安全保护装置和指示仪表齐全完好。

（3）齿轮箱、液压油箱的油位应符合规定。

（4）各部位连接螺栓不得松动。

（5）钢丝绳磨损应在规定范围内，滑轮穿绕应该正确。

（6）供电电缆不得破损。

作业前，应进行空载运转，试验各工作结构并确认运转正常，不应有噪声及异响，确认各机构的制动器及安全保护装置应灵敏有效后方可作业。

11. 重物就位时，应采用慢就位工作机构。起吊重物时，重物和吊具的总质量不得超过塔式起重机相应幅度下规定的起重量。

12. 动臂式塔式起重机的变幅动作应单独进行；允许带载变幅的，当荷载达到额定起重量的 90% 及以上时，不得增加幅度。

13. 停机时，应将每个控制器拨回零位，依次断开各开关，关闭操纵室门窗，下机后，应锁紧夹轨器，断开电源总开关，打开高空障碍灯。

14. 动臂式和尚未附着塔式起重机及附着之上塔式起重机桁架上不得悬挂标语牌。

（二）施工升降机

1. 施工升降机作业前应重点检查下列项目：

（1）结构不得有变形，连接螺栓不得松动。

（2）齿条与齿轮、导向轮与导轨应接合正常。

（3）钢丝绳应固定良好，不得有异常磨损。

（4）运行范围内不得有障碍。

（5）安全保护装置应灵敏可靠。

2. 施工升降机应按使用说明书要求进行维护保养，并应定期检验制动器的可靠性，制动力矩应达到使用说明书要求。

3. 启动前应检查并确认供电系统、接地装置安全有效，控制开关应在零位。电源接通后应检查并确认电压正常，试验并确认各限位装置、吊笼、围护门等处的电气连锁装置良好可靠，电气仪表应灵敏有效。作业前应进行试运行，测定各机构制动器的效能。

4. 吊笼内乘人或载物时，应使荷载均匀分布，不得偏重、不得超载运行。

5. 施工升降机运行到最上层或最下层时，不得用行程限位开关作为停止运行的控制开关。当需在吊笼的外面进行检修时，另外一个吊笼应停机配合，切断的电源并有专人监护。

6. 作业后，应将吊笼降到底层，各控制开关拨到零位，切断电源、锁好开关箱、闭锁吊笼门和围护门。

八、现场临时用电安全技术管理

建筑施工用电是指施工过程中的用电，又称为临时用电。为了保障施工现场用电安全，防止触电和电气火灾事故发生，必须加强对建筑施工临时用电的安全管理。

建筑施工临时用电的安全管理有以下基本要求：

1. 项目经理部应当制定安全用电管理制度。

2. 项目经理应当明确施工用电管理人员、电气工程技术人员和各分包单位的电气负责人。电工必须通过考核，持证上岗，其他用电人员必须通过相关安全教育培训和技术交底，考核合格后方可上岗。

3. 安装、巡检、维修或拆除临时用电设备和线路必须由电工完成并且应有人监护。电工等级应同工程的难易程度和技术复杂性相适应，各类用电人员应掌握安全用电基本知识和所用设备的性能，并应符合下列规定：

（1）使用电气设备前必须按规定穿戴和配备相应的劳动防护用品，并应检查电气装置和保护设施，严禁设备带"病"运转。

（2）保管和维护所用设备，发现问题及时报告解决。

（3）暂时停用设备的开关箱必须断开电源并应关门上锁。

（4）移动电气设备时，必须经电工切断电源并做妥善处理后进行。

4．施工现场临时用电必须建立安全技术档案，并且应包括下列内容：

（1）用电组织设计的全部资料。

（2）修改用电组织设计的资料。

（3）用电技术交底资料。

（4）用电工程检查验收表。

（5）电气设备的试、检验凭单和调试记录。

（6）接地电阻、绝缘电阻和漏电保护器漏电动作参数测定记录表。

（7）定期检（复）查表。

（8）电工安装、巡检、维修、拆除工作记录。

5．临时用电工程应定期检查。临时用电工程定期检查应按分部分项工程进行定期检查，及时处理安全隐患，复查接地电阻值和绝缘电阻值并履行复查验收手续。

6．工程项目每周应对临时用电工程至少进行一次安全检查，对于检查中发现的问题及时整改。

九、安全技术交底的内容与措施

安全技术交底是一项技术性工作，属于企业技术管理的范畴，应以企业的技术部门为主，生产安全部门参与进行。

安全技术交底主要包括三个方面：一是按工程部位，分部分项进行交底；二是对施工作业相对固定、与工程施工部位没有直接关系的工种，如起重机械、钢筋加工等，应单独进行交底；三是对工程项目的各级管理人员，应进行以安全施工方案为主要内容的交底。

（1）专项施工项目及企业内部规定的重点施工工程开工前，企业的技术负责人应向参加施工的施工管理人员进行安全技术交底。

（2）各分部分项工程、关键工序和专项方案实施前，项目技术负责人应当会同方案编制人员就方案的实施向施工管理人员进行技术交底，并提出方案涉及的设施安装和验收的方法和标准，项目技术负责人和方案编制人员必须参与方案实施的验收和检查。

（3）总承包单位向分包单位，分包单位工程项目的安全技术人员向作业班组进行安全技术措施交底。

（4）施工管理人员及各条线管理人员应对新进场的工人实施作业人员工种交底。

（5）作业班组应对作业人员进行班前交底。

交底应细致全面、讲究实效，不能流于形式。企业安全人员受企业安全机构的委派参与安全技术交底，在工程实施中应按交底的内容和技术标准、规范、内部规章制度实施安全管理。

安全技术交底必须有书面交底记录，交底双方应履行签字手续，各保留一套交底文件，并应在技术、施工、安全三方备案存档。

第三节　建筑施工安全检查

一、建筑施工安全检查的内容和方法

建筑施工安全检查的目的是消除隐患、防止事故、改善劳动条件和提高员工安全生产意识。因此，建筑施工安全检查是安全控制的重要手段，也是安全控制工作的一项重要内容。通过安全检查，可以发现工程中的危险因素，以便有计划地采取措施，保证安全生产。建筑施工项目的安全检查应由项目经理组织，定期进行。

（一）建筑施工安全检查的内容

建筑施工安全检查可分为日常检查、专业检查、季节性检查、节假日前后的检查和不定期检查等类型。安全检查的内容主要是查思想、查管理、查隐患、查整改、查事故处理等。

1. 查思想

主要是检查企业的领导和职工对安全生产工作的认识。

2. 查管理

主要检查工程的生产安全管理是否有效，主要内容包括安全生产责任制、安全技术措施计划、安全组织机构、安全保证措施、安全技术交底、安全教育、持证上岗、安全设施、安全标志、操作过程、违章行为及安全记录等。

3. 查隐患

主要检查作业现场是否符合安全生产、文明生产要求。

4. 查整改

主要检查对过去提出问题的整改情况。

5. 查事故处理

对安全事故的处理应达到查明事故原因，明确责任并对责任人做出处理，明确及落实整改措施等要求，还应检查对伤亡事故报告是否及时。

建筑施工安全检查的重点是违章指挥和违章作业。安全检查后应编制安全检查报告，说明已达标项目和未达标项目，存在的问题及原因分析，提出的纠正及预防措施。

（二）建筑施工安全检查的方法

1. "看"

主要是看管理记录、持证上岗、现场标志、交接验收资料、"三宝"使用情况、"四口"及临边防护情况、设备防护装置等。

2. "量"

主要是用尺进行实测实量，如脚手架各种杆件间距、塔吊道轨距离、电气开关箱安装高度及在建工程临近高压线距离等。

3. "测"

用仪器、仪表实地进行测量，如用水平仪测量道轨纵、横向倾斜度，用地阻仪遥测地阻等。

4. "现场操作"

是指对各种限位装置进行实际动作，检查其灵敏度，如塔吊的力矩限制器、行走限位、龙门架的超高限位装置、翻斗车制动装置等。能测量的数据或操作试验，不能用估计、步量等代替，尽量采用定量方法检查。

为保证建筑施工安全检查达到预期目标，在检查时应注意以下几点：

（1）安全检查要深入基层，紧紧依靠职工，坚持领导与群众相结合的原则，组织好检查工作。

（2）建立检查的组织领导机构，配备适当的检查力量，挑选具有较高技术、业务水平的专业人员参加。

（3）做好检查的各项准备工作，包括思想、业务知识、法规政策、检查设备及奖金等方面的准备。

（4）要从实际出发，明确检查的目的和要求，分清主次矛盾，力求实效。

（5）把自查和互查结合起来，基层来自检为主，企业部门间要互相检查，取长补短，相互学习和借鉴。

（6）坚持查改结合。检查不是目的，整改才是最终目的，发现问题后要及时采取切实有效的防范措施。

（7）结合《建筑施工安全检查标准》（JGJ 59-2011）的实施，逐步建立健全检查档案，收集基本数据，掌握基本安全状况，为及时消除隐患提供数据，同时也为以后的职业健康安全检查奠定基础。

二、《建筑施工安全检查标准》概述

为科学评价建筑施工现场安全生产，预防生产安全事故的发生，保障施工人员的安全和健康，提高施工管理水平，实现安全检查工作的标准化，住房和城乡建设部颁发了《建筑施工安全检查标准》（JGJ 59-2011）（以下简称《标准》），自2012年7月1日起实施。《标准》共分总则、术语、检查评定项目、检查评分方法、检查评定等级共5章79条，另外附有1个建筑施工安全检查评分汇总表，19个分项检查评分表。

《建筑施工安全检查标准》规定："建筑施工安全检查评定中保证项目应全数检查"，"当建筑施工安全检查评定的等级为不合格时，必须限期整改达到合格。"

(一)术语

1. 保证项目

是指检查评定项目中,对施工人员生命、设备设施和环境安全起关键性作用的项目。

2. 一般项目

是指检查评定项目中,除保证项目以外的其他项目。

3. 公示标牌

是指在施工现场的进、出口处设置的工程概况牌、管理人员名单及监督电话牌、消防保卫牌、安全生产牌、文明施工牌及施工现场总平面图等。

4. 临边

是指施工现场内无围护设施或围护设施高度低于0.8m的楼层周边,楼梯侧边,平台或阳台边,屋面周边和沟、坑、槽、深基础周边等危及人身安全的边沿。

(二)检查评定项目

对建筑施工易发生伤亡事故的主要环节、部位和工艺等完成情况做安全检查评价时,应采用检查评分表的形式。《标准》包括安全管理、文明施工、扣件式钢管脚手架、门式钢管脚手架、碗扣式钢管脚手架、承插型盘扣式钢管脚手架、满堂脚手架、悬挑式脚手架、附着式升降脚手架、高处作业吊篮、基坑工程、模板支架、高处作业、施工用电、物料提升机、施工升降机、塔式起重机、起重吊装及施工机具共19项分项检查评定项目及评分表和一张检查总评分汇总表。

(三)检查评分方法

1. 建筑施工安全检查评定中,保证项目应全数检查。

2. 建筑施工安全检查评定应符合《标准》各检查评定项目的有关规定,并应按《标准》规定的评分表进行评分。

3. 各评分表的评分应符合下列规定:

(1)分项检查评分表和检查评分汇总表的满分分值均应该为100分,评分表的实得分值应为各检查项目所得分值之和。

(2)评分应采用扣减分值的方法,扣减分值总和不得超过该检查项目的应得分值。

(3)当按分项检查评分表评分时,保证项目中有一项未得分或保证项目小计得分不足40分,此分项检查评分表不应得分。

(4)检查评分汇总表中各分项项目实得分值应该按下式计算:

$$A_I = \frac{B \times C}{100}$$

(8-1)

式中

A_1 汇总表各分项项目实得分值；

B 汇总表中该项应得满分值；

C —— 该项检查评分表实得分值。

（5）当评分遇有缺项时，分项检查评分表或检查评分汇总表的总得分值应该按下式计算：

$$A_2 = \frac{D}{E} \times 100$$

（8-2）

式中

A_2 —— 遇有缺项时总得分值；

D —— 实查项目在该表的实得分值之和；

E —— 实查项目在该表的应得满分值之和。

（6）脚手架、物料提升机与施工升降机、塔式起重机与起重吊装项目的实得分值，应为所对应专业的分项检查评分表实得分值的算术平均值。

（四）检查评定等级

建筑施工安全检查评分，应按汇总表的总得分和分项检查评分表的得分，对建筑施工安全检查评定划分为优良、合格及不合格三个等级。

1. 优良

分项检查评分表无零分，汇总表得分值应在 80 分及以上为优良。优良的标准为施工现场内无重大事故的隐患，各项工作达到行业平均先进水平。

2. 合格

分项检查评分表无零分，汇总表得分值应在 80 分以下，70 分及以上为合格，合格的标准为达到施工现场保证安全的基本要求。

3. 不合格

当汇总表得分值不足 70 分或有一分项检查评分表得零分时为不合格。不合格说明在工地的安全管理上存在重大安全隐患，如不及时整改可能诱发重大事故。当建筑施工安全检查评定的等级为不合格时，必须限期整改，达到合格标准后方可继续施工。

（五）建筑施工安全检查评分汇总表

"建筑施工安全检查评分汇总表"是对 19 个分项检查结果的汇总，主要包括安全管理、文明施工、脚手架、基坑工程、模板支架、高处作业、施工用电、物料提升机与施工升降机、塔式起重机与起重吊装、施工机具 10 项内容，这个表所得分作为对施工现场安全生产进行评价的依据。

1. 安全管理

主要对施工安全管理的日常工作进行考核。管理不善是造成伤亡事故的主要原因。在事故分析中，事故大多数不是因技术问题造成的，而是因违章作业所致，因此应做好日常的安全管理工作,并保存记录,由检查人员对该工程安全管理工作进行确认。

2. 文明施工

按照国际劳工公约《施工安全与卫生公约》的要求,施工现场应做到遵章守法、安全生产,同时还要做到文明施工、整齐有序。

3. 脚手架

脚手架包括扣件式钢管脚手架、悬挑式脚手架、门式钢管脚手架、碗扣式钢管脚手架、附着式升降脚手架、承插型盘扣式钢管支架、高处作业吊篮和满堂脚手架。

4. 基坑工程

在基坑支护、土方作业作业中,因开挖基坑时未能按地质情况设置安全边坡和做好固壁支撑造成的坍塌事故增多。

5. 模板支架

近年来,拆模时楼板混凝土未达到设计强度、模板支撑未经设计验算造成的坍塌事故较多。

6. 高处作业

主要是指"三宝""四口"防护。"三宝"是指安全帽、安全带、安全网;"四口"是指楼梯口、电梯口、预留洞口、通道口。在施工过程中,必须针对易发生事故的部位采取可靠的防护措施或补充措施,按不同的作业条件佩戴和使用个人防护用品。

7. 施工用电

施工现场在工程建设过程中的临时用电必须按照施工组织设计施工,有明确保护系统,符合"三级配电、两级保护"要求,做到"一机、一闸、一漏、一箱",线路架设符合要求。

8. 物料提升机与施工升降机

施工现场使用的物料提升机与施工升降机是建筑工程垂直运输的主要设备,存在设计、制作不规范的现象或使用、管理不符合规范的隐患,因此必须按照规范及有关规定,对设备进行认真检查、严格管理,防止发生事故。

9. 塔式起重机与起重吊装

塔式起重机因其高度、幅度大而大量用于建筑工程施工,可同时解决垂直和水平运输问题,但由于其作业环境条件复杂多变,在组装、拆除及使用过程中存在一定的危险性,易发生倒塔事故,造成人员伤亡,因此要求组装、拆除必须由具有资质的专业队伍承担,使用前进行试运转检查,使用中严格按规定要求进行作业。起重吊装是指建筑工程中的结构吊装和设备安装工程。起重吊装是专业性很强且危险性较大的工作,要求必须做专项施工方案,并且进行试吊,使用专业队伍和经验收合格的起重设备。

10. 施工机具

施工现场除使用大型机械设备外,也大量使用中小型机械和机具。这些机具虽然体积小,但仍具有一定危险性,且量多面广,必须进行规范化管理,否则也容易造成严重事故。

参考文献

[1] 肖凯成，郭晓东，杨波．建筑工程项目管理［M］．北京：北京理工大学出版社，2019．

[2] 索玉萍，李扬，王鹏．建筑工程管理与造价审计［M］．长春：吉林科学技术出版社，2019．

[3] 陆总兵．建筑工程项目管理的创新与优化研究［M］．天津：天津科学技术出版社，2019．

[4] 郭彤，景军梅，张微．建筑工程管理与造价［M］．长春：吉林科学技术出版社，2019．

[5] 李玉萍．建筑工程施工与管理［M］．长春：吉林科学技术出版社，2019．

[6] 苏祥汾．建筑工程造价与施工管理［M］．海口：南方出版社，2019．

[7] 安沁丽，王磊，赵乃志．建筑工程施工准备第2版［M］．南京：南京大学出版社，2019．

[8] 郭光．现代建筑工程项目管理创新探索［M］．长春：吉林科学技术出版社，2019．

[9] 刘玉．建筑工程施工技术与项目管理研究［M］．咸阳：西北农林科技大学出版社，2019．

[10] 郭荣玲．建筑工程项目经理工作手册［M］．北京：机械工业出版社，2019．

[11] 谢强．BIM技术在建筑工程管理的应用研究［M］．北京：中国财政经济出版社，2019．

[12] 刘先春．建筑工程项目管理［M］．武汉：华中科技大学出版社，2018．

[13] 王永利，陈立春．建筑工程成本管理［M］．北京：北京理工大学出版社，2018．

[14] 王会恩，姬程飞，马文静．建筑工程项目管理［M］．北京：北京工业大学出版社，2018．

[15] 刘勤．建筑工程施工组织与管理［M］．阳光出版社，2018．

[16] 刘晓丽．建筑工程项目管理第2版［M］．北京：北京理工大学出版社，2018．

[17] 庞业涛，何培斌．建筑工程项目管理第2版［M］．北京：北京理工大学出版社，2018．

[18] 可淑玲，宋文学．建筑工程施工组织与管理［M］．广州：华南理工大学出版

社，2018.

[19] 王建玉．建筑智能化工程施工组织与管理［M］．北京：机械工业出版社，2018.

[20] 隋本山，罗贤明，李爱卫．建筑工程施工与造价［M］．海口：南方出版社，2018.

[21] 杜康武，王庆伟，张占京．建筑工程建设与管理［M］．海口：南方出版社，2018.

[22] 詹朝曦，王晨．建筑工程全质量管理［M］．北京：中国建材工业出版社，2018.

[23] 梁彦杰．建筑工程施工与项目管理［M］．北京：中国建材工业出版社，2018.

[24] 孔祥鹏．建筑工程项目管理与成本控制［M］．西安：西北工业大学出版社，2018.

[25] 马立，高理福．建筑安装工程经济与管理［M］．北京：中国建筑工业出版社，2018.

[26] 侯龙文，邓明政．房地产建筑精细化成本管理［M］．北京：中国建材工业出版社，2018.

[27] 嵇德兰．建筑施工组织与管理［M］．北京：北京理工大学出版社，2018.

[28] 殷为民，高永辉．建筑工程质量与安全管理［M］．哈尔滨：哈尔滨工程大学出版社，2018.

[29] 郭念，王艳华，王玉雅．建筑工程质量与安全管理［M］．武汉：武汉大学出版社，2018.

[30] 杨树峰．建筑工程质量与安全管理［M］．北京：北京理工大学出版社，2018.

[31] 尹素花．建筑工程项目管理［M］．北京：北京理工大学出版社，2017.

[32] 贾昊川，甘晓林，赵学凯．建筑工程组织与管理［M］．成都：电子科技大学出版社，2017.

[33] 胡成海．建筑工程管理与实务［M］．北京：中国言实出版社，2017.

[34] 陈正，穆新盈编．高等职业教育土建类"十三五"规划教材建筑工程项目管理［M］．南京：东南大学出版社，2017.

[35] 李宏男，任大鹏，车金枝．建筑工程项目管理［M］．大连：大连理工大学出版社，2017.

[36] 王玮，康秋燕．建筑工程施工项目管理［M］．北京：科学技术文献出版社，2017.

[37] 王海东，张利萍．建筑工程施工管理控制［M］．天津科学技术出版社，2017.

[38] 巫英士，朱红梅，王仪萍．建筑工程质量管理与检测［M］．北京：北京理工大学出版社，2017.